T・マーシャル
甲斐理恵子 訳

Prisoners of Geography

恐怖の地政学

地図と地形でわかる戦争・紛争の構図

さくら舎

目次——恐怖の地政学

第二章　ロシア——果てしない大地と凍り続ける港

恐怖の地政学——地図と地形でわかる戦争・紛争の構図

序　文

わたしたちが非常に不安定な時代に生きているということは、もはや自明の理になりつつある。世界がこれほど予測困難だった時代は、かつてなかったと言われるほどだ。そのような主張を聞くと、人は用心深く、ときには懐疑的にすらなる。用心深くなることは間違いではない。世界はずっと不安定だったのだし、当然ながらこれから先も不安定なのだから。現在の不安がさらに深まる可能性さえある。少なくとも、一九一四年からの百年間で、わたしたちはそう気づくべきだったのだ。

ただし、根本的な変化はたしかに進んでいる。そうした変化は、どこで暮らしていようと、わたしたちの、そしてこどもたちの未来にとって重要な意味を持っている。経済的、社会的、人口学的変化は、どれも科学技術のめざましい進歩に関連があるが、そこには過去の時代と現在のわたしたちの時代を区別するような、世界的に重要な暗示が含まれている。ひょっとすると、「尋常ではないほどの予測の難しさ」がこれほど取り沙汰《ざた》されるようになったのも、「地政学」の解説が成長産業になったのも、それが理由かもしれない。

本書の著者ティム・マーシャルは、個人的にも専門家としても、この議論にぴったりの優秀な人物だ。彼は過去二十五年間、こうした急速な発展や変化に直接かかわってきた。本書の冒頭を読むとわかるように、バルカン半島、アフガニスタン、シリアの前線に身を置いてきたのだ。そこで、指導者たちの決断もそれに伴う事態も、国際紛争も内戦も、歴史によって形成された希望や恐怖、先入観をしっかり考慮さえすれば理解できるということを知り、それらが物理的環境によっても突き動かされることを目の当たりにした。物理的環境とは、個人や社会、国が育まれてきた土地の地形だ。

そのため、本書は、安全で幸福な暮らしに直接かかわる的確な洞察に満ちている。

ウクライナでロシアの作戦に影響を与えたのはなんだったのだろう？　わたしたち西側の人間は、先手を打つことはできなかったのだろうか？　もし判断を誤ったのなら、それはなぜか？

現在モスクワはどこまで無茶をするつもりなのか？

中国は、自然の境界線とみなしたものに囲まれていれば、安全だと感じるのだろうか？　そうだとしたら、今後の海洋進出やアメリカへの接近に関係するのだろうか？　これがインドや日本といった周辺国に与える影響は？

アメリカは二百年以上にわたり、非常に有利な地理的環境と豊富な天然資源のおかげで利益を得てきた。現在は、まったく新しいタイプの天然ガスやオイルを手に入れた。これは地球規模のエネルギー政策に影響を与えるのか？　アメリカは絶大なパワーと立ち直る力を持っている。それなのになぜ、アメリカの時代は終わったと噂《うわさ》されるのか？

北アフリカや中東、南アジアに深く埋め込まれた分断や反目感情は取り除けないのだろうか。それとも未来に希望を見出すことはできるのだろうか？

最後に、イギリスにとってもっとも重要な点だが、どこの国が世界経済をリードするのだろう？　そしてヨーロッパは、不安定な情勢や、周辺国および遠隔地の紛争にどう対処するつもりなのか？　ティム・マーシャルが指摘するように、過去七十年間（とくに一九九一年以降）、ヨーロッパは平和と繁栄にすっかり慣れきってしまった。これを当然と思うことはもはやできないのか？　わたしたちは身近で起こっていることを、いまも把握できていると言えるのか？

このような疑問について考えたい方は、ぜひ本書をお読みいただきたい。

サー・ジョン・スカーレット

セントマイケル・セントジョージ上級勲爵士、大英帝国四等勲士

イギリス秘密情報部（ＭＩ６）チーフ（二〇〇四〜二〇〇九年）

はじめに

ロシアのウラジーミル・プーチン大統領は、自分は信仰に篤《あつ》い人間で、ロシア正教の熱心な信者であると述べている。それが本当なら、プーチンは毎晩ベッドで神に祈り、こうたずねているはずだ。「神よ、あなたはなぜウクライナに山岳地帯をお創りにならなかったのですか？」

もし神がウクライナに山地を創っていたら、広大な北ヨーロッパ平野からロシアがたびたび攻撃されることはなかっただろう。しかし実際は、プーチンに選択の余地はない。せいぜい、平原地帯の西側で防御を固めるしかないのだ。こういう地形による制約は、大国であろうと小国であろうと、あらゆる国に存在する。地形はその国の指導者を支配し、想像以上に選択肢を奪い、軍の作戦範囲をせばめるのだ。アテナイ帝国も、ペルシャ帝国も、古代バビロニア帝国も、それ以前に存在した国々も例外ではなく、民族を守るために敵の優位に立とうとする指導者すべてに当てはまった。

地形は、そこに暮らす人々に影響を与えてきた。地形は権力争い、戦争、政治情勢とも、そしていまや地球上のほぼすべての土地に存在する人間の社会的発展とも無縁ではない。科学技術の発達によって、人間の心理的な距離も、物理的な距離も縮まるように思える。しかし、忘れられがちではあるが、わたしたちが生活し、働き、こどもを育てている土地の地形がじつは非常に重要なのだ。この星の七十億の住人を導く指導者たちの選択は、過去から現在に至るまで、つねに山や川、砂漠、湖、海によってある程度決定づけられ、それがわたしたちに制約を与えている。

全体的に見ると、とびぬけて重要な地理的要因はひとつもない。山も砂漠も重要だし、川もジャングルも同等だ。場所が変われば異なる地理的要因が、人間にできることとできないことを決定する重要な条件になる。

地政学とは、おおまかに言うと、国際情勢を理解するために地理的要因に注目する学問である。地理的要因には、自然の要塞となり得る山脈や川筋のつながりといった物理的な地形はもちろん、気候や人口統計、その土地固有の文化、天然資源の埋蔵量も含まれる。こうした要素は、政治的、軍事的戦略から、人間社会とともに発達した言語や交易、宗教に至るまで、人類の文明のさまざまな局面に重要な影響を与える可能性があるのだ。

国内外の政治を決定づける自然条件は、歴史にかんする書物でも現代の世界情勢にまつわるレポートでも、無視されることがあまりにも多いと言えるだろう。地理学が「何が起こったか」だけではなく「なぜ起こったか」にも深くかかわっているのは明らかだ。決定的要因ではないにしても、看過《かんか》することはできない。その例として、中国とインドを見てみよう。莫大《ばくだい》な人口を抱えるこの二つの大国は長い国境を接しているが、政治的にも文化的にも相容《あいい》れない。そのため、この二つの国が戦いに明け暮れていたとしても、驚くには値しないだろう。しかし実際は、一九六二年に一ヵ月間戦ったことを除けば、両大国に戦争の歴史はない。それはなぜか？　この二ヵ国のあいだに世界一高い山岳地帯、ヒマラヤ山脈が横たわっているためだ。大規模な軍隊がそれを越えて行進するのは物理的に不可能なのだ。科学技術が高度に発達するにつれて、この障害を越える方法も生まれつつあるが、物理的障壁が抑止力となり続け、両国は互いを用心深く監視しつつ、外交政策では別の地域に重点を置いているのが現状だ。

国際情勢のさまざまな出来事に影響を与えるのは、個々の指導者やアイデア、科学技術等の要因だ。しかし、それらはどれも一過性のものでしかない。時代が変わっても、人々は相変わらずヒンドゥークシ山脈やヒマラヤ山脈という物理的障壁や、雨季という難題、天然資源や食糧の乏しさという不利な条件に直面するだろう。

わたしが初めてこの問題に興味を抱いたのは、一九九〇年代にバルカン諸国の戦争を取材したときだった。セルビア人、クロアチア人、ボスニア人等々、さまざまな「民族」の指導者が、多種多様な人々が暮らす土地で自らの「民族」に大昔の境界線を、そして大昔の不信感を徐々に思い起こさせるのを、わたしは目の当たりにした。ひとたび指導者が人々をばらばらに引き裂いたら、反目しあうのに時間はかからなかった。

コソボのイバル川はその典型だ。オスマントルコのセルビア支配が始まったのは、一三八九年のコソボ・ポリェの戦いがきっかけだった。戦場は、ミトロヴィツァの町を流れるイバル川近辺だった。その後数世紀にわたって、セルビア人はイバル川の対岸へ後退し続け、かわりにイスラム教徒のアルバニア人がモンテネグロのマレシア高地からコソボへ入り、十八世紀半ばには彼らが多数派になったのである。

二十世紀になっても、川によっておおまかに分けられた民族的、宗教的境界線が存在した。一九九九年には、NATO軍（北大西洋条約機構加盟国の部隊）の空爆とコソボ解放軍の地上攻撃によって、ユーゴスラビア軍（セルビア勢力）はイバル川を渡って後退し、残ったセルビア人の大半もすぐにそれに続いた。イバル川は事実上、コソボを独立国家と認める国々が定める国境線になったわけだ。

ミトロヴィツァは、NATOの地上部隊の進軍が止まった場所でもある。三ヵ月続いた戦いのあいだ、NATO軍がセルビア全土に侵攻するのではないかという隠れた脅威がつねに存在した。しかし実際は、地理的および政治的制約があるために、それが不可能なことは明白だった。まずハンガリーが、自国の領土からセルビアへ侵攻することは許さないと明言していた。セルビア北部の三十五万人のハンガリー系住民への報復を恐れたためだ。NATO軍に残された選択肢は、すぐにイバル川に到達できる南部からの侵攻だったが、そうするとそびえたつ山々に行く手を阻《はば》まれていただろう。

当時わたしはベオグラードでセルビア人の一団と行動をともにしていた。そこで、NATO軍が侵攻してきたらどうするかたずねてみた。「ティム、カメラを置いて銃を取るのさ」というのが答えだった。彼らは自由主義のセルビア人であり、わたしの良き友人であり、反政府派でもあった。それから地図を引っ張りだして、山岳地帯の領土をセルビア人がどこで防御するか、どこでNATO軍が動けなくなるかを説明してくれた。ブリュッセルの広報機関が公表している以上にNATO軍の選択肢が限定的なのはなぜか、地形に基づいて解説されると、とても安心したものだ。

バルカン諸国の情報を発信する際は地形に注目することが肝心だという知識は、その後の数年間役に立った。たとえば、二〇〇一年九月十一日のアメリカ同時多発テロ事件の数週間後には、これほど科学技術が発達した現在でも、世界最強と言われる軍隊の作戦の成否を左右するのは気候だという実例を目にした。そのときはアフガニスタン北部に滞在中で、タジキスタンからゴムボートで国境の川を渡ったところだった。タリバンを相手に戦っている北部同盟（NA）の部隊と合流するためだ。

頭上ではすでにアメリカ軍の戦闘機や爆撃機が飛びかい、マザーリシャリーフの東側の寒々とした不毛の地や丘に潜むタリバンやアルカイダに攻撃を加え、先遣隊のためにカブールへの道を開こうとしていた。数週間後、北部同盟が南下する準備を始めたことが明らかになったとき、状況が一転する。

かつて経験したことがないほどの激しい砂嵐が、わたしたちを襲ったのだ。世界のすべてがマスタードイエローに変わった。空気まで黄色くなり、砂粒で濃度が増したかのようだ。三十六時間のあいだ、砂以外動くものは何ひとつなかった。砂嵐の最中は一メートル先さえ見えず、唯一明らかなのは、先遣隊は天候の回復を待つしかないということだった。

アメリカの衛星は、最先端技術でありながら無力だった。荒野の自然が相手では、なんの役にも立たなかったのだ。ブッシュ大統領も統合参謀本部も、地上の北部同盟の部隊に至るまで、誰もが待つしかなかった。その後雨が降り、あらゆるもの、あらゆる人の上に降り積もった砂が泥に変わった。雨はとても強く、わたしたちが身を寄せていた焼き粘土のレンガの小屋は溶けているかのようなありさまだった。南への移動はまたしても、あたりの地形が言いたいことを言い終えるまでお預けになった。地形が決めるルールは、カルタゴの将軍ハンニバルも、古代中国の武将、孫武《そんぶ》も、アレクサンダー大王も知っていたし、現代の指導者も従わざるを得ないのだ。

二〇一二年、わたしはふたたび戦略地政学の教訓を得た。全面的な内戦状態に陥ったシリアで丘の上に立ち、ハマーの街の南にある谷を見渡していたときのこと、遠くで村が燃えていた。シリアの友人たちは、その一～二キロ先のもっと大きな村を指さし、その大きな村が小さな村を攻撃したのだと言った。そして、一方の村がもう一方の村から大勢の住人を追い出すことができれば、この谷をシリア唯一の高速道路に通じる土地とつなぐことができる、そうなったらひと続きの実用的な土地を開拓できるのだ、と説明してくれた。そういう土地は、シリアが元の状態に戻ることができなかった場合、小さな国家を形成するかもしれないとのことだった。そう聞いて、最初は燃える村しか見えなかった場所に重要な戦略が見えるようになり、地形というもっとも基礎的な物理的条件によって政治情勢が決定づけられることを理解した。

地政学はあらゆる国に影響を与える。いま例にあげたような戦時中であろうと、平時であろうと同じことだ。どんな国や地域を思い浮かべても、必ず実例がある。本書でそのすべてを取りあげることはできないので、たとえばカナダ、オーストラリア、インドネシアにはわずかしか触れていない。しかしオーストラリアについては、その地形が世界の他の地域との物理的、文化的つながりをどう形成したかという主題で本が一冊書けるだろう。本書では、もっとも重要な大国と地域に注目し、地政学の遺産を取りあげた。そこから過去（国家形成）、現在（世界が直面しているもっとも差し迫った状況であるウクライナ問題や、拡大する中国の影響）、そして未来（北極圏で激しさを増す競争）に目を向けた。

中国の章では、世界で通用する海軍がなければ大国の力も制限されることがわかるだろう。二〇一六年、中国がこの状況を速《すみ》やかに変えようといらだっていることが明らかになった。

ロシアの章では、北極圏の影響に注目し、その凍《い》てつく気候が足かせになってロシアが真の世界大国にのしあがれない状況を検討する。

アメリカの章では、重要拠点で領土を広げるという抜け目のない決断のおかげで、アメリカがふたつの大洋を制する超大国という現在の姿に到達したさまを描く。

ヨーロッパの章は、土地同士をつないで現代世界に直結する文化を生むためには、平地と船が航行できる河川が欠かせないと教えてくれる。一方アフリカは、地理的に孤立している場所の典型例だ。

中東の章では、地形やそれと同様に重要な地理学上の文化を無視して地図上に線を引くことがなぜトラブルの原因になるか、検証する。今世紀も、世界は中東問題を目撃し続けることだろう。

同じテーマがアフリカ、インド・パキスタンの章でも顔をのぞかせる。植民地の宗主国《そうしゅこく》は、アフリカに名目上の国境線を引いたが、各地域特有の物理的条件をまったく考慮しなかった。現在国境線を引き直そうとして、ふたたびそうした暴力的手法が用いられている。これは今後数年間続くだろう。その後のアフリカ各国の地図は、もはや現在の地図とは似ても似つかないものになっているはずだ。

コソボやシリアの状況とはまったく違うのが、日本と韓国だ。両国は、民族的にはほぼ同じだが、別個の問題を抱えている。日本は島国で天然資源に乏しく、一方朝鮮半島の分断は、いまだ解決が待たれる問題だ。

ラテンアメリカも特異な存在だ。その南部は外界と隔絶され、世界を相手にした交易が難しく、内陸部は地形が原因でヨーロッパのような効果的な貿易圏をつくることができない。

最終章では、地上でもっとも居住に適さない場所を取りあげる。北極圏だ。歴史の大半において、人類は北極圏を顧ずにきた。しかし、二十世紀にエネルギー資源が発見されたため、二十一世紀にはその資源を誰が手に入れ、誰が売るのか、各国の駆け引きで決められることになりそうだ。

地形を人類の歴史における決定的要因とみなすことは、世界を冷淡に観察することだと思われるかもしれない。そういう理由で、特定の知識人グループでは嫌われている。地理学は、自然の前に人間は無力だということを見せつけ、自分自身の運命を決めるのも自然まかせだと示唆《しさ》するためだ。

しかし、さまざまな出来事に影響を与える要素がほかにもあるのは明らかだ。良識のある人なら、現代の科学技術がいまや地理学の鉄の掟《おきて》を曲げつつあると気づくだろう。障壁を乗り越え、くぐり抜け、突破する術《すべ》をみつけたのだ。

アメリカは現在、ミズーリ州からイラク北部の街モスルまで、燃料の途中補給なしに戦闘機を飛ばして空爆を行うことができる。つまり、食糧や燃料などをある程度自給できる空母戦闘軍があれば、同盟国や植民地がなくても、世界中に軍を派遣できるのだ。もちろん、インド洋のディエゴ・ガルシア島に空軍基地を持ち、それに加えてバーレーンにいつでも寄港できる港があれば、作戦の選択肢は増えるだろう。しかし、是《ぜ》が非《ひ》でもというほどの問題ではない。

このように、空軍力はこれまでの常識を変えた。インターネットが世界を変えたように。しかし地政学は、そして各地の地形のなかで国家が形成されてきた歴史は、世界の現在と未来を理解するうえで重要な鍵《かぎ》であり続けるだろう。

イラクとシリアの内戦は、植民地の宗主国が地形のルールを無視したことに端を発しているが、中国のチベット支配は地形のルールに従ったことが原因だ。アメリカの世界的な外交政策は地形によって決定される。たとえ最後の超大国から天才的な技術者や軍事力が生まれたとしても、それは自然や神に手渡されたルールを和らげることしかできないのだ。
　そのルールとはなんだろう？　では、国ごとに見ていくことにしよう。

第一章　中国——自然の巨大要塞と十四億の巨大不安

「中国とは、国家を装った文明である」
政治学者ルシアン・パイ

ロシア
サハリン
Sakhalin
ラ・ペルーズ海峡
(宗谷海峡)
La Perouse Strait
満州
Manchuria
Mongolia
Hokkaido
北海道
ウラジオストク
Vladivostok
北朝鮮
NORTH KOREA
Sea of Japan
日本海
Beijing
北京
SOUTH KOREA
韓国
JAPAN
日本
本州
Honshu
黄河
Yellow River
North China Plain
華北平原
黄海
Yellow Sea
大運河
Grand Canal
九州
Kyushu
上海
Shanghai
East China Sea
東シナ海
琉球列島
Ryukyu Islands
尖閣諸島
Senkaku Islands
Okinawa
沖縄
TAIWAN
台湾
Hong Kong SAR
香港特別行政区
PACIFIC OCEAN
太平洋
South China Sea
南シナ海
ルソン島
Luzon
フィリピン
PHILIPPINES
500miles
500km

カザフスタン
KAZAKHSTAN
RUS
MONGO
モンゴル
キルギス共和国
KYRGYZSTAN
Ürümqi
ウルムチ
タジキスタン
TAJIKISTAN
新疆
Xinjiang
AFGHANISTAN アフガニスタン
カラコルム山脈
Karakoram
クンルン山脈
Kunlun Shan
PAKISTAN
パキスタン
Aksai Chin
アクサイチン
チベット高原
Tibetan Plateau
ヒマラヤ山脈
Himalayas
Tibet
チベット
CHI
中国
Lhasa
ラサ
NEPAL
ネパール
BHUTAN
ブータン
INDIA
インド
BANGLADESH
バングラデシュ
メコン川
Mekong River
BURMA
ビルマ
（現ミャンマー）
Bay of Bengal
ベンガル湾
LAOS
ラオス
タイ
THAILAND
国境線
行政上の境界線
係争中の国境線
万里の長城

突然現れた中国海軍

二〇〇六年十月、全長三百メートルを超す空母キティホークを先頭に、アメリカ海軍の超大型空母の一団が、日本と台湾のあいだの東シナ海をいかにも世界の警察らしく悠然《ゆうぜん》と航行していた。そのまんなかに、なんの警告もなく、中国海軍の潜水艦が浮上した。

アメリカのその規模の空母の場合、およそ十二隻の護衛艦が同行し、上空は戦闘機が、水面下は潜水艦が援護する。突如浮上した中国の宋級《そうきゅう》攻撃型潜水艦は、電力航行で非常に静粛性が高かったのかもしれない。それでもこれは、コカ・コーラの会議室で三十分ほど身を潜めて聞き耳を立てていたペプシコーラの経営者が、突然テーブルの下から現れるようなものなのだ。

アメリカ側は驚き、同時に怒った。驚いたのは、中国の潜水艦にそんなことができるとは、しかも事前に探知されずにできるとは思ってもいなかったためだ。腹を立てたのは、事前に察知できなかったためでもあり、この動きを挑発行為とみなしたためでもあった。とくに、潜水艦がキティホークの魚雷射程内に入っていたことは看過《かんか》できなかった。アメリカ側は抗議したが、それが少々強すぎたのか、中国側はこう反論した。

「ああ！　なんという偶然だろう。我が国の沿岸を航行するあなたたち艦隊のまんなかに、われわれの潜水艦が浮上するとは、思いもよらなかった」

これは二十一世紀における裏返しの武力外交である。イギリスは軍艦を弱小国の沿岸に移動して意思表示するのが常だったが、中国は自国の沿岸に姿を現し、明快なメッセージを発したのだ。

「われわれは、いまや海洋国家だ。いまはわれわれの時代であり、ここはわれわれの海である」

こうなるまでに四千年かかったが、中国はわたしたちの身近な港やシーレーン（海上交通路）に急接近しているのである。

これまで中国は海軍国家ではなかった。広大な国土、多数の国境線、貿易相手国への短い航路がそろっているため、海軍国家たる必要がなかったことに加え、イデオロギー的にもあまり開放的ではなかった。中国の商人は交易のために長い航路を旅してきたが、海軍は自国の海域から出ようとしなかった。太平洋、大西洋、インド洋の広大なシーレーンを巡回するのも困難で、わざわざそうする価値もなかった。広大な国土と膨大な人口を抱える中国は――現在の人口は十四億人近い――つねに陸軍国家だったのだ。

華北平原を守ろうとした漢民族

国民のいる大国としての中国は、ほぼ四千年前に始まった。文明誕生の地は、中国では中原《ちゅうげん》と呼ばれる華北平原《かほくへいげん》だ。果てしなく続く低地は面積にして四十万平方キロ以上、内モンゴルと満州《まんしゅう》(現在の中国東北地区)の南部に位置し、西から東へ流れる黄河《こうが》と長江《ちょうこう》の流域にあたる。現在は世界でもっとも人口密度の高い地域のひとつだ。

黄河流域はしばしば大規模な洪水に見舞われたので、黄河は「漢民族の苦しみの種」という不名誉なあだ名をつけられた。この地域の産業化が本格化したのは一九五〇年代だが、過去三十年間で急速に進んでいる。現在、黄河は恐ろしいほど汚染され有毒廃棄物で流れが滞っているので、海へ到達することさえ困難なときもある。それでも中国にとっての黄河とは、エジプトにとってのナイル川と同じだ。その流域は文明のゆりかごであり、人々が農業を学び、紙や火薬づくりを始めた土地なのである。

この原始中国の北側には、ゴビ砂漠の不毛の地が横たわっていた。現在のモンゴルだ。西側は徐々に隆起してチベット高原になり、それがヒマラヤ山脈へつながる。南東から南側にかけては海だ。

中国中核地である華北平原はいまも昔も、二本の大河が流れる肥沃《ひよく》な平地だ。米や大豆が年に二回収穫できる気候のおかげで（二期作）、人口が急激に増加した。紀元前一五〇〇年には、この地で無数の小規模都市国家が戦いを繰り広げ、そこから太古の中国国家、殷《いん》王朝が誕生する。のちに漢民族として知られるようになる人々が登場したのはこのころで、彼らは中核地を守るために周囲に緩衝《かんしょう》地帯を設けた。

現在漢民族は、中国の人口の九〇パーセントを占め、政治や経済を牛耳《ぎゅうじ》っている。言語は標準中国語、広東《カントン》語、その他多くの地方言語とさまざまだが、ひとつの民族として結束が強く、政治的には中心部を守ろうという地政学的衝動を共有している。この地域の北部を源とする標準中国語は、公用語として政府や国営放送、教育現場のコミュニケーション手段として使われている。標準中国語は文字にすると広東語やほかの言語と同じだが、発音はかなり異なる。

華北平原は政治、文化、人口学、そして非常に重要な農業の重心でもある。アメリカ合衆国の半分の広さしかないというのに、およそ十億人の人々が暮らす。ちなみにアメリカの人口は、三億二千二百万人だ。中核地一帯の地形に助けられて定住と農耕生活が進むと、古代王朝は漢民族以外の人々が暮らす周囲の土地に脅威を感じた。とくに荒々しい遊牧民の兵士がいるモンゴルは、恐ろしい存在だった。

中国はロシアと同じ戦略を取る。「攻撃は最大の防御、それが強国への道」と考えたのだ。これから述べるように、そこには自然の要塞《ようさい》があった。漢民族がそれを手に入れて主導権を握れば、地形によって守られるだろう。そこから千年にわたる苦闘が始まり、一九五一年のチベット併合で自然の要塞は現実のものになった。

二千年以上かかった国境線の確立

高名な中国の思想家、孔子《こうし》（紀元前五五一～四七九年）の時代にはすでに、人々は中国人のアイデンティティを強く自覚し、文明化した中国と彼らを取り巻く「野蛮な」地域の境界線を意識していた。六千万人以上の人々が、この感覚を共有していたのだ。

紀元前二〇〇年には、南西側はチベット、北側は中央アジアの草原、そして南側は南シナ海へ向けて領土を拡大していたが、まだ到達はしていなかった。万里《ばんり》の長城《ちょうじょう》を最初に建築した秦《しん》王朝（紀元前二二一～二〇七年）のころから、地図上では現在の中国と同じ姿になり始める。しかし、現在の国境線が確立するには二千年以上かかることになる。

西暦六〇五～六〇九年のあいだに、数世紀を経て現在は世界最長の人工水路となった京杭大運河《けいこうだいうんが》が完成し、ついに黄河と長江が結ばれた。隋《ずい》王朝（五八一～六一八年）が莫大《ばくだい》な数の労働者を動員し、既存の自然の支流を結んで、二本の大河のあいだに船舶が通れる水路をつくったのである。これで北部と南部の漢民族がかつてないほど強く結びついた。運河建設には五年間、数百万人の奴隷を要したが、南から北へ必要物資をいかに運ぶかという太古の問題は解決された。しかし、洪水問題は解決されず、現在も残ったままだ。

漢民族同士の戦いは続いていたが、徐々に減り、十一世紀初頭には北からなだれ込んでくるモンゴル人との戦いに集中せざるを得なくなる。モンゴル人は、南であろうと北であろうと、行き当たるあらゆる王朝を打ち破り、一二七一年には指導者のフビライ・ハンが初めての外国人として中国を治め、元《げん》朝の皇帝の座に就いた。それからほぼ九十年後、漢民族が政権を取り戻し、明《みん》朝を確立した。

そのころには、スペインやポルトガルといったヨーロッパの新興国の商人や使節との接触が増えていた。中国の指導者たちは、ヨーロッパ人が恒久的に駐留することには抵抗したが、交易のために徐々に海岸線を開放した。

こうして沿岸一帯は繁栄したものの内陸部は忘れられ、その特徴は現在も変わらない。交易によって上海《シャンハイ》をはじめとする沿岸部の都市は豊かになる一方で、その富は内陸の農村部までは到達していないのだ。そのため、ますます都市部への人口流入が激しくなり、地域格差が広がっている。

「中国最大の屈辱」を経て

十八世紀になると、清《しん》朝中国の国土は南はインドシナ半島のビルマ（現ミャンマー）にまで到達し、北西部の新疆《しんきょう》は征服されて中国最大の省になった。新疆は険しい山岳地帯と広大な砂漠地帯を擁し、広さは百六十六万平方キロメートル、テキサス州の二倍以上に匹敵する。別の言い方をすると、イギリス、フランス、ドイツ、オーストリア、スイス、オランダ、ベルギーをはめこんでも、まだルクセンブルクを入れる余地があり、さらにリヒテンシュタインも加えることができる。

しかし、中国は広大な新疆と同時に問題も抱え込んだ。新疆はイスラム教徒の土地なので、安定は望むべくもなく、実際、他の地域と同じように暴動が起こっていた。しかし漢民族にとって、緩衝地帯は骨を折るだけの価値があった。十九世紀から二十世紀にヨーロッパ人が到来したあとは、なおさらそう考えたことだろう。

イギリスをはじめとする帝国主義の列強は、中国に乗り込むと、力ずくで国土を分割した。当時もいまも、モンゴル帝国の侵略以来の中国最大の屈辱とされる。中国共産党は、この帝国主義諸国による分割支配の物語をしばしば引き合いに出す。たしかに事実ではあるが、共産党自体の失策や弾圧的政策を隠すためにも便利なのだろう。

その後、新興勢力として領土を拡大しつつあった日本が中国に侵攻した。一九三一年には満州事変が、一九三七年には日中戦争が勃発《ぼっぱつ》し、日本は満州や内モンゴルともども中国中核地の大半を占領した。一九四五年に第二次世界大戦が終結すると、日本はアメリカに無条件降伏、中国から軍を引き揚げた。満州は続いてソ連軍に占拠されるが、ソ連も一九四六年に退却する。

第三者のなかには、戦後中国で自由民主主義が生まれても不思議ではないと考える者もいた。しかしそれは西欧人が近年の「アラブの春」（訳注：二〇一〇年から二〇一二年にかけてアラブ諸国で起こった反政府民主化運動）直後に思い描いた無邪気なナンセンスと同じ、希望的観測でしかなかった。中国でもアラブ世界でも、その土地特有の民族や政策、地形に働く内部力学を理解していないことが原因だ。

では実際はどうなったのか。蔣介石《しょうかいせき》率いる国民党勢力と毛沢東《もうたくとう》が指揮する共産党が、一九四九年まで主導権争いを繰り広げた。一九四九年、共産党が勝利を収めて国民党が台湾へ逃れると、北京《ペキン》放送はこう報じた。「中国人民解放軍は、すべての中国の領土を解放するだろう。もちろんチベット、新疆、ハイナンタオ（海南島《かいなんとう》）、台湾も含まれる」と。

毛沢東は過去の王朝では見られなかった中央集権国家を確立した。内モンゴルのロシア支配を断ち、モンゴルへの影響力を強めた。一九五一年、中国はチベット併合を完了する（またしても漢民族ではない人々が暮らす広大な土地だ）。そのころの中国の学校教科書の地図を見ると、中国が中央アジア諸国にまで領土を広げつつあるように描かれ始めている。中国は元通りひとつになったのだ。毛沢東は残りの人生で国の維持存続に尽力し、ことあるごとに共産党支配を強化した。しかし外の世界からは目を逸《そ》らし続けた。中国は貧しいままで、とくに沿岸部から遠い内陸部の窮状が目立ったが、とにもかくにも統一されたのだ。

毛沢東の後継者たちは、共産党が一万キロ以上を徒歩で移動しながら国民党相手に勝利をめざした「長征《ちょうせい》」にならい、国を繁栄させるべく経済的行進を押し進めようとした。一九八〇年代初頭、中国の指導者、鄧小平《とうしょうへい》は「中国式社会主義」なる言葉を生み出した。「共産党が完全にコントロールする資本主義経済」と翻訳できそうだ。当時の中国は世界有数の貿易国になり、強力な軍事国家としても頭角を現しつつあった。一九九〇年代末には、一九八九年の天安門《てんあんもん》事件のショックからも立ち直り、香港《ホンコン》とマカオをそれぞれイギリス、ポルトガルから返還され、国境付近に目を向けて安全性を検証し、世界進出を計画できるようになっていた。

警報システムとしてのゴビ砂漠

現代の中国の国境線を見ると、この大国が地形的特徴に守られていることがよくわかる。地形のおかげで効果的な国防や交易が可能なのだ。中国では方位を必ず「東・南・西・北」の順に読むが、ここでは北から時計回りに検証しよう。

北側には、四千七百キロにおよぶモンゴルとの国境線が横たわる。この国境にまたがるのがゴビ砂漠だ。太古の昔の遊牧民の兵士たちは、砂漠を越えてその南側を攻撃することが可能だったのだろう。しかし現代の軍隊は、進軍準備が整う数週間前からそこに集結していれば間違いなく敵に発見されるだろうし、内モンゴル（中国の一部）を経て中国中核地に接近するためには、風雨を避ける場所すらないところに並外れて長い補給路を確保しなければならない。重装備の兵士が移動するのに適した道はほとんどなく、人が住める区域もごくわずかだ。ゴビ砂漠は、大規模な防御機能つきの早期警報システムなのである。

中国が北側へ領土を広げるなら、頼みの綱は軍事力ではなく、貿易協定になるだろう。事実中国は、モンゴルの天然資源、とくに鉱物を採りつくさんばかりの勢いだ。そのため、今後中国からモンゴルへ移住する漢民族が増えそうだ。

東側の隣国は、ロシアである。国境線はそのまま太平洋へ延びている。いや、太平洋の一部の日本海へ延びていると言うべきかもしれない。そこから上は、極東ロシアの山岳地帯だ。人を寄せつけない広大な土地で、住人はほとんどいない。その下には満州が位置するので、ロシアが中国中核地に手を伸ばすためにはそこを突破しなければならない。

満州の人口は一億人で、増加傾向にある。かたや極東ロシアの人口は七百万人以下で、今後増えるようすもない。南部から北部への大規模な移住も予想できるが、そうなればロシアとの関係で中国が主導権を握ることになるだろう。

軍事的に見ると、進軍に最適な場所はロシアの太平洋の港町であるウラジオストク近辺だ。しかし進軍すべき理由はほとんどなく、目下のところロシアにその意思はないはずだ。事実、近年のウクライナ危機を理由とする西側の制裁により、ロシアは中国との経済取引を活発化させている。これでロシアは窮地に陥らずにすみ、中国にとっても好都合だった。ロシアは両国間の関係における従属的パートナーなのだ。

自然の要塞

極東ロシアの南側には長い海岸線が続いている。中国の黄海《こうかい》、東シナ海、南シナ海沿岸で、多くの良港に恵まれ昔から貿易に使われてきた。しかし波の向こうには、島をめぐる数々の問題が横たわる。ひとつは日本という島だが、それについてはのちに触れよう。

さらに時計回りに移動すると、ベトナム、ラオス、ビルマ（現ミャンマー）の国境にぶつかる。ベトナムは中国にとっていらだたしい存在だ。数世紀にわたり、両国は領土をめぐって争ってきた。どちらにとっても不運なのは、ここが南側で唯一の軍隊が労せずに越えられる国境だという点だ。中国が紀元前一一一年から西暦九三八年まで千年間もベトナムを支配し占領してきたのは、そして一九七九年に短期間ながら国境を越えた戦いが起こったのは、それも一因だろう。

しかし、中国の軍事力が増大するにつれて、ベトナムは戦闘を望まなくなりそうだ。いずれアメリカに接近して保護を求めるか、あるいはひそかに外交策を転換して北京と手を組むかもしれない。どちらも表面上は共産主義のイデオロギーを掲げているが、両国間の状況とはほとんど無関係だ。この二ヵ国の関係を決定するのは、地形なのだ。北京にとってベトナムはほんの小さな脅威でしかなく、制御できる問題なのである。

ラオスとの国境は、丘陵地帯のジャングルだ。商売をしようにも、そこを横切るのは一苦労なので、軍隊にとってはなおさら至難の業《わざ》だろう。さらに時計回りに移動するとミャンマーに出る。ジャングルの丘は山になり、西側の端では六千メートルの高さに達してヒマラヤ山脈へ溶け込む。

これで、中国にとって非常に重要なチベット自治区にたどりついた。中国とインドの国境をなすヒマラヤ山脈をたどっていくと、パキスタン、アフガニスタン、タジキスタンとの国境のカラコルム山脈にぶつかる。まるで自然界の万里の長城だ。インド側から見れば、自然界のクンバルガルの要塞といったところだろう。この山脈が、地上でもっとも人口の多いふたつの国を、軍事的にも経済的にも隔てている。

両国にはそれぞれ言い分がある。中国は、インドのアルナーチャル・プラデーシュ州の所有権を主張し、インドは中国がアクサイチンを不法に占拠していると言って譲らない。両国ともこの自然の要塞に砲台を構えて相手側に向けてはいるが、一九六二年のような銃撃戦をふたたび始めるつもりはないようだ。その当時は激しい領有権争いが頂点に達し、大規模な山岳交戦が勃発した。ただし現在も緊張関係は続いているので、どちらも慎重に対処する必要がある。

数世紀にわたり、中国とインドはほとんど交易がなかった。その状況がすぐに変わるとは思えない。そしてインドと直接国境を接しているのはチベットだ。だからこそ、中国はつねにチベットを管理しようとしてきたのである。

これは恐怖の地政学だ。中国がチベットを支配していなければ、インドが支配しようとしただろう。そうすればチベット高原という展望のきく高地と、中国中核地へ侵攻するための基地を手に入れ、それと同時に黄河、長江、メコン川の源流も手中に収めることができる。チベットが「中国の給水塔」と呼ばれるのは、中国の大河の源流があるためなのだ。中国の水使用料はアメリカとほぼ同量で、人口はアメリカの五倍だから、インドにみすみす水源を渡すわけがない。

　インドに中国の水源を断つ気があるかどうかは問題ではない。それが可能な力を持つこと自体が問題なのだ。数世紀のあいだ、中国はそうならないよう万全の手を打ってきた。アメリカの俳優にしてチベット仏教徒でもあるリチャード・ギアとチベット解放運動の面々は、漢民族がチベットを占拠し定住するのは不当だと声をあげ続けるだろう。しかし、チベット仏教の最高者ダライ・ラマ、チベット解放運動、ハリウッドスター、そして中国共産党が繰り広げる戦いに勝つのは――共産党は世界第二位の経済を牛耳っている――ただひとりだ。

チベット独立を阻む人口学と地政学

リチャード・ギアやオバマ大統領をはじめとする西欧人がチベットについて語ると、中国人は非常にいらいらするようだ。社会を騒がす危険分子ではなく、ただうるさい連中とみなすのだ。中国人は人権のレンズを使わず、地政学に則《のっと》った防衛手段のレンズを通してチベットを見るからだろう。そのため西欧人が中国の防衛力を弱めようとしていると思い込むのだ。しかし、中国の国防力は弱まってはいない。たとえ漢民族への暴動が増えようとも、この先も弱まることはないはずだ。人口学と地政学がチベット独立を阻《はば》んでいるからである。

　中国は「世界の屋根」たるチベット高原に「世俗的な建造物」をつくっている。一九五〇年代、中国共産党の人民解放軍がチベットにつながる道路建設を始めた。それ以来、古代王国に現代の文明がもたらされてきた。しかし道路やその後完成した鉄道は、漢民族も運んでいる。

　チベットには永久凍土《とうど》や山岳地帯、険しい渓谷《けいこく》があるので、鉄道を敷設するのは不可能だと言われてきた。アルプス山脈の縦貫道路を建設したヨーロッパ一のエンジニアも、それは無理だと断言した。一九八八年になっても、紀行作家のポール・セローは著書『中国鉄道大旅行』（中野恵津子訳、文藝春秋）でこう述べている。「クンルン山脈がある限り、鉄路がチベット自治区の首都ラサへ届くことは決してないだろう」。クンルン山脈が新疆とチベットを隔てていることに、セローは感謝している。「これはおそらく喜ぶべきことだ。チベットを見るまで、自分は鉄道が好きなのだと思っていたが、ふと気づいた。鉄道よりも手つかずの自然のほうが好きなのだと」

しかし、中国は鉄道を完成させた。おそらく、中国にしかなし得なかった事業だろう。二〇〇六年、チベットの首都ラサに入る路線が、当時の中国国家主席、胡錦濤《こきんとう》によって開通した。現在は、上海や北京からの客車や貨物列車が一日四回、毎日到着する。

鉄道は国中から日用品や食料品、コンピュータ、カラーテレビ、携帯電話等々、多くの物資を運んでくる。地元経済を活性化させる旅行者もやってくる。貧困にあえぐ古来の国に、近代化の波が押し寄せたのだ。生活水準や医療技術は大きく進歩した。チベットの品々をより広い世界へ広める機会も生まれた。しかし、数百万人の漢民族定住者もやってきた。

正確な数字は入手困難だが、チベット解放運動によると、広義のチベット文化圏ではもはやチベット人がマイノリティであるらしい。しかし中国政府は、公式なチベット自治区では九〇パーセント以上がチベット人だと反論する。どちらの言い分も大袈裟《おおげさ》だが、政府の数字のほうが誇張が大きいという裏付けがある。というのも、その統計には、住民登録をしていない漢民族の移住者が含まれていないからだ。第三者から見れば、チベットの都市部では漢民族の住人のほうが圧倒的に多いとわかる。

かつて満州、内モンゴル、新疆の人口の多数派は、満州族、モンゴル人、ウイグル族だった。現在は三ヵ所とも漢民族が大半か、もしくはそれに近づいている。チベットも同じ道をたどるだろう。

そうなると、今後も漢民族への反感は続き、暴動という形で噴き出すことが予想される。たとえば二〇〇八年の暴動では、中国に反感を持つチベット人がラサで漢民族の店や建物に放火、略奪し、二十一人が亡くなり数百人のけが人が出た。これからも中国当局の取り締まりは続くだろう。チベット解放運動も途切れないだろうし、チベットの窮状を世界に知らせるために今後も僧侶たちは焼身自殺を図るだろう。そして、チベットに流れ込む漢民族も途絶えることはないのだ。

独立の窓が閉ざされている新疆ウイグル自治区

中国の莫大な人口は、大半が中核地に集中しているが、さらに膨張する場所を求めている。アメリカで人々が西部をめざし、鉄の馬こと機関車がヨーロッパの移住者をコマンチ族やナバホ族の土地へ運んだように、中国では現代の鉄の雄鶏ことチベット鉄道が漢民族をチベットへ運んでいる。

時計回りの旅は最後に、パキスタン、タジキスタン、キルギスタン（いずれも山岳地帯）との国境をめぐって、カザフスタン国境に到達する。そこから北へ向かってモンゴルに戻る。ここは太古のシルクロードで、中国から世界へ延びる交易用の陸上輸送路だった。理論的には、山岳地帯と砂漠のすきまの裂け目なので、中国国防の弱点になりかねない。しかし中核地からはかなり遠いうえに、カザフスタンは中国を脅かすような情勢にはなく、しかもロシアは数百キロかなただ。

このカザフスタンとの国境の南東側には、強情な「半自治州」、すなわち新疆ウイグル自治区がある。先住民はイスラム教徒のウイグル族で、トルコ語系にあたる言語が母語だ。新疆ウイグル自治区はロシア、モンゴル、カザフスタン、キルギスタン、タジキスタン、アフガニスタン、パキスタン、インドの、計八ヵ国と国境を接する。

新疆ウイグル自治区では、問題が絶えたことがなく、今後も絶えることはないだろう。ウイグル族は、一九三〇年代と一九四〇年代の二度にわたって「東トルキスタン」を名乗り独立州であると宣言した。ソビエト連邦が崩壊の結果、元ソビエトで国名の末尾に「スタン」がつく隣人たちが独立国になるのを目の当たりにしたため、チベットの独立運動にも刺激を受けた結果だった。現在も多くの人々が中国からの独立を訴え続けている。

二〇〇九年には、民族間の対立が原因で暴動が起き、二百人以上の死者が出る事態になった。北京は三段階の対処法を見せた。不満分子を無慈悲に粛清《しゅくせい》し、新疆に予算を注ぎ込み、漢民族の労働者を送り込み続けたのだ。中国にとって新疆は戦略的に非常に重要なので、独立運動の成功を許すわけにはいかなかった。八ヵ国と国境を接する、中核地にとっての緩衝地帯であり、原油の産出地でもあり、核実験場も存在するためだ。

さらにこの地域は、中国が掲げる「一帯一路《いったいいちろ》」という経済圏構想の鍵も握る。一路とは、意外にも海路を指し、交易路となる海上シルクロードの確立を目指す。一帯とは「シルクロード経済ベルト」を意味する。新疆ウイグル自治区を通過する旧シルクロードを起点に南下し、いずれは中国がパキスタンのグワダルに建設中の巨大な深水港までつなげる計画だ。二〇一五年末、中国はグワダル港の四十三年間の租借権を獲得した。これで「一帯一路」をつなぐための手だてがひとつ完了した。

新疆につぎつぎと生まれた新しい町や村の住民は、漢民族が圧倒的多数を占める。中央政府が投資した工場の仕事を目当てに集まった人々だ。典型的な例は、石河子《せきかし》市だろう。行政中心地のウルムチから百三十キロほど北西に位置する町で、人口は六十五万人ほどだが、そのうち少なくとも六十二万人が漢民族と考えられている。

全体的に見ると、新疆の人口の四〇パーセントが漢民族とされているが、それでも控え目な数字で、現在はウルムチでさえ大多数が漢民族かもしれない。公式な数字は入手困難であるうえに、政治的に繊細な問題なので、必ずしも当てになる数字とは限らないからだ。

ドイツには「世界ウイグル会議」の拠点が存在し、トルコでは「東トルキスタン解放運動」が起こった。しかし、ウイグルの独立運動には、外国メディアから注目されるチベットのダライ・ラマのような人物が欠けている。しかも、世界ではウイグルの独立運動はほとんど知られていないのが実状だ。

中国は、このまま国際社会の関心がウイグルに向かないように、できるだけ多くの隣国と良好な関係を保とうとしている。組織的な独立運動の高まりを妨害し、運動家が地下に潜伏するのを防ぐためだ。北京はまた、独立運動支持者をイスラム教徒のテロリストに仕立て上げている。アルカイダをはじめとするテロリスト集団は、タジキスタン等に活動拠点を構え、実際ウイグル独立派と手を結ぼうとしている。しかし、独立運動にかかわる人々は何を置いても民族主義者であり、イスラム教徒であるかどうかは無関係だ。それでも、ウイグルで過去数年間に起こった国家や漢民族を狙《ねら》った銃や爆弾、ナイフによる襲撃は、今後も途絶えることがなさそうだ。完全な暴動へエスカレートする可能性もあるだろう。

二〇一六年初頭、地元当局者は、脱過激化の努力が実り初期のイスラム過激派運動は「目に見えて弱体化できた」と述べた。しかし、二〇一五年にトルコ軍が新疆からシリアへ向かう三百二十四人をジハーディストの疑いで逮捕していることを考えると、この発言は疑わしい。

中国は、チベットと同じように、この地域を手放すつもりは毛頭ない。独立の窓は閉ざされている。チベットもウイグルも緩衝地帯であるだけでなく、主要な陸上交易ルートでもある。しかもどちらも（限られた規模とはいえ）経済市場を提供してくれる。大量の失業者を生まないようにつねに経済を成長させるためには、商品を売り続けなければならない。それに失敗すると、市民生活に混乱が生じ、共産党の一党支配や中国の結束を脅かすことにもなりかねないのだ。

共産党が民主主義や個人の権利に抵抗するのも同じ理由だろう。国民全員に自由投票権を与えたら、漢民族の結束は崩れ、そればかりか都市部と農村部で争いが起きないとも限らない。すると緩衝地帯の人々がそれに勇気づけられて独立運動が激しくなり、さらに中国を弱体化させるかもしれないのだ。中国が外国勢力に屈辱を受けてからわずか一世紀、政府にとって民族の結束と経済成長は、民主主義の原則よりはるかに重要な優先事項なのである。

中国人の社会の見方は、西欧人とはかなり異なる。西欧人の頭の中は、個人の権利でいっぱいだ。一方、中国人は、個人より集団を重んじる。西欧人が人権と考えるものを、中国の指導部は、大多数の人々を危険にさらす物騒な理論とみなすということだ。中国では国民の大半がこれを受け入れ、個人の権利よりも、近親者まで含む拡大家族が優先される。

わたしはロンドンの中国大使を高級フレンチ・レストランへお連れしたことがある。かつて元アメリカ大統領リチャード・ニクソンは、周恩来《しゅうおんらい》元首相にこうたずねた。「フランス革命の影響は何か?」。それに対して周恩来は「結論を出すには早すぎる」と答えたという。この言葉はあちこちで引用されたものだ。わたしはその大使との席でこの会話が再現されることを望んでいたのだが、残念ながらできなかった。かわりに「西欧人が人権と呼ぶもの」を中国に押しつけると、広範囲の暴力や死につながると厳しく教えられ、大使にこうたずねられた。「なぜあなたは、自分が理解できていない文化の国で自分の価値観が通用すると思うのか?」

アラスカ沖の中国艦隊が意味するもの

党の指導者と庶民のあいだの取り決めは、すでに一世代におよび、「われわれはおまえたちの暮らしを向上させるから、おまえたちはわれわれの言うとおりにしろ」という内容で続いてきた。経済が成長している限り、この重要な取り決めは続くだろう。経済成長が止まったり、下降線をたどり始めたりしたら、取り決めは破棄される。公務員や官僚の不正行為や汚職への怒りが発端で起こるデモを見れば、取り決めが破棄された場合どうなるか、わかるというものだ。

共産党が抱えるもうひとつの深刻な問題は、すべての国民に食糧を分配する能力の低下だ。農業部大臣によると、耕作地の四〇パーセント以上が汚染されたり表土が薄くなったりしているらしい。

中国は板挟みの状態に陥っている。社会を近代化し生活水準を上げるためには産業の発達が不可欠だが、その過程が食糧生産を脅かす。この問題を解決できなければ、社会不安が広まるだろう。

現在中国では、一日に五百件ほど、さまざまな問題に対する抗議活動が行われている。大半は穏やかなものだが、もし当局が大量失業や大量飢餓を招いたら、日々の抗議はその件数も激しさも増すはずだ。

そのため、中国は現在、世界を相手に重要な経済取引を目論《もくろ》んでいる。「われわれは低コストで商品をつくるから、おまえたちはそれを安く買え」という取引だ。

中国でもすでに人件費が高騰し、タイやインドネシアに商品の生産数はともかく価格では肩を並べられているという事実は、いったん脇《わき》に置こう。もし製品の原料が枯渇したら、もし誰かが原料を先に手に入れたら、そして自国の製品が海上封鎖で輸出できなくなったら、どうなるだろう？　そうした問題に備えるために必要なのが、海軍だ。

かつて中国人は偉大なる航海者だった。十五世紀にはインド洋を航海し、武将の鄭和《ていわ》の遠征旅行はケニアにまで及んだ。しかし、これらは金儲《かねもう》けのための航海で、権力を誇示するためではなかった。軍事戦略を支える未来の軍事基地をつくる意図もなかった。

四千年の動乱の歴史を経て広大な大陸を統一した中国はいま、外洋海軍を編制しようとしている。領海内をパトロールするのが近海海軍、大洋をパトロールするのが外洋海軍だ。中国が海軍を創設し、歴史上最強の力を誇るアメリカ海軍に本気で立ち向かうには（経済成長を見越しても）これから三十年はかかるだろう。しかし短中期的に見ると、中国が海軍をつくり、訓練し、実戦的技術を習得するにつれ、海上のライバルとの衝突が起こるはずだ。これにどう対処するのか——とくに中国とアメリカの衝突は、今世紀の大国外交の行方《ゆくえ》を決定づけることになりそうだ。

ウクライナの鉄くず置き場から回収した中古の空母で訓練している若き船乗りたちが、いずれ司令官に昇進する。彼らは、空母と十二隻の艦船をひきつれて世界の海を航行し、母港に無事に帰還するにはどうしたらいいか、必要に迫られて航海途上で戦うにはどうしたらいいか、充分な知識と経験を身に着けるはずだ。財力のあるアラブの国々が気づいたように、力のある軍隊は育てるには時間がかかるので、金を積んでもすぐに買うことはできないのだ。

現在、中国産航空母艦が完成目前だ。二〇一六年初頭、中国は二〇二一年末までに三隻目を完成させる計画を発表した。原子力空母にはなりそうもなく、アメリカ製ほどの性能もないだろうが、中国軍の能力が増し作戦行動の選択肢が増えることは確実だ。

中国は外洋に出す船を徐々に増やし、いずれは太平洋へも送り込むだろう。中国の船が現れると、東シナ海にアメリカ船の居場所はなくなっていく。アメリカはそれを認識しているし、中国が陸上に対艦ミサイルを配備するだろうこともわかっている。これで、いずれアメリカ海軍やその同盟国軍は南シナ海を、いや、南シナ海に限らず中国近海を航行すべきと考える理由が倍加された。中国の長距離地対艦砲の性能が増せば、成長し続ける海軍は沿岸部からさらに沖合を目指すだろう。もはや海軍は国防の要《かなめ》ではなくなるためだ。

この前兆は、二〇一五年九月に現れていた。中国艦船五隻が（合法的に）アラスカ沖のアメリカ領海を航行したのだ。これが習近平《しゅうきんぺい》総書記のアメリカ訪問直前だったのは、偶然ではない。中国艦隊が北極海に到達するためには、ベーリング海峡を通過するのが手っ取り早い。今後はアラスカ沖で中国艦隊を目にすることがますます増えるはずだ。そのようななか中国は宇宙技術の開発も進めているので、いずれ衛星を利用してアメリカと同盟国の一挙手一投足を監視するようになるだろう。

尖閣諸島など日本との領土争い

さて、ここまで国境線を時計回りにたどってきたが、つぎに東、南、南西側から海を見てみよう。

中国と太平洋のあいだには、中国が「第一列島線」と呼ぶ群島がある。中国は地図上に「九段線」という線を引き、二〇一三年にそこに台湾を加えて「十段線」に変え、この線をもとに領海を主張している。この二百以上の小島と礁《しょう》の所有権をめぐる争いが、中国と近隣諸国との関係悪化の原因だ。

中国は国の威信をかけて、列島線の狭い海路を支配しようとしている。地政学から考えると、そうせざるを得ないのだ。そこを掌握すれば、南シナ海の世界でもっとも重要なシーレーンに出ることができるためだ。平時には、そのルートはさまざまな場所で航行可能だが、有事の際は簡単に封鎖され、中国の動きを封じ込めてしまうだろう。どんな大国も、平時には戦争が勃発したときを見すえて準備をするものだ。

太平洋への自由なアクセスは、まず日本によって妨げられる。黄海を抜けて朝鮮半島をまわりこんだ中国の船は、日本海を通り抜け、北海道の北側のラ・ペルーズ海峡（宗谷《そうや》海峡）を通過して太平洋に出なければならない。この大半は日本やロシアの領海で、国家間の緊張が高まっているときや交戦時には、近づくこともできないだろう。たとえ日本をうまくかすめられても、北海道の北東にあるクリル列島（千島《ちしま》列島）も通らなければならない。そこはロシアが支配し、しかも日本が領有権を主張している島もある。

日本は、無人島をめぐって中国とも争っている。台湾の北東にある尖閣《せんかく》諸島、中国名釣魚島《ちょうぎょとう》だ。この二ヵ国間の領土争いのなかでも、もっとも激しい争いだ。尖閣諸島を手に入れられなければ、中国船は上海沖の東シナ海を出てから太平洋へまっすぐ進むには、琉球《りゅうきゅう》諸島を通らなければならない。沖縄本島には大規模な米軍基地があり、列島の先端には大量の地対艦ミサイルも配備されている。日本政府のメッセージはこうだ。「われわれはおまえがそこを通過しているのは知っている。しかし途中でわれわれにかかわるな」

もうひとつ、日本との緊張が高まる可能性があるのは、東シナ海のガス田問題だ。中国政府は付近一帯の「防空識別圏」を宣言し、そこを通過する際の事前通知を求めた。アメリカと日本は無視しようとしているが、これは扱いを誤るといつ大問題に発展してもおかしくない事態だ。

台湾に対するソフトパワー作戦

沖縄の下には台湾が位置する。台湾は中国沿岸の沖合で、東シナ海と南シナ海を分けている。中国は台湾を二十三番目の省だと主張しているものの、現在台湾はアメリカの同盟国なので、自前の海軍や空軍に加え、アメリカの後《うし》ろ盾《だて》によって一分《いちぶ》の隙《すき》もなく武装している。十七世紀には中国に支配されたが、二十世紀には中国の統治期間はわずか五年間しかなかった（一九四五〜一九四九年）。

台湾の正式名称は中華民国（ROC）で、中華人民共和国とは区別される。しかしどちらも、自分こそが相手の領土を支配すべきだと信じている。台湾が独立国家だと明言しない限り、中華民国という名称は中国政府も我慢できるのだろう。アメリカは、一九七九年に台湾関係法が成立したので、中国に侵略された場合は台湾を守る責任がある。しかし、台湾が中国から完全に独立すれば——中国は戦争行為とみなすだろうが——アメリカは台湾の援護にかけつける義務はない。独立宣言は間違いなく議論を呼ぶだろう。

台湾、中国両政府は、国際社会に自国の主張を認めてもらおうと、そして相手の主張を貶《おとし》めようと、争っている。大半の場合は北京に分《ぶ》があるようだ。十四億人の潜在市場と、二千三百万人の市場を並べられたら、たいていの国はすぐに決断するだろう。しかし、台湾を選ぶ国も二十二ヵ国あり（大半は、スワジランド、ブルキナファソ、サントメ・プリンシペ民主共和国といった開発途上国だ）、それらの国々はかなりの見返

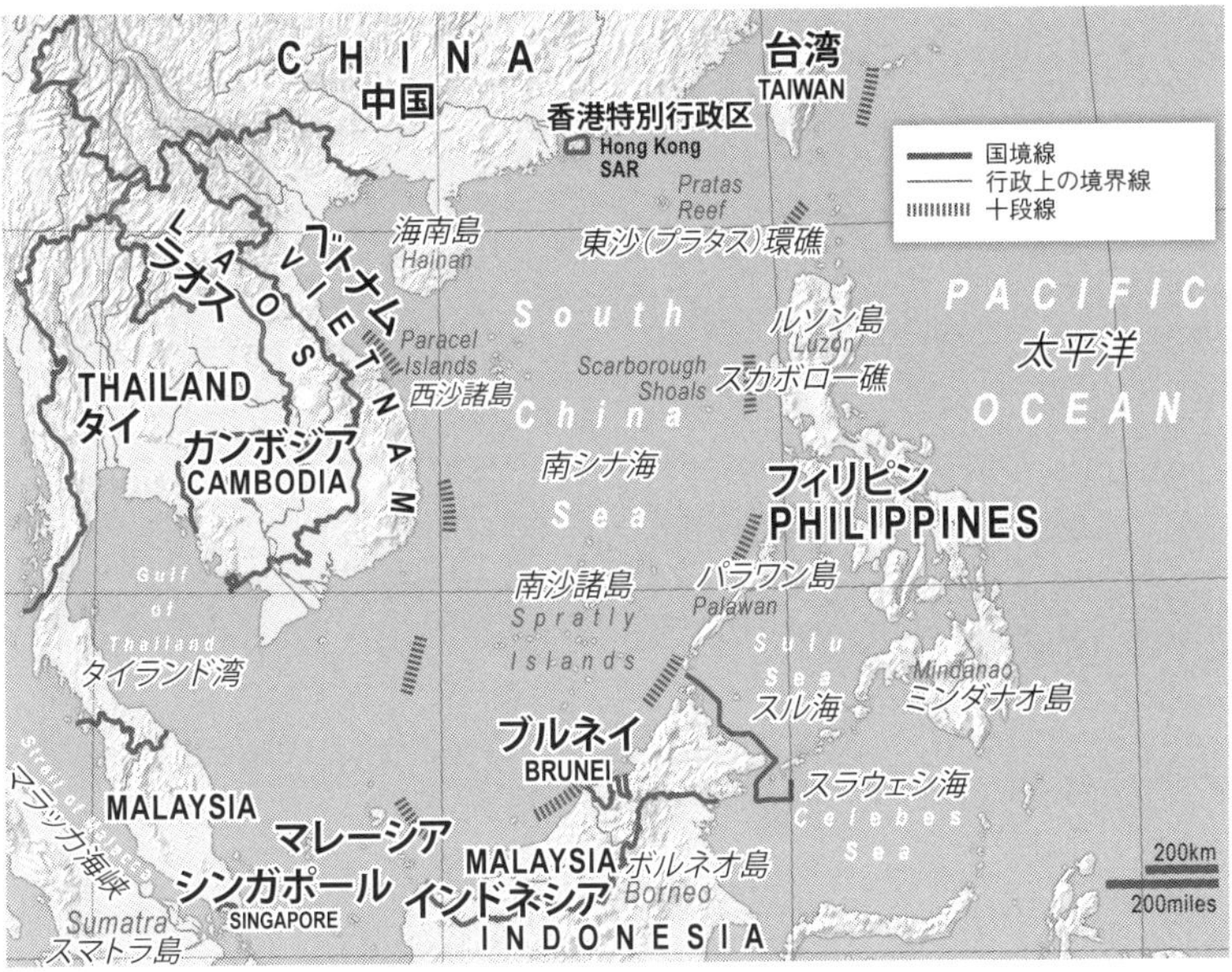

南シナ海では、島の所有権、天然資源、領海と航路の支配をめぐって、中国と近隣諸国が激しく争っている。

りを得ている。

中国は、台湾を取り戻すと決意しているが、軍事的奪取にはほど遠いのが現実だ。それどころか、ソフトパワーを用いて、両国間の貿易額や旅行者数を増やしている。中国は台湾を口説《くど》いて、ふたたびひしと抱きしめたいのだ。

二〇一四年、香港の学生が民主的な選挙を求めて中国に対する抗議活動を展開したとき、当局がすばやく鎮圧しなかった理由のひとつは——たとえばウルムチなら、ただちに制圧していただろう——事態を見守る世界中のカメラに暴力行為を記録される恐れがあったためだ。中国では、このときのデモ映像の大半が見られなくなったが、台湾の人々は世界中が目にしたものを見て、自らに問いかけた。自分たちはこのような強大な国と、どれほど親密な関係を築くつもりなのか、と。ここで中国政府が立ち止まったのは、長いゲームを戦っているからだ。

ソフトパワー作戦とは、台湾の人々を説得し、「母国」への復帰を恐れることはないと信じ込ませることである。防空識別圏の主張も、アメリカ艦隊のまんなかへの潜水艦の浮上も、そして海軍の設立も、中国本土からはわずか二百キロだが、アメリカの西海岸からは一万キロ以上も離れた島を守るというアメリカの決意を鈍らせるための長期計画の一部なのだ。

アメとムチの外交

南シナ海を出発しても、中国の船は問題に直面するだろう。太平洋へ向かおうと、インド洋へ向かおうと同じことだ。そこは天然ガスや原油の産地へ向かう世界的な航路だ。ガスや原油が手に入らなくなれば、中国は崩壊する。

中国がペルシャ湾のエネルギー生産国をめざして西へ向かうためには、ベトナムを通過しなければならない。すでに見てきたように、ベトナムは近年アメリカに接近しつつある。また、アメリカの同盟国であるフィリピン付近も航行しなければならず、その後はマレーシア、シンガポール、インドネシアのあいだのマラッカ海峡が待ち受ける。どこも外交上も軍事的にもアメリカとの関係が深い場所だ。マラッカ海峡は全長およそ八百キロ、もっとも狭い部分は三キロ以下しかない。ここは「チョークポイント」と呼ばれ、つねに戦略的に重要な場所だった。中国はいまだに通過に苦労している。海峡沿いの国やそこへ至る近隣の国々は、どこも中国支配を懸念し、しかも大半が中国との領土問題を抱えているためだ。

中国は南シナ海ほぼ全域と、存在が予想される海底資源の所有権も主張している。しかし、マレーシア、台湾、ベトナム、フィリピン、ブルネイも、相互に領有権を争っている。たとえば、フィリピンと中国は、南シナ海のスプラトリー（南沙《なんさ》）諸島のミスチーフ礁をめぐって激しく対立している。いずれは南シナ海(South China Sea）の名にふさわしく、中国海域になるかもしれない。議論の的になっている数百もの環《かん》礁《しょう》ひとつひとつが、そして時には水面から顔をのぞかせる小さな岩ひとつが、外交危機のきっかけになりかねない。漁業水域、海洋調査権、統治権についての議論が、岩ひとつひとつを取り巻いているためだ。

その目標達成のために、中国は浚渫《しゅんせつ》および埋め立て技法を用いて、懸案の珊瑚礁《さんごしょう》を島へ変え始めている。たとえば、スプラトリー諸島の岩礁のひとつ、ファイアリー・クロス礁は（火の十字架を意味する名前はまさにこの岩礁にふさわしい）、現在は戦闘機にも対応する滑走路と港湾施設を備えた人工島になった。これにより中国はファイアリー・クロス礁上空の支配権をいっそう強めた。このほかの岩礁には砲兵部隊が駐留している。

二〇一五年夏、アメリカ国防長官アッシュ・カーターは「水面下の岩を飛行場に変えたところで、統治権が手に入るわけでもなければ、国際空路や航路の利用を制限できるわけでもない」と述べた。中国がスプラトリー諸島の軍事態勢を防御一辺倒から攻防へ転換すると公表した直後の発言だ。一連の動きは、この地域一帯のルールを自らつくろうとする中国の意図の表れなので、今後は近隣諸国にとりいったり脅しをかけたりするだろう。

中国は、南シナ海のシーレーンの安全を確保する必要がある。市場へ送り出す商品と、その製造に必要な原料（石油、ガス、貴金属）を中国へ運ぶためには、そこを封鎖されるわけにはいかない。解決策のひとつは、外交政策だろう。成長し続ける海軍もひとつの手段かもしれない。しかしもっとも確実な安全保障は、パイプラインや道路、港を手に入れることだ。

外交的には、アメとムチで東南アジアの国々をアメリカから引き離そうとするだろう。ムチが強すぎれば相手は結束を固め、ワシントンとの防衛協定が強化される。アメが多すぎれば、北京の意向に従わない。現在のところ、東南アジア諸国はいまだに太平洋の向こうのアメリカに保護を求めている。

ふたつの大洋支配をめざして

現在中国がつくる地図では、南シナ海ほぼ全域が中国領海とされている。これが中国の意思表示であることは、海軍による積極的なパトロールと政府の公式見解からも明らかだ。北京は近隣諸国の考え方を、そしてアメリカの考え方と態度を変えようとしている。相手があきらめて後退するまで、自らの計画を押しに押して進めるつもりだ。問題は、国際水域と平時の自由航行の概念だ。これは大国によって簡単に放棄されていいものではない。

地政学ライターでジャーナリストのロバート・カプランは、中国にとって南シナ海は、二十世紀初頭のアメリカにとってのカリブ海と同じだと述べている。アメリカは、巨大な大陸をまとめ、ふたつの大洋（太平洋と大西洋）を牛耳る強国になってから周辺海域の支配に動き、キューバからスペイン人を追い出した。

中国もふたつの大洋（太平洋とインド洋）を支配する大国になるつもりだ。そのために、ミャンマー、バングラデシュ、パキスタン、スリランカの深水港に投資している。この投資で各国と良好な関係を結ぶことができれば、未来の海軍は寄港も駐留もできる友好的な基地を手に入れることができ、ぐるりと自国へ戻る貿易路の輪もできる。

インド洋とベンガル湾の港は、中国の未来を安泰にする大きな計画の一部だ。パキスタンの新たな深水港グワダルの租借権は（パキスタンのバルチスタン州の情勢が落ち着いているなら）中国への新たな陸路をつくる際の鍵になるだろう。中国は、ミャンマーの西海岸から延びる天然ガスと石油のパイプラインをつくり、ベンガル湾と中国南西部をつないだ。これでエネルギー供給のほぼ八〇パーセントがパイプラインを通過することになるので、ぴりぴりしながらマラッカ海峡を通過する頻度は減る。二〇一〇年にミャンマーが民主化し外の世界へ扉を開いたとき、そこへ押しかけたのが中国だけではなかったのもそれが理由だ。

アメリカと日本は関係を強化しようとしている。両国がミャンマーに強い影響力を持てば、中国を牽制することにもなるだろう。いまのところ、この特殊な国際チェスのゲームで勝利しつつあるのは中国だが、ミャンマー政府がアメリカは必ず援助してくれると自信を持っている限り、アメリカは中国を圧倒することができるかもしれない。

成功にも失敗にも「十四億の理由」

中国は、ケニアに港を、アンゴラに鉄道を、エチオピアに水力発電用ダムを建設している。アフリカ中を駆け回って、鉱物や貴金属を探し求めている。

中国の企業や労働者は、世界中に進出中だ。中国の軍隊も徐々にそれに続くだろう。巨大な力を持てば、巨大な責任が伴う。中国は近海のシーレーンのアメリカ支配をいつまでも許してはおかないはずだ。いずれ中国が行動を起こす必要に迫られる事件が起こるかもしれない。自然災害や、多数の中国人労働者がかかわるテロや人質事件が起これば、中国は行動を起こさなければならないのだ。それには前方基地か、少なくとも他国からの航行許可が必要になる。現在、数千万以上の中国人が世界中に存在し、アフリカでは巨大な複合施設の宿舎で暮らしている。

中国は今後十年間にわたり、機敏に動こうと四苦八苦するだろう。二〇〇八年の四川《しせん》大地震では、壊滅的な被害のなか、人民解放軍を動員するくらいしかできなかった。「軍需品」さえ投入できなかった。素早く海外へ派兵することは、より大きな挑戦になるはずだ。

この状況が変化する可能性もある。中国は、世界と対峙《たいじ》する際に、人権問題で押しつぶされもしなければ、外交的あるいは経済的理由で人権問題に取り組むこともない。国境線は安全で、第一列島線の国々の結束に激しく抵抗しつつ、世界中を自信たっぷりに動き回っている。日本やアメリカとの深刻な衝突を避けられるなら、中国にとって唯一の現実的な危険は、中国そのものと言っていい。

中国が成功するとしたら、それには十四億人分の理由がある。世界の大国としてアメリカをしのぐことができないとしたら、それにも十四億の理由がある。一九三〇年代のような大恐慌が起これば、数十年前の中国に戻る可能性もある。中国は世界経済の枠組みに自らを閉じ込めた。だから誰も商品を買わなければ、中国は何もつくれない。そして商品をつくれなくなれば、大量の失業者が出る。都市部に人口が集中している現代で、長期の失業者が大量に出れば、社会不安が生まれることは避けられない。現代の中国ではすべてにおいてそうであるように、その社会不安の規模はかつて見たことのない大きさになるかもしれないのだ。

第二章　ロシア——果てしない大地と凍り続ける港

Vast（形容詞）

それは「非常に広い」「果てしない」ということ

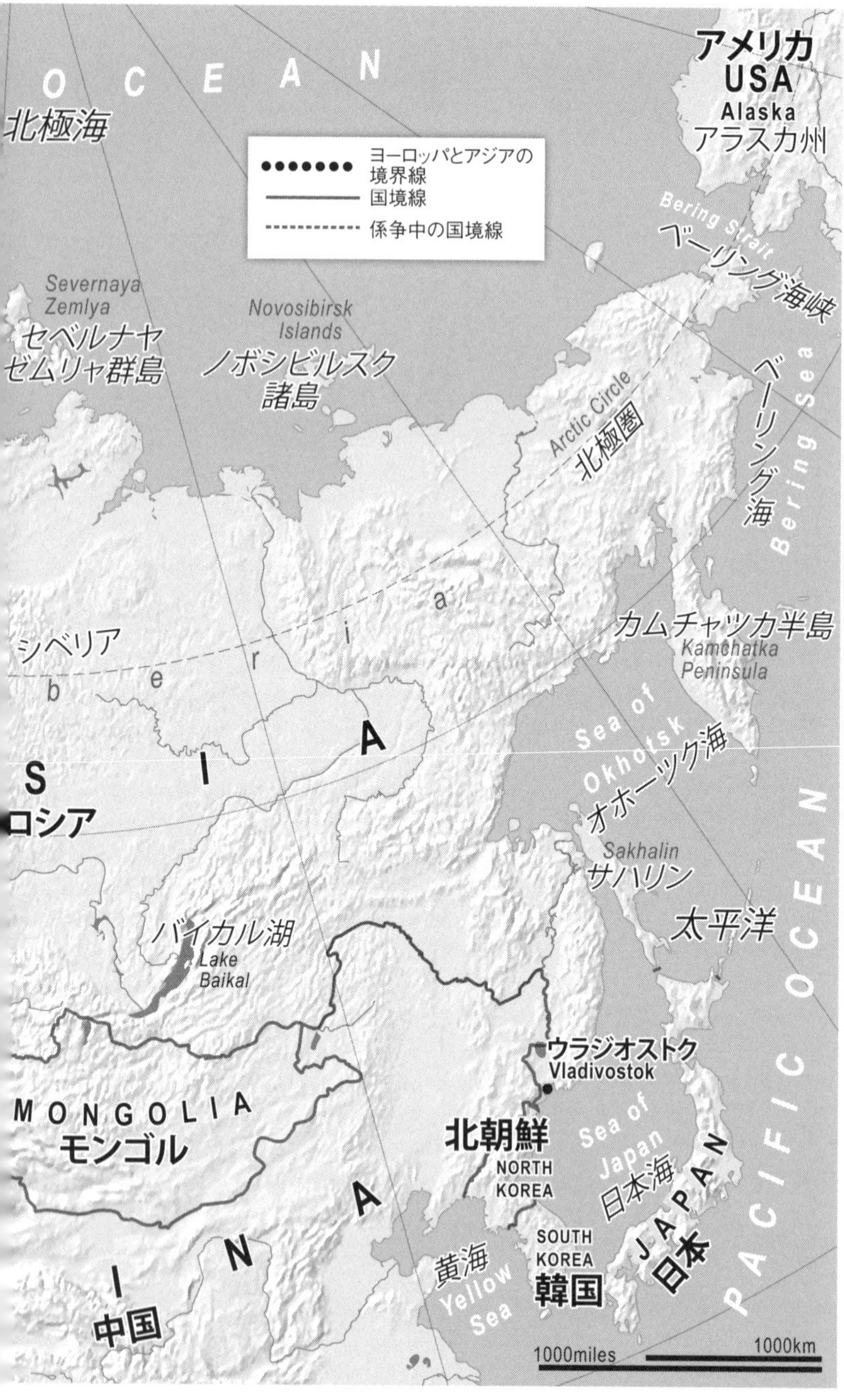

O C E A N
北極海
アメリカ
USA
Alaska
アラスカ州
ヨーロッパとアジアの境界線
国境線
係争中の国境線
Bering Strait
ベーリング海峡
Severnaya Zemlya
セベルナヤゼムリャ群島
Novosibirsk Islands
ノボシビルスク諸島
Arctic Circle
北極圏
ベーリング海
Bering Sea
S i b e r i a
シベリア
カムチャツカ半島
Kamchatka Peninsula
Sea of Okhotsk
オホーツク海
A S I A
ロシア
Sakhalin
サハリン
太平洋
PACIFIC OCEAN
バイカル湖
Lake Baikal
ウラジオストク
Vladivostok
MONGOLIA
モンゴル
北朝鮮
NORTH KOREA
Sea of Japan
日本海
JAPAN
日本
SOUTH KOREA
韓国
黄海
Yellow Sea
C H I N A
中国
1000miles
1000km

アイスランド
ICELAND
ARCTIC
Svalbard
(Norway)
スバールバル諸島
（ノルウェー）
Franz Jo
Land
フランツ・ヨーセ
・ランド
ノルウェー海
Norwegian
Sea
バレンツ海
Barents
Sea
ノルウェー
NORWAY
ノバヤゼムリャ
Novaya
Zemlya
スカゲラク海峡
Skagerrak
スウェーデン
SWEDEN
フィンランド
FINLAND
Murmansk
ムルマンスク
DENMARK
デンマーク
バルト海
Baltic Sea
カリーニングラード
（ロシア領）
Kaliningrad
(to Russia)
ポーランド
POLAND
ラトビア
エストニア
ESTONIA
LATVIA
サンクトペテルブルク
St Petersburg
LITHUANIA
リトアニア
北ヨーロッパ平野
North European Plain
カルパティア山脈
Carpathian Mountains
BELARUS
ベラルーシ
UKRAINE
ウクライナ
Moscow
モスクワ
R
U
S
ウラル山脈
Ural Mountains
West Siberian Plain
西シベリア平原
MOLDOVA
モルドバ
黒海
Black Sea
コーカサス山脈
Caucasus
カスピ海
Caspian Sea
TURKEY
トルコ
GEORGIA
ジョージア
ARMENIA
アルメニア
AZERBAIJAN
アゼルバイジャン
SYRIA
シリア
IRAQ
イラク
カザフスタン
KAZAKHSTAN
ウズベキスタン
UZBEKISTAN
トルクメニスタン
TURKMENISTAN
キルギス共和国
KYRGYZSTAN
TAJIKISTAN
タジキスタン
IRAN
イラン
アフガニスタン
AFGHANISTAN
C

「彼らがもっとも礼賛するのは強さである」

ロシアは広大な国だ。果てしなく広い。一千七百十万平方キロメートルの面積に、十一のタイムゾーンがある、世界一の広さを誇る国である。

森、湖、河川、ツンドラ（凍土《とうど》）、ステップ（大草原）、タイガ（針葉樹林）、山岳地帯、どれをとってもどこまでも広く、長く、続いている。この大きさは、長い時間をかけて、わたしたちの集合意識に染《し》みわたった。わたしたちがどこにいようと、東か西に、あるいは北か南に、ロシアがある――しかも、そこにあるのはただのロシアではなく、熊《くま》にもたとえられる大国ロシアなのである。

熊がこの巨大な国家のシンボルになったのは偶然ではない。熊はときに冬眠し、ときにうなりながら、堂々たる存在感を見せつける非常に獰猛《どうもう》な生き物だ。熊はロシアの世界そのものと言ってもいい。しかし、ロシア人はこの動物を「熊」と呼ぶことに慎重でもある。名前を呼ぶとほんとうにその獰猛な獣が出てくるのではないかと恐れているのだ。そのため熊はロシア語で「ハチミツが好きなもの」を意味する単語を使ってメドベード（medved）と呼ばれている。

ヨーロッパからアジアにまたがるロシアには、少なくとも十二万頭の熊が生息すると言われている。ウラル山脈の西側にはヨーロッパロシアが広がり、東側にはシベリアがはるばるベーリング海と太平洋まで続く。二十一世紀の現代でさえ、列車の横断は六日がかりだ。ロシアの指導者たちはこの広大な国土のすみずみに目を配り、風土の違いを意識し、それに従って政策を立てなければならない。現在に至るまで数世紀のあいだ、彼らはあらゆる方角に目を向けてきたが、もっとも神経をとがらせたのは西側だった。

記者やジャーナリストが熊の心臓部に迫ろうとするとき、一九三九年にウィンストン・チャーチルが残したロシアにまつわる有名な言葉がしばしば引き合いに出される。「ロシアは秘密によって神秘のなかにくるまれた謎《なぞ》である」。じつは、引用する者はほとんどいないが、この言葉には続きがある。「しかしおそらく、謎を解く鍵《かぎ》はある。その鍵とは、ロシアの国益である」。七年後、チャーチルはその鍵を使って謎を解き、彼なりの答えを得てこう力説した。「わたしは確信した。彼らがもっとも礼賛《らいさん》するのは、強さである。そして弱さ、なかでも軍事的弱さを忌み嫌うのだ」

チャーチルの言葉は、現代のロシアの指導者にも当てはまるかもしれない。いまは民主主義のマントに包まれているにもかかわらず、本質的には専制政治のままで、その根底には国益があるからだ。

「今世紀最大の地政学的惨事」

ウラジーミル・プーチンは、神や山岳地帯以外に、ピザのことも考えているだろう。くさび形に切られたピザのような平野のことだ。

地図を見ると、そのピザの細いほうへ向かう途中にはポーランドがある。北ヨーロッパ平野はフランス西部および北部、ベルギー、オランダ、ドイツ北部、そしてポーランドのほぼ全域を包み込んでいる。そしてフランスからウラル山脈へ向けて扇状に広がっていくが（ウラル山脈は南北千六百キロメートルにわたり、ヨーロッパとアジアを隔てる自然の境界線をなす）、北はバルト海から南はカルパティア山脈へ続くこのくさびの端部分は幅がわずか五百キロ弱しかない。

ロシアから見れば、これは両刃《りょうば》の剣《つるぎ》と言えるだろう。ポーランドは比較的狭い通路のようなものなので、ロシアは必要とあらばそこへ軍隊を送り込み、敵がモスクワへ侵攻するのを阻止することができる。しかし、くさび形はこの地点から扇形に広がり始める。ロシアとの国境に到達するころには、その幅は三千二百キロメートルにおよび、モスクワもその向こうも平坦な土地だ。大規模な軍隊をもってしても、この地域一帯を武力で守ろうとするのは至難の業だろう。

しかし、ロシアがこの方角から攻め込まれて負けたことはない。理由のひとつは、戦略的深み、つまり地理的条件にある。敵の軍隊がモスクワに到達するころには、維持するのが不可能なほど長い兵站線《へいたん》ができるのだ。一八一二年にはナポレオンがこのミスを犯し、一九四一年にはヒトラーが同じミスを繰り返した。

極東でも、やはり地形がロシアを守っている。アジアからの軍隊がアジアロシアへ攻め上るのは困難だ。雪以外に攻撃すべきものはなく、前進してもウラル山脈までしか到達できない。そこで広大な領土を手に入れたとしても、自然環境は厳しく、兵站線も長く、反撃の危険が常にある土地なのだ。

ロシアに攻め入る国などあるはずがないと思う人もいるだろう。しかし、当のロシアはそうは考えていない。それにはもっともな理由がある。過去五百年間、ロシアは数回にわたって西側から攻め込まれた。一六〇五年には北ヨーロッパ平野をわたってポーランド人が、一七〇八年にはカール十二世率いるスウェーデン人が、一八一二年にはナポレオンが指揮するフランス軍が、そして一九一四年の第一次世界大戦と一九四一年の第二次世界大戦中にはドイツ軍が二度、攻め入っている。

ここで見方を変えてみよう。一八一二年のナポレオンの侵攻から数えて、一八五三〜五六年のクリミア戦争と一九四五年までの二回の世界大戦も含めると、ロシアは北ヨーロッパ平野近辺で三十三年に一回の割合で戦っていることになるのだ。

一九四五年の第二次世界大戦終盤、ソ連はドイツが占領していた中央および東ヨーロッパの土地を占拠した。その一部はソ連の領土になり、ますますかつてのロシア帝国に似た様相を呈し始める。一九四九年、北大西洋条約機構（ＮＡＴＯ）がヨーロッパとアメリカ、カナダを中心に結成された。ヨーロッパと北大西洋諸国をソビエトの侵略から守ることが目的だ。それに対抗して、一九五五年、ロシアの指揮のもとヨーロッパの多くの共産国が国防と相互協力を目的にワルシャワ条約機構を結成した。機構は鉄の結束と思われたが、いま振り返ると、一九八〇年代初頭にはすでに錆《さび》が発生し、一九八九年にベルリンの壁が崩壊するとワルシャワ条約機構もちりと消えた。

プーチン大統領は、元大統領ミハイル・ゴルバチョフを毛嫌いしている。ロシアの防衛力が弱まったのはゴルバチョフの責任だと非難し、一九九〇年代のソビエト連邦の崩壊を「今世紀最大の地政学的惨事」と呼んだ。

それ以来ロシアの人々は、NATOがじわじわと包囲網を狭めてくるのを不安げに見守ってきた。ロシアが言うには、NATOには加盟しないと約束したはずの国々もつぎつぎに加入し、一九九九年にはチェコ共和国、ハンガリー、ポーランドが、二〇〇四年にはブルガリア、エストニア、ラトビア、リトアニア、ルーマニア、スロバキアが、そして二〇〇九年にはアルバニアがNATOの一員になった。一方NATO側は、そのような非加盟の宣言はなかったと述べている。

他の大国と同じように、ロシアもつぎの百年を見すえて、そのころには何が起こっても不思議ではないと考えている。一世紀前、アメリカの軍隊がモスクワから数百キロのポーランドやバルト諸国に駐屯《ちゅうとん》するなど、誰が想像しただろう？　ベルリンの壁が崩壊した一九八九年からわずか十五年後の二〇〇四年には、ロシア以外のワルシャワ条約機構加盟国すべてがNATOやEU（欧州連合）に加盟している。

ロシア政府の頭のなかは、その事実とロシアの歴史でつねにいっぱいなのだ。

モスクワを取り囲む巨大な輪

概念としてのロシアが誕生したのは九世紀にさかのぼる。始まりはキエフ大公国という東スラブ人のゆるやかな連合体で、現在のウクライナに当たるキエフやドニエプル川沿いの町々を拠点としていた。しかし、領土の拡大を目論むモンゴル人に南側と東側から繰り返し攻撃され、ついに十三世紀に侵略された。

若きロシアは、そこで北東のモスクワ近辺に移動する。この初期のロシア、すなわちモスクワ大公国は、防御がすきだらけだった。周囲には山も砂漠も川もなく、四方を平地に囲まれ、南と東の大平原の向こうにはモンゴルが控えていたためだ。侵略者は好きな場所から進軍でき、攻略するべき自然の要塞もほとんどなかった。

そこに登場したのが、ロシアの最初の正式な皇帝《ツァーリ》、イワン雷帝《らいてい》だ。彼は戦術に防御としての攻撃を組み入れた。領土拡大のために、まず国内をまとめることから始め、それから国外へ力を広げるという方法だ。この積み重ねで国土を拡大していった。イワン雷帝は、ひとりの人間が歴史を変えるという説を裏づけたと言えるだろう。彼の徹底した無慈悲さと将来を見すえるビジョンがなければ、ロシアの歴史は変わっていたに違いない。

若きロシアは、イワン雷帝の祖父にあたるモスクワ大公国イワン三世の時代から、わずかずつ領土を拡大し始めていた。しかしその拡大は、イワン雷帝が権力の座に就いた一五三三年以降加速し、西はウラル山脈、南はカスピ海、そして北は北極圏へと広がった。領土がカスピ海に、のちに黒海《こっかい》沿岸に達すると、コーカサス山脈をモンゴル帝国と自国を隔てる境界として利用した。軍事拠点をチェチェンに置き、モンゴルやオスマントルコ帝国、ペルシャ帝国といった敵の攻撃に備えて侵略を防いだ。敗北や後退もあったものの、その後の一世紀にわたり、ロシアはウラル山脈を越えてじりじりとシベリアへ進み、最終的にははるか東の太平洋へ続くすべての土地を自国の領土に組み入れた。

こうしてロシアは、侵略された場合に退却する緩衝地帯と後背地——戦略的深み——を手に入れた。北極海から攻撃しようとする者も、ウラル山脈を越えて進撃しようとする者もいなかった。その領土は現在のロシア領土に近づきつつあった。南側や南東側から接近するためには、大規模な軍隊と長い補給路が不可欠であり、しかもロシアの防御陣地を突破して戦わなければならなかった。

十八世紀になると、一七二一年に帝政ロシアを確立したピョートル大帝とエカチェリナ二世のもと、ロシアは西へ目を向け、ヨーロッパの大国のひとつに成長した。その原動力になったのが、交易と愛国心だ。いっそう安定感と力を増したロシアは、現在のウクライナを占領し、カルパティア山脈に到達して、現在バルト三国と呼ばれるリトアニア、ラトビア、エストニアの大半も手に入れた。こうしてロシアは陸地からであろうと、バルト海側からであろうと、敵の攻撃を防ぐことができるようになったのだ。

これでロシアの心臓部であるモスクワを取り囲む巨大な輪が完成した。北極圏をスタート地点に、バルト海近辺へ南下し、ウクライナを通過してカルパティア山脈、黒海、コーカサス山脈、カスピ海に到達したところでウラル山脈側へぐっとカーブして北極圏へ戻る輪だ。

二十世紀には、ロシア共産党がソビエト社会主義共和国連邦を樹立する。「万国の労働者よ、団結せよ」という美しいスローガンの裏に隠されていたソビエト連邦は、なんのことはない、巨大化したロシア帝国そのものだった。第二次世界大戦後、ソ連は太平洋沿岸からベルリンまで、北極圏からアフガニスタン国境まで国土を広げた。こうしてソ連は経済的にも政治的にも、そして軍事的にも、アメリカしか肩を並べるもののない超大国になったのである。

「アラスカからロシアが見える」

ロシアは世界一広い国だ。アメリカや中国の二倍、インドの五倍、イギリスの二十五倍の面積を誇る。しかし、人口は比較的少なく、一億四千四百万人ほどで、ナイジェリアやパキスタンにもおよばない。農作物の生育期は短く、政府は統治下の十一のタイムゾーンに作物が充分に行き渡るように苦慮している。

ウラル山脈まで延びるロシアは、ヨーロッパ大陸と隣接しているという意味ではヨーロッパの強国だ。しかしカザフスタン、モンゴル、中国、北朝鮮と国境を接し、日本やアメリカを含む数ヵ国と領海を接してはいるものの、アジアの強国とは言えない。

アメリカ副大統領候補だったサラ・ペイリンは「アラスカからはロシアが見えるの」と発言したと伝えられ、笑いものになった。この言葉はマスコミ報道により「わたしの家からはロシアが見えるのよ」に改竄《かいざん》されたが、実際の彼女の言葉は「アラスカからはロシアが見えるの、アラスカの島からよ」であり、これはまぎれもない事実だ。ベーリング海峡のロシアの島は、同じくベーリング海峡のアメリカの島、リトルダイオミード島からわずか四キロの距離で、裸眼でも見える。アメリカからはロシアが見えるのだ。

ウラル山脈の尾根には、ヨーロッパが終わりアジアが始まる地点にバツ印がつけられている。天候に恵まれると美しい場所で、東側はモミの木の森から数キロ先まで見渡せる。冬は雪に覆われ、眼下にはシベリア平原がエカテリンブルクまで広がる。旅行者は片足をヨーロッパ側に、片足をアジア側に置こうとするのがつねだ。このバツ印がロシアに踏み入ってからほんの四分の一の地点でしかないのだから、ロシアがいかに大きいかがわかるだろう。

サンクトペテルブルクを出発し、ロシア西部を二千五百キロ旅してウラル山脈にたどりついた人もいるかもしれない。しかし、ペイリン氏の目撃証言にあったアラスカの向かいにあるベーリング海峡にたどりつくには、まだ七千五百キロも残っている。

ヨーロッパかアジアか

ソ連崩壊直後、わたしはウラル山脈のヨーロッパとアジアの境界線にいた。ロシア人のカメラマンも同行していた。彼は寡黙で自制心が強く、ごま塩頭のベテランで、ドイツのスターリングラード攻防戦を膨大な長さのフィルムに収めた赤軍（旧ソ連軍）カメラマンの息子だ。わたしは彼にたずねた。「ところできみはヨーロッパ人なのかい、それともアジア人なのかい？」彼は少し考えてからこう答えた。「どちらでもない――わたしはロシア人だ」

ロシアがヨーロッパであるという証明はさておき、ロシアがアジアの強国ではない理由はいくつもある。領土の七五パーセントがアジアにあるものの、そこに暮らしているのはロシアの人口のわずか二二パーセントにすぎない。鉱物資源、石油、天然ガスが眠っているシベリアはロシアの「宝の箱」と言えるだろう。しかし、そこは荒涼とした土地だ。数ヵ月ものあいだ凍てつく気候が続き、タイガと呼ばれる広大な森と湿地帯に覆われ、農作物の育たないやせた土壌があるばかり。

西から東へ走る鉄路はシベリア横断鉄道とバイカル・アムール鉄道の二本しかない。北から南へ向かう輸送路はほとんどないため、ロシアが南に鎮座する現代のモンゴルや中国に対して力を誇示するのは容易ではないだろう。人手も足りなければ、補給路も足りないのだ。

この先遠い未来に、中国がシベリアの大部分を支配下に治めることがあるかもしれない。しかしそれが実現するとしたら、原因はロシアの出生率の低下と、北へ向かう中国の移民の増加だろう。湿地のような西シベリア平原、つまり西はウラル山脈から東は千六百キロ離れたエニセイ川のあいだのおもだった町には、すでに中華料理のレストランができ、それ以外のビジネスもどんどん流れ込んでいる。極東ロシアの人口が激減した過疎地は、まるで中国文化に支配されたかのようだ。いずれは政治的にも支配されるかもしれない。

ロシアの中核地から外側へ移動すると、ロシア連邦の住人の大半は民族的にはロシア人ではなく、モスクワに忠誠心を持っていないことがわかる。その結果、旧ソビエト時代に匹敵するような保安体制が生まれた。ソビエト連邦時代のロシアは事実上植民地の宗主国で、主人とはなんの共通点もないと考える人々や領地を統治していた。ロシア連邦の一部――たとえばコーカサス地方のチェチェン共和国やダゲスタン共和国――は、いまだにそのように感じている。

「凍らない港」という悲願

二十世紀後半、拡大しすぎて身の丈以上の資金を使った結果、そもそも居住に適さない地方の経済状態は大混乱に陥り、アフガニスタン侵攻の失敗もあいまって、ソビエト連邦は崩壊する。ロシア帝国は、共産主義時代以前の姿に縮まり、エストニア、ラトビア、ベラルーシ、ウクライナ、ジョージア、アゼルバイジャンがヨーロッパとの境界線になった。

一九七九年のアフガニスタン侵攻は、反共産主義のイスラム教徒ゲリラと戦うアフガンの共産主義政権を支援するためだったが、アフガニスタンの人々にマルクス・レーニン主義の成果をもたらすことにはならなかった。ソビエト政府がアフガニスタンを支配しようとするのは、別の国によるアフガニスタン支配を確実に防ぐためなのである。

重要なのは、アフガニスタン侵攻によって「インド洋の温水で兵士のブーツを洗う」というロシア軍の悲願がかなう点だ。この国粋主義で知られるロシアの政治家ウラジーミル・ジリノフスキーの言葉通りになれば、ロシア軍がかつてなし得なかったことが実現する。不凍港、すなわち冬期間も凍らない港が手に入り、そこから世界中の主要貿易ルートへの自由なアクセスが可能になるのだ。たとえば、北極圏のムルマンスク港は、毎年数ヵ月間氷に閉ざされる。ウラジオストクはロシア最大の太平洋の港だが、やはり四ヵ月間は氷結するし、日本人が牛耳《ぎゅうじ》る日本海に取り囲まれている。これは貿易の流れを妨げるばかりか、ロシア艦隊が世界規模で作戦を実行するのを妨げているのだ。さらに、水上輸送は地上輸送や空輸よりも費用がはるかに安い。

しかし、カンダハル周辺の広大な平原やヒンドゥークシ山脈を前に、アフガニスタン侵攻に成功した国は皆無だ。そのためアフガニスタンには「帝国の墓場」というレッテルが貼られた。アフガニスタンでの作戦は、「ロシアによるベトナム戦争」と称されることもある。ロシア政府の不凍港を起点とするシーレーン獲得の夢は徐々に薄まりつつあり、過去二百年間に比較してもその実現可能性はかなり低い。

この外洋に直接出られる不凍港の欠如が、かねてからロシアの弱点であり、北ヨーロッパ平野同様に重要な戦略的課題だった。ロシアは地理的に不利な条件にある。原油と天然ガスが出るというだけの理由で、弱小国に転落せずに踏みとどまっているのだ。一七二五年に亡くなったピョートル大帝が後継者にこう言い遺したのも無理はない。「コンスタンティノープルとインドにできるだけ近づくように。そこを統治する者こそが、世界の覇者になるだろう。したがって、立て続けに戦争を起こせ。トルコだけではなく、ペルシャでも……ペルシャ湾の奥深くへ進軍し、インドの先へ突き進め」

ソ連崩壊で出現した地形による国境

ソ連がばらばらになったとき、十五の共和国が独立した。ソビエトのイデオロギーに復讐《ふくしゅう》するかのように、地形による論理的な国境が地図上に姿を見せ始める。山や川、湖、海が、人々が暮らす場所の境界線になり、それによって人々は互いに隔てられ、異なる言語や習慣を育むことになった。このルールの例外が、タジキスタンのように国名の後ろに「スタン」がつく国々だ。そうした国々の国境は、スターリンによって故意に定められた。他国から流れ込む大量の少数民族によって弱体化させるのが目的だった。

歴史を長期的視点で見れば――大半の外交官や軍事戦略家はそうしているが――かつてソ連を形成し、以前はワルシャワ条約機構にも加盟していた共和国は、選択肢は複数ある。そういう国々の選択肢は、中立的な国、西側寄りのグループ、そしてロシア側のグループの三つに分けることができる。

中立の立場を取るウズベキスタン、アゼルバイジャン、トルクメニスタンは、ロシアとも西側諸国とも連携する理由がほとんどない。この三ヵ国はどこもエネルギーを自給でき、国防にせよ交易にせよ、西側にもロシアにもなんら義理を負っていないためだ。

一方、ロシア寄りなのはカザフスタン、キルギスタン（キルギス共和国）、タジキスタン、ベラルーシ、アルメニアだ。これらの経済は、東部ウクライナと同じようにロシアにしっかり結びついている（ウクライナの反乱の理由のひとつだ）。なかでも最大のカザフスタンは、外交的にロシアに傾倒し、人口のかなりを占めるロシア系少数民族は一致団結している。

五ヵ国のうち、タジキスタン以外の四ヵ国は、ロシアと手を組んで新たなユーラシア経済連合（ヨーロッパ連合の小型版）を結成した。ユーラシア経済連合は、二〇一六年一月に結成一周年を迎えている。また、五ヵ国とも集団安全保障機構（CSTO）というロシアとの軍事同盟に加盟している。CSTOの悩みは、適切な略称がないことと、水で薄めたワルシャワ機構のような存在でしかないことだろう。ロシアはカザフスタン、タジキスタン、アルメニアに軍隊を駐留させ続けている。

そして、以前はワルシャワ条約機構に加盟し、現在は北大西洋条約機構やEUに加盟している西側寄りの国々が、ポーランド、ラトビア、リトアニア、エストニア、チェコ共和国、ブルガリア、ハンガリー、スロバキア、アルバニア、ルーマニアだ。多くがソ連の圧政に苦しめられた国々であることは、偶然ではないだろう。ジョージア、ウクライナ、モルドバもここに加えることができる。三ヵ国ともNATOとEUへの加盟を希望しながら敬遠されているのは、地理的にロシアに近く、ロシア軍やロシア寄りの義勇軍が国内に駐留しているためだ。この三ヵ国のNATO加盟は戦争の火種になりかねない。

こうしてみると、二〇一三年にウクライナで親ロシア派と親EU派が激しく対立したとき、ロシア政府が積極的に介入した理由がよくわかるだろう。

ロシア寄りの政府がウクライナの首都キエフで実権を握っている限り、ロシアの緩衝地帯は存続し、北ヨーロッパ平野は安泰だと信じることができる。たとえウクライナが故意に中立的な態度を取っても、E

Uにも NATOにも加盟しないと約束し、クリミア半島のセバストポリの不凍港をロシアに貸し続ければ、ロシアは受け入れるはずだ。ウクライナはエネルギー供給をロシアに頼っているので、ますます中立寄りになったとしても、ロシアは腹立たしくは思っても批判はしないだろう。

しかし、ヨーロッパ寄りの人々は、ふたつの西側同盟に加入するという野望を持っている。では、ロシアが黒海の港へ出られなくなるのはどちらの場合だろう？　ウクライナはいつかNATOに海軍基地を貸与することになるのだろうか？　いや、それはあり得ない。

ウクライナのビクトル・ヤヌコービチ大統領は、二股《ふたまた》をかけようとした。西側にいい顔を見せつつ、モスクワにも忠誠を誓ったのだ。そのためプーチンはヤヌコービチ大統領を大目に見た。しかし、ヤヌコービチがEU加盟にもつながる重要な貿易協定に調印しかけたとき、プーチンは圧力をかけ始める。

ロシアの外交政策エリートにとって、EUへの加盟はNATO加盟への口実でしかない。そしてロシアにとって、ウクライナがNATOの一員になることは、我慢の限界を超えていた。プーチンはヤヌコービチに圧力をかけ続け、ころあいを見計らって天然ガス取引価格の引き下げを持ちかける。ヤヌコービチがこれを拒《こば》めるはずがない。こうしてウクライナ大統領はEUとの協定をあわてて取りやめ、モスクワと協定を結んだのだ。これには国内から不満の声があがり、最終的にこれが原因でヤヌコービチは失脚する。

ドイツとアメリカは野党側を支援していた。とくにドイツは、元プロボクシング世界チャンピオンで、EU寄りの政党を結成したビタリ・クリチコをキーマンとみなした。西側陣営は、思想的にも経済的にもウクライナを西側へ引き寄せつつ、民主野党連合を教育して資金援助することによって、親EU派のウクライナ人が自国を西側へ向ける手助けをしていたのである。

キエフでは暴動が勃発《ぼっぱつ》し、国中でデモが起こった。東部では大統領支持派も多かったが、西部のリヴィウ（かつてのポーランド）等の都市では、親ロシア派の影響から逃れようと必死だった。

二〇一四年二月中旬、リヴィウをはじめとする都市部は、もはや政府の支配下にはなかった。二月二十二日、キエフで多数の死者が出ると、ヤヌコービチ大統領は身の危険を感じて亡命する。その後政権を握ったのは反ロシア派の党派で、西側寄りのグループもあればファシスト寄りのグループも混じっていた。その瞬間、賽は投げられたのだ。プーチン大統領には、ウクライナの一州であるクリミアを併合する以外選択肢はなかった。クリミアにはロシア語を母語とするウクライナ人が大勢暮らしているというのもひとつの理由だが、もっとも重要なのは、セバストポリという軍港都市があるためだ。

プーチンがクリミア併合について述べたとき、この避けようのない地理的事情とNATOの東進が頭にあったことは明らかだ。「ロシアは後戻りできない立場にあった。バネを限界まで押し縮めたら勢いよくはじけ飛ぶことは、つねに覚えておかねばならない」

セバストポリは、ロシア唯一の大規模な不凍港である。しかし、黒海から地中海へ出るためには、モントルー条約の規制を受ける。モントルー条約とは、現在はNATOの一員になったトルコに、その領内にあるボスポラス海峡の管理をまかせるものだ。ロシア海軍の軍艦は、ボスポラス海峡を通過できるが、数は限られ、しかも紛争が起こったときには航行は許可されない。ボスポラス海峡を無事に通過したとしても、エーゲ海を通って地中海に到達する必要があり、そこからジブラルタル海峡を渡って大西洋に出るか、あるいはスエズ運河を下ってインド洋に出なければならないのだ。

ロシアは、シリアの地中海沿岸のタルトゥースに小さな海軍駐留軍を持っている（二〇一一年に勃発したシリア内戦でシリア政府を支援するためというのが理由のひとつだ）。しかし、そこはごく限られた補給地で、大規模な基地ではない。

もうひとつの戦略的問題は、戦時下ではロシア海軍はバルト海を出ることすらできないという点だ。その理由は、北海につながるスカゲラク海峡にある。この狭い海峡は、NATO加盟国のデンマークとノルウェーの管理下で、たとえそこを通過したとしても、大西洋へ出るには北海のグリーンランド、アイスランド、イギリス（ユナイテッド・キングダム）のあいだのいわゆるＧＩＵＫギャップを通らなければならない。これについては西ヨーロッパの章で詳しく触れよう。

神に与えられたロシアの地形

クリミアを併合したのち、ロシアはさっそく行動に出た。黒海艦隊をセバストポリに集め、ロシアの都市ノボロシースクに新たな軍港を建設し始めた。ノボロシースクには深度のある天然港はないが、ロシア海軍の能力が高まるのは間違いない。事実、新たに八十隻の軍艦と数隻の潜水艦が配備されつつある。この艦隊では、紛争時に黒海を突破することはできないだろうが、戦力は増しているのだ。

今後十年間で予想される対抗措置は、アメリカがＮＡＴＯの加盟国であるルーマニアをそそのかして黒海の艦隊を増強させることと、トルコにボスポラス海峡の管理を続けさせることだ。

クリミア半島は二世紀にわたりロシアの一部だったが、一九五四年、フルシチョフ首相によりウクライナ・ソビエト社会主義共和国に譲渡された。当時は、ソビエト国民は永遠に生き続け、モスクワによって永遠に管理されると思われていた時代だった。

ウクライナがソビエトの一部ではなくなり、ロシア寄りでさえなくなったとき、プーチンは状況を変えなければならないと考える。西側の外交官たちはプーチンの決断に気づいていたのだろうか？　気づいていなかったとしたら、彼らは「初心者のための外交術」における基本ルールを知らなかったことになる。つまり、国の存続にかかわる脅威に直面したとき、大国は武力行使する、というルールだ。気づいていたのなら、ウクライナを現代のヨーロッパと西側勢力の影響下に組み入れるためなら、プーチンのクリミア併合を価値ある代償とみなしたに違いない。

寛大な目で見れば、アメリカやヨーロッパ諸国は、ウクライナが西側の自由主義制度や法規範の正会員になり、民主主義社会に仲間入りするのを楽しみにしていたと言えるだろう。それに対してロシア側ができることはほとんどない。だがこれは、二十一世紀にも地政学は通用するということや、ロシアは法規範には従わないということを考慮していない解釈だ。

新たなウクライナ暫定政府は勝利に興奮したのか、すぐさま愚かな改革を始める。なかでも目を引いたのが、さまざまな地域で使われているロシア語を準公用語と定める法律の廃止だった。この地域はロシア語人口がもっとも多く、ロシアびいきの感情が強いことを考えると（実際クリミアもそういった特徴を持つ）、政府の発表が激しい反感を買ったのは当然と言えよう。この事態は、ウクライナのロシア民族を守るという口実をプーチン大統領に与える結果にもなった。

ロシア政府には、「ロシア民族」を守らずにはいられない性質がある。ロシア民族の定義がどこを探してもみつからないのは、意図的だろう。元ソビエト連邦の国々で危機が起これば、その都度ロシア政府が定義するということだ。クレムリンに都合がよいように、ロシア民族とは単にロシア語を母語とする人々であると定義されることもあるだろうし、新たな国籍法が制定されることもあるだろう。その国籍法には、祖父母がロシアに暮らし、ロシア語を母語とする者は、ロシアの市民権を得られると明記されるかもしれない。そうなれば、母国が重大局面に陥ると、人々は損をしないようにロシアのパスポートを受け取って両《りょう》賭《が》けをするようになる。ロシアにとってロシア民族とは、内紛に首を突っ込むための便利なレバーになりそうだ。

クリミア半島の人口のおよそ六〇パーセントが「ロシア民族」なので、クレムリンにとって事は簡単だった。プーチンは反政府派のデモに荷担して事態を混乱させ、軍隊を海軍基地から街へ送り込み人々を守らなければ「ならない」状況を生み出した。ウクライナ軍は、住民にもロシア軍にも肩入れするつもりはなく、たちまち撤退した。こうしてクリミアは、事実上ロシアの支配下に戻ったのである。

プーチン大統領にはほかにも選択肢があったと反論する人もいるだろう。ウクライナの領土を奪わなくてもよかったはずだ、という意見だ。しかし、プーチンが相手にしているのが神に与えられたロシアの地形だということを考慮すると、そのような選択肢は現実的ではない。プーチンが「クリミアを失った男」になるはずもなく、しかもクリミアにはロシアが唯一使える不凍港があるからだ。

ウクライナ、クリミア併合で明らかになったこと

ウクライナがベルギーやアメリカのメリーランド州に匹敵する広さの領土を失ったというのに、誰も助けにはかけつけなかった。ウクライナも近隣諸国も、地理的現実を熟知していた。NATOに加盟していない限り、モスクワは近く、ワシントンは遠いのだ。ロシアにとって、これは国の存亡にかかわる問題だった。クリミアを失うことを、西側は受け入れられても、ロシアは受け入れられなかったのである。

欧州連合はロシアに限定的な制裁を課した。限定的だったのは、ドイツを含むヨーロッパの数ヵ国が、冬場の暖房をロシアのエネルギーに依存しているためだ。クレムリンは、東から西へ走るパイプラインの栓を自由に開け閉めできるのだ。

この先、エネルギーは政治力になり、繰り返し戦略的に利用されるだろう。「ロシア民族」の概念も、ロシアの動きを正当化するための道具にされるはずだ。

プーチン大統領は二〇一四年の演説で、「新しいロシア」を意味する「ノヴォロシア」に軽く触れた。それを聞いたクレムリン研究家はぎょっとした。プーチンが現在のウクライナ南部と東部のかつての呼称を復活させたからだ。そこは十八世紀末、エカチェリナ二世の統治時代にオスマントルコから勝ち取った地域だった。エカチェリナ二世は、その地にロシア人を定住させ、ロシア語を公用語と定めた。ただし、

当時の「ノヴォロシア」は新たに成立したウクライナ・ソビエト社会主義共和国に一九二二年に譲渡される。件《くだん》の演説でプーチンは「なぜそんなことをしたのか？」と大袈裟にたずねた。「神の審判を待とう」と。演説のなかでプーチンはハルキウ、ルハンシク、ドネツク、ヘルソン、ムィコラーイウ、オデッサといったウクライナの都市名を列挙し、こう述べた。「ロシアはこれらの地域をさまざまな理由で失ったが、人々は残った」

たしかに、かつてはソ連だったが現在はロシアではない国々にも、いまだに数百万人のロシア民族が残っている。

クリミアを手中にしたあと、ウクライナ東部の工業都市ルハンシクとドネツクで起こった親ロシア派の暴動をロシア政府があおったのも不思議ではない。それを口実にロシアは国境付近の軍を増強し、キエフのドニエプル川東岸までいつでも軍事侵攻できることを見せつけた。しかも、それによってもたらされる問題は皆無だ。ウクライナの東側のロシア国境で不安をあおり、誰がキエフにエネルギーを供給しているかを思い出させ、ウクライナ政府がのぼせて西側といちゃついてもEUやNATOに加盟することは決してできないと思い知らせるこの戦略は、犠牲も少なく、費用もかからないのだ。

ウクライナ東部の暴動をひそかにあおることは簡単な作戦で、国際舞台でそれを堂々と否認するというおまけまでついてきた。暴動をあおったという具体的な証拠を敵対者に握られていなければ、国連安全保障理事会であつかましく嘘《うそ》をつくことも容易だった。それ以上に重要なのは、敵対者もなんらかの行動を起こして対処する必要に迫られるので具体的な証拠は求めないという点だ。西側の多くの政治家が安堵《あんど》のため息をつき、そっとつぶやいたことだろう。「ありがたいことに、ウクライナはNATOの加盟国ではない。さもなければわれわれは行動を起こさなければならなかっただろう」

クリミア併合によって明らかになったのは、いわゆる「旧ソ連邦諸国」に存在する利権を守るためなら、ロシアは軍事作戦も辞さないことだった。ロシアは、国際社会は調停に入らないだろう、だからクリミアを「併合できる」という合理的な賭けをしたのだ。クリミアはロシアに近く、黒海やアゾフ海から物資を供給でき、大部分の住民からの支持も期待できた。

「これ以上、近づくな」

ロシアとウクライナの問題はいまだに解決していない。ロシアと他の国々との問題も同様だ。ロシアが脅威を感じない限り、バルト諸国や、さらに遠方のジョージアまではるばる軍隊を送り込むことはないだろう。しかし、今後ロシアはジョージアへの圧力を強めそうなので、一触即発の状況からさらなる軍事行動に移らないとは言い切れない。

ジョージアとロシアが戦った二〇〇八年の南オセチア紛争で、ロシアはNATOを牽制《けんせい》し、「これ以上、近づくな」と警告した。一方NATOも、二〇一四年夏に「ここが西の境界だ、これ以上踏み入るな」とロシアに警告した。その夏、NATOの戦闘機がバルト諸国へ送り込まれ、ポーランドでの軍事演習が発表され、アメリカがロシアの至近距離に戦闘機材を「事前配備」することを計画し始めたのだ。同時に、バルト諸国、ジョージア、モルドバをEU各国の国防大臣や外務大臣がつぎつぎと訪れ、支援を申し出て安心させた。

専門家のなかにはそのやり方を嘲笑《ちょうしょう》する者もいた。イギリス空軍のユーロファイター・タイフーン六機がバルト諸国上空を飛んだところで、ロシアを思い留まらせることはできないというのだ。しかし、各国の態度は外交的警告であり、その意味は明らかだった――「NATOはいつでも戦う」という意思表示である。実際、NATOは戦わなければならないだろう。同盟国が攻撃されたときに即座に応戦できなければ、NATOはたちまち空中分解してしまう。アメリカはすでに、現状よりも義務や束縛が小さい外交政策へ徐々に舵を切り、いつでも新たな組織を起ちあげられるように準備を進めているので、ヨーロッパ諸国が防衛費にいくら注ぎ込もうと関心を示さないかもしれない。

バルト三国の場合、NATOの立場ははっきりしている。三ヵ国はいずれも加盟国なので、ロシアによる武力侵攻があった場合、「ヨーロッパや北アメリカのNATO加盟国に対する武力攻撃は、NATO全体に対する攻撃とみなす」というNATOの基本綱領第五条が発動されるだろう。「NATOは必要とあらば救援にかけつける」と続くこの第五条は、二〇〇一年九月十一日のアメリカ同時多発テロ後に発動され、NATOがアフガニスタンに関与する道をつくった。

プーチン大統領は、歴史を熟知している。ソビエト時代に軍事力を拡大しすぎた結果、国が小さくなったことから教訓を得ているようだ。そのため、バルト諸国へのあからさまな攻撃は軍事力の過度の拡大になりかねないので、非現実的と言えるだろう。NATOとその指導者たちがプーチンに警告を発しているのだから、なおさらだ。しかし、二〇一六年初頭、今度はプーチンが警告を発した。ロシアの総合軍事戦略文書を翻《ひるがえ》し、二〇一五年の海軍戦略文書をさらに押し進めた。初めて、アメリカをロシアにとっての「外的脅威」と名指ししたのだ。

ロシアは、影響力を誇示するためにラトビアやリトアニア、エストニアへ機甲師団を送り込むことはないはずだ。しかし、実際に軍を送り込むことになっても、その国の大規模なロシア人社会が差別待遇を受けていると主張すれば正当化できる。エストニアやラトビアではおよそ四人にひとりが、リトアニアでも五・八パーセントがロシア民族である。エストニアでは、ロシア語を母語とする人々が、自分たちは政府に差別を受けていると述べ、市民権を持たない人も無数に存在する。だからといって、そういった人々すべてがロシアの一部になりたがっているわけではないが、彼らはロシアが状況を動かすために利用できるレバーなのだ。

バルト諸国でロシア語を母語とする人々も、こうした状況のあおりを受けて生活が苦しくなるかもしれない。彼らを代表する政党がすでに数多く存在するが、バルト諸国の家々のセントラルヒーティングまでコントロールしているのはロシアだからだ。住人が毎月払う暖房費を決めるのもロシアで、その気になれば、黙って暖房を止めることもできる。

ロシアへ続く平らな回廊

ロシアは今後もバルト諸国に関心を持ち続けるだろう。ソビエト連邦崩壊以来、そこは防御の弱点のひとつだった。バルト海から南下して南東のウラル山脈へつながるアーチ状の壁を想定すると、そこが裂け目になるためだ。

そう考えると、この壁にはもうひとつ裂け目があることがわかり、モスクワがどこを潜在的な緩衝地帯とみなしているかがはっきりする。クレムリンの見すえる先にあるのは、モルドバだ。

モルドバはまったく異なる種類の問題をはらんでいる。ロシアがモルドバを攻撃するには、必然的にウクライナを横断し、ドニエプル川を渡り、また自治国家の国境を越えてモルドバへ入らなければならないのだ。不可能な作戦ではないが——多くの人命を犠牲にし、黒海の港町オデッサを中継地点として使うならば——国際社会を嘘でごまかすことはできないだろう。たとえNATOとの戦争のひきがねにはならなかったとしても（モルドバはNATO加盟国ではない）、かつてないほど厳しい制裁措置が実施されるかもしれない。そして、とある疑念がやはり現実であることを立証するのだ——ロシアと西側の冷え切った関係は新たな冷戦だ、という現実を。

なぜロシアはモルドバを手に入れようとするのだろう？　それはカルパティア山脈が南西方向にカーブしてトランシルバニアアルプスになる一方で、南東部は黒海へつながる平原だからだ。その平原は、ロシアへ続く平らな回廊にも見える。ロシアは北ヨーロッパ平野を、くさびの先のほうにあるポーランドからだけではなく、黒海からも管理しようとしている。その拠点が以前はベッサラビアとして知られていた地域、現在のモルドバなのだ。

クリミア戦争後（オスマントルコをロシアから守るために、西ヨーロッパ諸国がロシアと戦った戦争）、一八五六年のパリ条約でベッサラビアがモルドバに返還されたため、ロシアはドナウ川から切り離された。ロシアがドナウ川への進路をふたたび獲得するのにほぼ一世紀かかったが、ソ連崩壊にともない、ロシアはふたたび東への後退を余儀なくされた。

しかし、事実上ロシアはすでにモルドバの一部を管理している。ウクライナとの国境をなすドニエストル川の東側の地域、トランスニストリアと呼ばれる地域だ。かつてスターリンは、そこに大勢のロシア人を定住させるという妙案をひねりだした。クリミアで大部分のタタール族を追放したあとに取った戦略と同じだ。

その結果、現在のトランスニストリアの住人は、少なく見積もっても五〇パーセントがロシア語やウクライナ語を母語とするロシア寄りの人々だ。モルドバが一九九一年に独立すると、ロシア語を母語とする人々が反乱を起こし、短期間の戦闘ののちにトランスニストリア（沿ドニエストル）共和国の独立が宣言された。これでロシアはトランスニストリアに部隊を駐留させることが可能になり、現在まで二千人の兵力を保持している。

ロシアがモルドバに軍事侵攻することは考えられないが、クレムリンはその財力にものを言わせ、トランスニストリアの不安定な情勢にも乗じて、モルドバ政府にＥＵにもＮＡＴＯにも加盟しないよう圧力をかけている。

モルドバはエネルギーをロシアに依存している。一方ロシアが輸入するモルドバの穀物や上質なワイン

かつてソビエト連邦を構成していた国の相当数がヨーロッパとの緊密な関係を望んでいるが、モルドバのトランスニストリアをはじめ、強硬な親ロシア派が残る地域では将来紛争が起こる可能性がある。

の量は、二ヵ国間の関係次第で上下する傾向にあるようだ。

黒海のモルドバの対岸には、もうひとつのワイン生産国ジョージアがある。ジョージアは、ロシアが優先的に支配を目指す国ではない。理由はふたつ。ひとつ目は、二〇〇八年のロシア・ジョージア戦争（南オセチア紛争）で、ジョージアの大部分をロシア軍が占拠し、現在もアブハジアと南オセチア地域を完全に掌握していること。ふたつ目は、ジョージアがコーカサス山脈の南側にあり、ロシアは隣国のアルメニアにも軍を駐留させていることだ。

モスクワは緩衝地帯をさらに厚くしたがるだろうが、ジョージアの残りの地域を支配しなくてもやっていくことは可能だ。この状況は、ジョージアがＮＡＴＯ加盟を真剣に検討するならば、いずれ変化するかもしれない。これまでジョージアがＮＡＴＯ加盟を拒否されてきたのは、まさにこれが原因だ。ＮＡＴＯはロシアとの戦いはなんとしても避けたいのである。

ジョージアの大半の住人は、ＥＵ諸国との親密な関係を望むだろう。しかし二〇〇八年、当時のジョージア大統領ミヘイル・サアカシュヴィリの「ロシアを怒らせてもアメリカが助けてくれるだろう」との甘い認識が発端で戦争が起こり、その結果多くの人々が賭けを分散させて丸損を防いだほうがよさそうだと考えることになった。二〇一三年の大統領選挙ではギオルギ・マルグヴェラシヴィリが選出された。非常にロシアに懐柔的な人物だ。ウクライナ同様に、ジョージア国民もすぐに隣国の誰もが認識している自明の理を知ることになる。ワシントンははるかに遠く、モスクワはごく近いということを。

ガスのパイプラインをめぐる攻防

核ミサイルを別にすれば、現在ロシアが持つもっとも強力な武器は、陸軍でもなければ空軍でもない。天然ガスと石油だ。ロシアは、アメリカに次いで世界第二位の天然ガス生産国なので、当然ながらこの武器を有効活用している。どこの国もロシアとの関係が良好になればなるほどエネルギーの購入費用が少なくなるわけで、たとえばフィンランドはバルト諸国よりも有利な契約を結んでいる。

ロシアはこのエネルギー政策を非常に攻撃的に用いてきた。そしてヨーロッパのエネルギー需要をがっちり支配した。しかしその影響力も鈍りつつあるようだ。ヨーロッパの多くの国々がロシアへのエネルギー依存を減らすために、別の友好国のパイプラインを経由させるのではなく、輸入港をつくることを選択しているのだ。

平均すると、ヨーロッパで消費されるガスや石油の二五パーセント以上がロシア産だ。しかしモスクワに近い国ほど依存度が大きくなり、その国の外交政策の選択肢が狭められる。ラトビア、スロバキア、フィンランド、エストニアは、ガスの一〇〇パーセントを、チェコ、ブルガリア、リトアニアは八〇パーセントをロシアに頼っている。ギリシャ、オーストリア、ハンガリーは六〇パーセントにのぼる。ドイツはガス消費量のおよそ半分がロシア産で、ロシア相手の貿易額も莫大《ばくだい》だ。イギリス等の国とは違い、ドイツの政治家がクレムリンの攻撃的な態度をなかなか批判しないのは、これが一因だろう。イギリスのロシアへのガス依存は一三パーセントだが、自らガス生産産業も確立し、最長九ヵ月分の供給量を備蓄している。

ロシアを起点に、主要パイプラインのルートが東から西へ何本も走っている。石油用もあればガス用もあるが、もっとも重要なのはガスのラインだ。

北部には、バルト海の海底を経由するノルド・ストリームというパイプラインがあり、ロシアとドイツを直接つないでいる。その下のベラルーシを通過するヤマル・ルートは、ポーランドとドイツへガスを供給する。南側を走るのは天然ガスを黒海経由でトルコへ送るブルー・ストリームと呼ばれるラインだ。二〇一五年初頭までは、サウス・ストリームの敷設計画もあり、同じく黒海を経由してハンガリー、オーストリア、セルビア、ブルガリア、イタリアへ分岐する予定だった。

　サウス・ストリーム計画が実現すれば、ウクライナと紛争中であっても、ロシアは西ヨーロッパとバルカン諸国の巨大市場へ向けた主要ルートを確保できるはずだった。しかし多くのEU加盟国が近隣諸国に圧力をかけて計画拒否を働きかけた結果、ブルガリアがパイプラインの自国内敷設を認めないと宣言し、計画は事実上頓挫《とんざ》した。するとプーチン大統領は、トルコに新たなパイプライン敷設を持ちかけて対抗した。これがトルコ・ストリーム計画だ。

　ウクライナを迂回《うかい》するサウス・ストリーム計画とトルコ・ストリーム計画が持ち上がったのは、二〇〇五～二〇一〇年のロシアとウクライナ間のガスの価格や供給をめぐる紛争後のことだった。その間、十八ヵ国へのガスの供給が幾度となく止められた。サウス・ストリームから恩恵を受けるはずだったヨーロッパの国々では、二〇一四年のクリミア危機のあいだロシア批判が著しく規制された。

　ここでアメリカが登場する。アメリカには、自国にとってもヨーロッパにとっても満足のいく戦略があった。ヨーロッパ諸国はガスを必要としているが、ロシアの外交政策の前に無力だと思われるのは我慢がならないことを知っていたので、シェールガス生産の一大ブームがその両方に応える策になると確信する。これでアメリカはエネルギーの自給自足が可能になるだけではなく、余剰分を大きなエネルギー消費地であるヨーロッパへ売ることもできる。

　そのためには、ガスを液化して大西洋を船で輸送しなければならない。液化天然ガス（LNG）を陸揚げしてまたガスに戻すためのターミナルや陸揚げ港をヨーロッパ沿岸に建設することも必要だ。アメリカ政府はすでに輸出用施設の認可を出し、ヨーロッパはLNGターミナルをさらに増やす長期計画にとりかかった。ポーランドとリトアニアはターミナルを建設中で、チェコ共和国等の国々はターミナルにつながるパイプラインをつくろうとしている。そうすればアメリカの液化ガスの恩恵を受けられるだけではなく、北アフリカや中東からの供給も利用できる。今後クレムリンは、ガスの元栓を自由に閉めることができなくなるだろう。

ロシアは、将来的な脅威を感じたのか、パイプラインのガスはＬＮＧよりも安価だと主張している。プーチン大統領は「わたしが間違いを犯したことがあるか？」と言いたげな表情で、「ヨーロッパにはすでに安価で信頼の置けるロシアのガスがあるではないか」と述べた。ＬＮＧがロシアのガスに完全にとってかわることはないかもしれない。しかし、価格交渉でも外交政策でも軟弱なヨーロッパの戦略は、強化されるはずだ。一方ロシアは、将来の収入の減少に備えて、南東へ向かうパイプラインを計画し、中国への売り上げ増加を目論んでいる。

これは地形を下敷きにした経済紛争であり、過去の地形的制約を打ち破るために科学技術が使われた現代の実例のひとつでもある。

プーチンが見ている地図

二〇一四年、原油価格が一バレル五十ドルを切り、二〇一五年にさらにそれを下回ると、ロシア経済は大きな打撃を被り、そこからさまざまな影響が広がった。ロシアの二〇一六年の予算と二〇一七年の予想歳出額は、一バレル五十ドルを基準にしている。記録的な量のオイルを汲みあげ始めているにもかかわらず、原油価格が一ドル下落するたびに約二十億ドル減少する歳入の帳尻合わせが不可能なことは、ロシアも重々承知だ。そしてロシア経済は予想通りの打撃を受け、多くの一般市民の生活に影響が出た。

しかし国家崩壊の予想は的外れだった。ロシアは巨大な軍事費のやりくりにあがくだろうが、こうした困難に直面しようとも、世界銀行は二〇一〇年代後半にはロシア経済はわずかながらも上向きになるとの予想を示している。北極圏のカラ海で発見された新たな油田から原油を沿岸部へ運ぶことができれば、経済成長はさらに大きくなるはずだ。

ロシアは、中核地から遠く離れた土地でも世界中で政治手腕を発揮し、影響力を行使している。とくに顕著なのが南米で、アメリカと緊張関係にあるベネズエラ等に接近している。また、アメリカの中東での動きを調べ、ロシアにも口出しする権利があると示したり、北極圏の軍事力強化に莫大な予算を使ったりしている。グリーンランドへも執拗な関心を寄せ、領有権を主張して譲らない。共産主義が崩壊して以来、アフリカにはさほど重きを置いてこなかったが、中国を相手に敗北しそうになりつつも、アフリカでの存在感も維持している。

中国とロシアはライバルではあるが、ふたつの大国はさまざまな場面で協力もしている。ロシア政府はヨーロッパの国々がロシアへのエネルギー依存を断ち切りたいと長年願ってきたことを知っているので、中国を新たな取引先とみなしている。中国は買い手市場では優位で、通商路も確保されうまく機能している。二〇一八年から、ロシアは中国に年間三百八十億立方メートルのガスを三十年間四千億ドルの契約総額で供給する予定だ。

ロシアが中国にとって軍事的脅威とみなされた時代は過去のものとなり、一九四五年のようにロシア軍が満州を占領するような事態は考えられないが、カザフスタンをはじめ、優位を保ちたい地域では互いを警戒している。しかし、世界の共産主義イデオロギーのリーダーシップにおいては競い合っていないため、利害が一致する軍事方面で協力関係を結ぶことは可能になった。

二〇一五年五月に、さっそくその意外性が露《あらわ》になった。ロシアと中国が地中海で合同実弾演習を行ったのだ。中国側がはるか一万四千五百キロも離れた場所へわざわざ出向いたのは、海軍の到達範囲を世界中に広める試みの一端だ。一方ロシアは地中海で発見されたガス田を狙《ねら》っているほか、ギリシャの機嫌を取り、シリア沿岸の小規模な海軍基地を守る目論みもある。さらに、ナポリを基地とするアメリカ第六艦隊を筆頭に地中海に展開するＮＡＴＯ部隊に不快感を与えられれば、ロシアにとっても中国にとっても御の字だ。

本国では、ロシアは多くの困難に直面している。なかでも人口問題は深刻だ。人口の急激な減少は抑えられるかもしれないが、それでも問題は残る。ロシア人男性の平均寿命は六十五歳以下で、世界の百九十三ヵ国の国連加盟国のなかでも下位半分に位置している。そして現在ロシア人は（クリミアを除いて）わずか一億四千四百万人しかいないのだ。

モスクワ大公国から、ピョートル大帝、スターリン、そして現在のプーチンに至るまで、ロシアの指導者はみな同じ問題に直面してきた。彼ら支配者のイデオロギーが、帝政であろうと共産主義であろうと、おなじみの資本主義であろうと、問題ではない。港は凍り続け、北ヨーロッパ平野は相変わらず平らなままなのだ。

地図から国境線を消してみよう。すると、現在ウラジーミル・プーチンが見ている地図は、イワン雷帝が見ていた地図と同じだとわかるはずだ。

第三章　日本と朝鮮半島——侵略されたことのない国と虚勢を張る弱虫

「わたしは、金正日についてのちょっとした冗句から始めようとした。
『ああ、親愛なる将軍様』、しかしそれは唇の上で消えた」
英ジャーナリスト、クリストファー・ヒッチェンズ著
"Love, Poverty and war : Journyes and Essays"
（愛情、貧困、そして戦争——旅とエッセイ）

RUSSIA
ロシア
CHINA
中国
オホーツク海
Sea of Okhotsk
Kamchatka Peninsula
カムチャツカ半島
Sakhalin
サハリン
千島列島
Kuril Islands
北海道
HOKKAIDO
JAPAN
日本
咸鏡山脈(ハムギョン山脈)
Hamgyong Mountains
臨津江(イムジンガン)
ヤールー川
Yalu River
北朝鮮
NORTH KOREA
平壌
Pyongyang
Sea of Japan
日本海
38th parallel

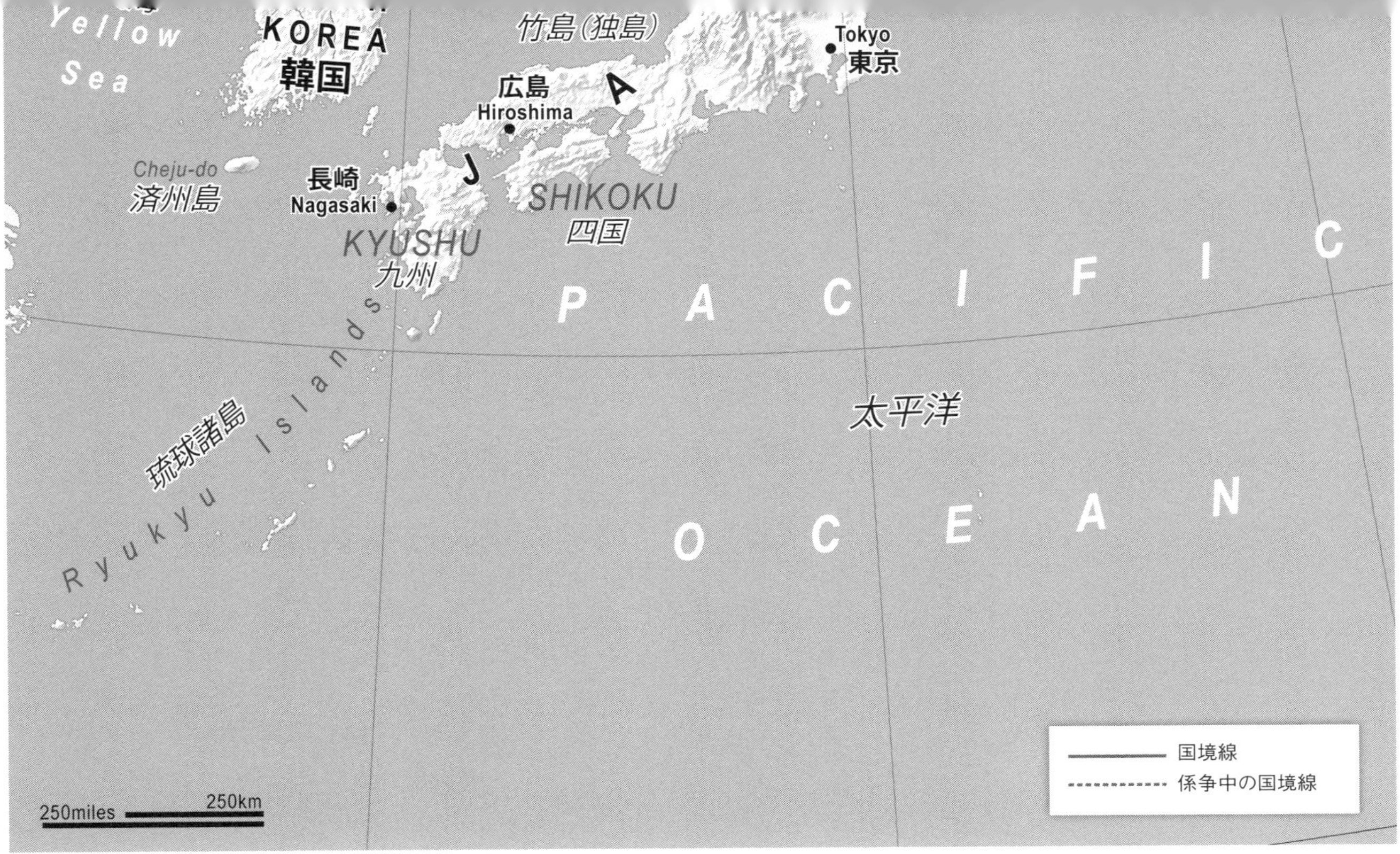

Yellow Sea
KOREA
韓国
竹島(独島)
Tokyo
東京
広島
Hiroshima
J A
Cheju-do
済州島
長崎
Nagasaki
SHIKOKU
四国
KYUSHU
九州
PACIFIC OCEAN
太平洋
Ryukyu Islands
琉球諸島
国境線
係争中の国境線
250miles
250km

次世代へと先送りされる解決策

朝鮮半島のような問題を、どう解決すればいいのだろう？　いや、解決はできない。ただなんとかしようと努力するしかない。結局のところ、世界には早急な対応が必要な問題が山ほどあるのだ。

マレーシアからロシアの港町ウラジオストクまで北上した地域全体は、南北朝鮮問題を深刻にとらえている。朝鮮半島の近隣諸国はすべて、目と鼻の先で問題が爆発する可能性があると知っている。そうなれば多くの国々が巻き込まれ、経済状況に損害が出るだろう。中国は北朝鮮の代理で戦うことは望んでいない。しかし、国境付近にアメリカ軍基地が置かれた統一朝鮮の誕生も望んでいない。アメリカも、韓国のために戦いたくはないというのが本音だが、同盟国に見切りをつけたとみなされるのを黙って見過ごすわけにはいかない。朝鮮半島と長いかかわりを持つ日本は、慎重に対処する必要がある。どのような状況になろうと巻き込まれるためだ。

解決策は互いの譲歩だが、韓国は積極的に譲歩案を求めてはいないし、北朝鮮指導者からもなんの妥協案も示されていない。両国が前進するための道は、まるで地平線の向こうで消えているかのように、まったく見えないままだ。

アメリカとキューバは、数年間、秘密裏に互いに踊ってみせていた。争わずにいっしょにタンゴを踊りたいとほのめかし、二〇一五年の国交回復への突破口を開いたのだ。一方北朝鮮は、話し合いの席に着いてほしいと願う未来の求婚者をにらみつけ、ときおりしかめ面をするばかりである。

北朝鮮は、人口およそ二五〇〇万人の貧しい国で、道徳的に腐敗した、無能な共産主義の独裁者に率いられている。中国は北朝鮮を支援しているが、それは何百万もの難民がヤールー川（鴨緑江《おうりょくこう》）の北側の中国へあふれることを危惧しているためだ。アメリカは、韓国の駐留部隊を撤収でもしようものなら、北朝鮮に誤解されその軽率な政策を後押しする結果になりかねないと考えて、ほぼ三万人の部隊を韓国に置き続けている。韓国は、自国の繁栄を危険にさらすことに複雑な感情を抱いているので、南北再統一を進めるための具体策にはほとんど手をつけていない。

この東アジアを舞台にしたドラマの登場人物、すなわち日本と韓国、アメリカと中国は、まずいタイミングで質問の答えを北朝鮮に迫ったら、事態を悪化させる、しかもかなり悪化させる危険性があると承知している。瓦礫《がれき》の山と化したソウルと平壌《ピョンヤン》、内戦、人道主義の危機、東京へのミサイルの着弾、分裂した半島でふたたびにらみあう中国軍とアメリカ軍。しかも一方は核兵器を持っている。こうした事態も、あながち非現実的とは言えないだろう。

北朝鮮の体制が崩壊したら、その影響は北朝鮮内だけには留まらないかもしれない。戦争、テロ、難民の波という形で国境越しに動揺が広がり、関係各国はどこも身動きが取れなくなる。こうして解決策は次世代の指導者へ、また次へと持ち越されていくのだ。

世界中の指導者が北朝鮮崩壊の準備について公然と語っただけでも、その日を早めるおそれがある。だから誰もなんの準備もしていない。沈黙が最良の道だとは、まさに八方ふさがりだ。

虚勢を張る弱虫という演出

北朝鮮は、虚勢を張る弱虫という常軌を逸した演技で効果を上げている。その外交政策は、本質的に中国以外の国を疑うことで成立している。経済複雑性観測所の二〇一四年の数字によると、中国は、北朝鮮の輸入の八四・一二パーセント、輸出の八四・四八パーセントを担っているそうだ。その中国政府でさえ完全に信用されているわけではない。北朝鮮はかなりの労力をかけて第三者の国同士が戦うようにし向けているが、中国も例外ではない。その目的は北朝鮮に対する共同戦線の妨害だ。

北朝鮮は、囚《とら》われの身である国民に対して「我が国は強く寛大で壮大な国であり、あらゆる困難に立ち向かい、邪悪な外国人を迎え撃つ」と喧伝《けんでん》し、自らを朝鮮民主主義人民共和国（DPRK）と称している。チュチェ思想、あるいは主体思想と呼ばれる独自の政治哲学は、過激なナショナリズムと共産主義、自主自立が混じり合った思想だ。

朝鮮民主主義人民共和国の実態は、世界でもっとも民主主義に遠い国だ。人民のために舵取りされているわけでもなければ、共和国でもない。ひとつの一族とひとつの党が支配する王朝なのだ。独裁国を見極めるテストをすれば、あらゆるチェック欄に印が入るだろう。

恣《し》意的な逮捕、拷問《ごうもん》、公開裁判、政治犯収容所、検閲、恐怖による支配、汚職、繰り返される恐怖の物語。二十一世紀の現代でも、こうしたことが比類なき規模で繰り返されている。衛星画像と目撃証言からわかるのは、少なくとも十五万人の政治犯が労働と「再教育」が目的の巨大な強制収容所に囚われていることだ。北朝鮮は世界の良心の汚点だが、そこで起こっているおぞましい出来事の全貌《ぜんぼう》を知る者はほとんどいない。

高射砲や飢えた犬の群れを使った死刑で粛清《しゅくせい》された政府高官や知識人のニュースが真実だという裏付けはない。しかし、真実であろうとなかろうと、独裁政権が人々に恐怖を与え続けていることは間違いないだろう。国家による完全な管理の結果、虐待、拷問、強制収容所、裁判手続きを踏まない死刑がまかりとおっているのである。

このように、北朝鮮は自ら孤立し、国がほぼすべての情報を完全にコントロールしているので、国民が自国や指導者についてどう感じているのか、その管理体制を支持しているのかいないのか、推測するしかない。北朝鮮で何が起こるのか、なぜ起こるのかを政治的に分析することは、サングラスをかけた人が不透明な窓ガラスの向こうを見ようとするのと同じだ。元平壌大使はかつてこう語った。

「まるで、ガラス窓のこちら側にいて、それをこじ開けようとして中をのぞいても、なんの手掛かりもないようなものだ」

地形的防衛線のない国

朝鮮は紀元前二三三三年に天の設計によってつくられたという建国の物語がある。あるとき天の王の息子ファヌン（桓雄《かんゆう》）が地上に遣わされた。ファヌンは白頭山《はくとうさん》におり、かつて熊だった女性と結婚し、その息子タングン（壇君《だんくん》）が初期の国づくりを行ったという。

この建国の伝説の最も古い記録は、十三世紀にさかのぼる。この共産国で、ひとつの一族が延々と支配権を受け継ぎ、神の地位を与えられたのはなぜか、その理由がある程度わかるかもしれない。たとえば、金正日《キムジョンイル》は北朝鮮政府のプロパガンダによって「親愛なる指導者」と称され、「リーダーが持つべき姿の完《かん》璧《ぺき》な化身《けしん》」であるとされた。ほかにも「人民を導く日光」「輝く白頭山の星」「二十一世紀の世界のリーダー」「天からおりた偉大なる人」「熱き愛の永遠の思い」とも呼ばれた。父の金日成《キムイルソン》も、息子の金正恩《キムジョンウン》も、まさに同じ称号を与えられている。

このような呼称を、一般国民はどう感じているのか？　専門家でさえ予測がつかない。

二〇一一年に金正日が亡くなったとき、北朝鮮国民は集団ヒステリーのように嘆き悲しんだ。しかしその映像をよく見ると、甲高《かんだか》い声をあげて泣きわめく前列の数列以降は、嘆き方が冷静になっていくようで興味深い。これは、最前列の人々がカメラの存在を知っていて、我が身の安全のために求められる姿を演じているからなのか？　それとも朝鮮労働党に忠実な人々が最前列に配置されたのだろうか？　あるいは彼らは心から悲しみにくれるごく普通の人々なのだろうか。ダイアナ皇太子妃が亡くなったときにイギリスで目にした一種の感情の爆発の拡大版なのか？

事実はどうであれ、北朝鮮は相変わらず強がる弱虫のごとく、常軌を逸した危険な行為を続けている。それはまさに愚行と言うしかない。その根源は北朝鮮の位置と歴史に関係している。中国と日本というふたつの大国のあいだに閉じ込められているのが原因だ。

「隠者王国」とは、十八世紀の朝鮮につけられた呼び名だ。孤立化を目指し、他国からの支配や占領、略奪から自国を守るために、ときには単に別の目的地への通り道にされることすら拒《こば》んだ結果だった。北部から南下してヤールー川を越えた場合、地形がつくる自然の防御線は海に至るまでほとんど見当たらない。海から上陸しても同じことが言える。そのためモンゴル族、中国の明朝、満州族、日本が数回攻め込んでいる。そういう事情で朝鮮はしばらくのあいだ外界とのかかわりを断ち、多くの交易関係も切り捨てて、放っておかれることを願った。

しかし成功しなかった。二十世紀にふたたび日本が攻め入ったのだ。日本は一九一〇年に朝鮮を併合すると、文化の破壊に取りかかった。朝鮮語も歴史教育も禁じ、神道崇拝を強制した。弾圧の歳月は遺恨となり、現在の日本と南北朝鮮との関係にも影響を与えている。

一九四五年、第二次大戦で日本が敗戦すると、朝鮮半島は北緯三十八度線で分断された（訳注：第二次大戦末期に日本に宣戦布告したソ連によって半島全体が支配されることを懸念したアメリカとソ連のあいだで分断案が取り決められた）。こうして北側は当初はソ連に、のちに中国によって統治される共産主義体制の国になり、南側はアメリカ寄りの大統領制の国で大韓民国（ＲＯＫ）と称されるようになった。領土が一センチ刻みで争われた東西冷戦時代の始まりである。アメリカもソ連も世界の主導権を握ろうと目論《もくろ》み、相手側に支配させせまいとした。

地形に逆らう分断

三十八度線を分断の境界線に選んだことは、さまざまな意味で不幸だった。アメリカの歴史家ドン・オーバードーファーの言を借りると、独断的だった。彼が言うには、アメリカ政府は一九四五年八月十日の日本のポツダム宣言受諾に気を取られていたので、朝鮮半島に関する実際的な戦略は持っていなかったらしい。朝鮮半島北部でソ連軍が侵攻中だったころ、ホワイトハウスでは夜通し緊急会議が開かれた。そしてナショナルジオグラフィックの地図しか持たされていないふたりの下級士官が、ソ連に前進停止を求める場所として、半島を半分ほど南下した位置にあたる北緯三十八度線を選んだのだ。

その場に立ち会った朝鮮の関係者や専門家はひとりもいなかった。もしひとりでもいれば、トルーマン大統領やのちの国務長官ディーン・ラスクに、その線は半世紀前の一九〇四〜一九〇五年の日露戦争後に、ロシアと日本が勢力範囲を相談したときに引いたのと同じ線だ、と教えることができただろう。

アメリカが場当たり的な決定をしたとは思いもしなかったソ連は、当然ながらアメリカの提案を事実上の最終案と考えてその分割を受け入れ、北部を共産圏とすることを了承した。こうして取引は成立し、朝鮮半島の国は分断され、賽《さい》は投げられたのである。

一九四八年、ソ連が半島北部から軍を撤収し、一九四九年にはアメリカが南部から手を引いた。一九五〇年六月、これで強気になった北朝鮮軍が、アメリカの冷戦の地理的戦略を過小評価して三十八度線を越え、半島をひとつの共産主義国家として統一しようとした。朝鮮戦争の始まりである。北側の軍が素早く南下し、南側の海岸線付近まで近づいたとき、アメリカ政府内で警報が鳴り響いた。

北朝鮮の指導部とそれを支援する中国は、厳密な軍事的意味において、朝鮮はアメリカにとっての生命線ではないと正確な答えをはじき出していた。しかし彼らが見落としたのは、アメリカが同盟国の韓国のために立ち上がらなかったら、世界中の同盟国の信頼を失うということだ。もちろんアメリカはそれを知っていた。東西冷戦のまっただ中で、アメリカの同盟国が賭《か》け金を別の国に注ぎ込んで共産体制側についたりしたら、アメリカの世界戦略は危うくなるだろう。現代の東アジアと東ヨーロッパにおけるアメリカの政策には類似点がある。ポーランド、バルト諸国、日本、フィリピンといった国々には、ロシアや中国を相手にするときはアメリカが全面的に支援してくれるという確信が必要なのだ。

一九五〇年九月、アメリカは国連軍を率いて朝鮮半島に侵攻し、北側の軍を三十八度線以北へ、それからヤールー川付近へ、最終的に中国との国境付近へと押し戻した。

今度は中国が決断する番だった。アメリカ軍が朝鮮半島に駐留することと、三十八度線以北——実質、咸興《ハムフン》市北部の山岳地帯北側——まで迫って中国を射程圏内に収めることとは、まったく別問題だ。そこで中国軍はヤールー川を越え、三十六ヵ月間熾烈《しれつ》な戦いを繰り広げた。その結果多数の兵士を失い、現在の国境線沿いに後退して停戦に合意した。しかし平和協定は結ばれなかったので、南北朝鮮軍は三十八度線上で立ち往生し、そのまま現在も留まり続けている。

朝鮮半島の地形は非常に単純なので、北と南の分断線がいかに人為的かがよくわかる。地形に基づいておおざっぱに分けるなら、南北ではなく東西だろう。半島の西側は東側より平坦で、人口の大半がそちら側で暮らしている。東側北部には咸鏡《ハムギョン》山脈が、南部には低い山々が横たわる。半島を南北に二分する非武装地帯（DMZ）は、臨津江《イムジンガン》（イムジン川）と一部重なるが、この川が自然の境界として南北朝鮮を分けたことは一度もなく、外国にしばしば侵略される土地を流れるただの川でしかなかった。

厳密に言うと、ふたつの国はいまだに交戦中だ。一触即発の緊張感を考えると、全面戦争と紙一重だろう。

韓国の大きな懸念は、ソウルとその近郊が北朝鮮との国境に非常に近い点だ。ソウルは北の隣国からの急襲を受けやすい位置にある。一方北朝鮮の首都はかなり遠く、山岳地帯に守られている。

ふたたび朝鮮戦争が起こったら

日本、アメリカ、韓国は、北朝鮮の核兵器保有を懸念しているが、韓国には別の脅威も迫っている。北朝鮮が核兵器を小型化し、核弾頭をミサイルに搭載して発射する技術があるかどうかは不明だが（訳注：米国防総省は二〇一六年九月、「小型化の主張は本当であると想定する」と述べている）、一九五〇年のような従来型の奇襲攻撃が可能なことは明らかだ。

韓国の首都、巨大都市ソウルが位置するのは、三十八度線と非武装地帯からわずか八十キロ南だ。韓国の人口のほぼ半分の二千五百万人が暮らす産業と金融の中心地全域が、北朝鮮の射程圏内なのである。

二百三十八キロにおよぶ非武装地帯の丘に、北朝鮮軍はおよそ一万の重砲を配備している。それらは要《よう》塞《さい》化した堤防台や洞窟《どうくつ》にうまく隠されている。なかにはソウル中心部を射程圏内に捉《とら》えるものもあり、すべてがソウル近郊には着弾する。二、三日あれば韓国とアメリカの連合軍がその大半を破壊できることは疑いようがないが、それまでにソウルは炎に包まれているだろう。たった一度でも一万の砲台が一斉掃射し、それが首都近郊に着弾したと想像してみてほしい。それが何十回と繰り返されたらどうなるだろう。

ふたりの北朝鮮専門家、ビクター・チャとデビッド・チャンは、『フォーリン・ポリシー』誌で、北朝鮮軍は戦闘開始後一時間で、およそ五十万回ソウルを砲撃することが可能だと語っている。これはかなり高い見積もりのようだが、それを五分の一にしたところで結果は壊滅的だ。韓国政府は激しい戦闘を強いられ、それと同時に南へ逃れようとする数百万の人々の混乱を収め、さらに首都に駐留する軍隊で国境線を固めなければならない。

非武装地帯にある丘は高くはなく、ソウルとのあいだには多くの平地が存在する。北朝鮮軍は奇襲攻撃で非常に素早く前進するだろうし、韓国がその存在を信じて疑わない秘密の地下トンネルで特殊部隊も移動するだろう。潜水艦で突撃部隊をソウル南方へ送り込むことや、韓国国民にまぎれこませている工作員の活動も戦闘計画に含まれているに違いない。特殊部隊員はおよそ十万人との見積もりだ。

北朝鮮はすでに、弾道ミサイルを日本海や太平洋に発射し、東京も射程圏内であることを証明している。ミサイルは、日本の領海や領土を直接狙えるルートを飛行する。その武装部隊は世界屈指で、百万人強の規模だ。大部分は高度な訓練は受けていないが、北朝鮮政府は内戦を拡大させるための消耗品として使うはずだ。

アメリカは韓国側について戦い、中国軍は厳戒態勢でヤールー川に接近する。ロシアと日本は神経質に状況を見守るだろう。

朝鮮半島でふたたび大きな戦争が起こると、南北どちらも壊滅的被害を受けるので誰の利益にもならない。しかし、それでも過去の戦争を防ぐことはできなかった。一九五〇年、北朝鮮が三十八度線を越えたとき、それが三年にわたる戦いに拡大し、四百万人もの死者を出したあげく膠着《こうちゃく》状態で終わるとは、誰も予想しなかった。いまや全面戦争はさらなる大惨事になりかねない。大韓民国の経済は北朝鮮の八十倍規模で、人口は二倍だ。中国が参戦しないと仮定すれば、韓国軍とアメリカ軍の合同部隊は、北朝鮮をほぼ確実に凌駕《りょうが》する。

だが実際はどうなるだろう？　じつはそのような不測の事態に備えた軍事シナリオが存在する。韓国が予想される戦況をコンピュータ・モデリング・シミュレーションによってはじき出したらしい。しかし一般的には、状況は混沌《こんとん》の極みと受け止められている。

戦争になれば、朝鮮半島内部の体制崩壊や諸外国への影響で、問題は増殖するだろう。多くの国が巻き込まれ、さまざまな決断を迫られるはずだ。中国は仲裁を望まないかもしれないが、国境を越えて北朝鮮を守り、自国とアメリカのあいだの緩衝地帯を保持しようと決断するかもしれない。あるいは、統一された朝鮮が、日本とも同盟関係にあるアメリカの同盟国になれば、潜在的脅威が大きく増すと考えるかもしれない。

アメリカは、非武装地帯を越えてどこまで侵攻するのか、核兵器や大量破壊兵器の安全を確保するべきか、決断を迫られるだろう。北朝鮮の核施設が国境からわずか五十六キロの位置にある中国も、同じような懸念を持つかもしれない。

政治的判断が必要なのは日本だ。日本海越しに強力な統一朝鮮が誕生することが望ましいのか否《いな》か、見極めなければならない。日本政府と韓国政府の不安定な関係を考えると、日本には懸念するだけの理由がある。しかし中国への懸念のほうがはるかに強いので、再統一の支援を決断しそうだ。二十世紀に朝鮮半島を長期間支配していたことを理由に、統一朝鮮の経済援助を求められるのも覚悟のうえだろう。

そのうえ日本も韓国も、再統一の経済的支出の大半を負うのは韓国だということに気づいている。それはドイツ再統一のコストが微々たるものに思えるような額に達しそうだ。東ドイツ社会は、西ドイツに比べてかなり遅れてはいたが、発展の歴史や産業基盤があり、高度な教育を受けた国民もいた。一方北朝鮮の発展はゼロから始めなければならず、そのコストは十年間にわたって統一朝鮮の経済を圧迫するだろう。その後は、北側の石炭や鉛、銅、鉄、レアメタルといった豊かな天然資源が生む利益と近代化計画の効果が表れるはずだが、世界トップクラスの先進国である韓国の繁栄に水を差すことについて複雑な感情があるのも確かだ。

とはいえこうした決断は未来の話で、さしあたり、どちらも戦争準備を進行中だ。パキスタンとインドのように、北朝鮮と韓国は互いに恐怖と猜疑心《さいぎしん》に取り憑《つ》かれているのだ。

韓国は現在、活力のある平等な国として世界に認められ、それに見合う外交政策も持っている。西、東、南側に開放水域があるが、天然資源は少ないので、過去三十年間近代的な海軍の創設を目指してきた。日本海や東シナ海で韓国の国益を守ることが目的だ。日本のように、韓国もエネルギー需要は海外の資源に頼っている。そのため、近隣海域全体のシーレーンを監視し続けている。危険を分散させることに時間を費やし、ロシアや中国との関係を深めることに外交資本を注ぎ込んできたが、これは北朝鮮にとっては悩みの種だ。

両国が判断を誤れば、戦争につながるだろう。そうなれば半島の人々に甚大《じんだい》な被害をもたらすばかりか、この地域の経済活動を破壊する可能性もある。するとアメリカ経済も連鎖反応を起こす。ロシア相手の冷戦で防御を固めるアメリカに端を発した半島の分断が、めぐりめぐってアメリカや多くの国々の経済を脅かす重大な問題に発展したのだ。

侵略されない「日出ずる国」

韓国と日本は、日本の占領時代にさかのぼる問題をいまだに抱えている。最良の状態にあるときは両国の関係はむしろ友好的だが、それはまれなことだ。二〇一五年初頭、アメリカと韓国と日本は、各国が集めた北朝鮮関連の軍事情報を共有するために詳細な条件を決めるべく本腰を入れた。しかし韓国政府は、日本へはアメリカ政府経由でごく限られた機密情報しか渡さないと主張した。韓国が日本と直接取引することはなさそうだ。

日韓のあいだでは、韓国が独島《ドクド》、日本が竹島《たけしま》と呼ぶ島をめぐって、いまも領土問題がくすぶっている。現在は韓国がそのごつごつした岩場を実効支配している。あたりは良質な漁場で、近辺では天然ガスも期待できる。こうした苦悩の種や、いまだに生々しい占領の記憶があるにもかかわらず、両国にはつらい過去をいったん忘れて協力するべき理由があるのだ。

日本の歴史は韓国の歴史とはかなり異なる。原因は地形だ。

日本は島国で、一億二千七百万人の人口の大半が日本海越しに韓国とロシアに面する四つの大きな島に集中し、少数の人々が六千八百四十八の小さな島に暮らしている。最大の島は本州で、およそ千三百六十二万人を抱える世界最大級の都市、東京も擁する。

日本とユーラシア大陸の距離は、もっとも近い地点でも百九十三キロだ。それが理由で日本は他国の侵略を受けたことがなかった。中国は東シナ海をはさんで八百キロ離れている。ロシアはかなり近いが、その影響はほとんど届かない。オホーツク海の向こうのロシア領は非常に厳しい気候で人口もまばらなためだ。

十三世紀、モンゴルは中国、満州を通過し朝鮮半島を南下した後、日本侵略を企てた。元寇《げんこう》と呼ばれる侵略である。一回目はモンゴルが敗退し、二回目は嵐で船が難破した。対馬《つしま》海峡の海は日本人が「神風」と呼ぶ暴風で荒れ狂っていた。

このように西と北西側からの脅威は限定的で、南東と東側には太平洋しかなかった。日本が「日出《ひい》ずる国」を意味する国名を選んだのはそのためかもしれない。東を望むと、国土と水平線のあいだには何もなく、毎朝、水平線からは太陽が昇った。散発的に起こる朝鮮への侵攻を別にすれば、日本はほぼ外界との接触を断って鎖国を続けていた。しかし近代化した世界が日本に開国を迫る。最初は要求をはねつけていた日本も、ついに開国する。

その島々がいつ日本になったのか。これについては諸説ある。しかし、六〇七年に現在日本として認識されている国から中国の皇帝に送られた有名な書簡がある。日本の指導者である聖徳太子の書で、こうしたためられていた。「日出ずる処《ところ》の天子、日没する処の天子に書を致す。つつがなきや」。記録によると、書を受け取った隋の煬帝《ようだい》は、対等な立場で書かれた無礼な内容とみなし快く思わなかったらしい。隋の国は広大だったが、日本の中心となる島々はまだ統一されていなかった。その状況は十六世紀頃まで続く。

日本の領土は島々が形成しているが、それはふたつの朝鮮を合わせたよりも広く、ヨーロッパで言うとドイツよりも広い。しかし、国土の四分の三、とくに山岳地帯は居住地には向かず、集約農業に適した土地もわずか十三パーセントだ。そのため日本人は海岸平野と限られた内陸部に密集して暮らしている。丘には棚田が見られる。山の存在は水の豊富さにつながるが、平地が不足しているため川は航路や交易には向かず、互いに合流する川もわずかなので問題はさらに大きくなる。

こうした理由で、日本人は海洋民族になった。無数の島の海岸沿いに航路をつないで交易を行い、朝鮮半島を急襲した。数世紀にわたる鎖国ののちに、近隣一帯の主導権を握るために勢いよく外洋へ飛び出した。

もし日本の地形が単純で進軍しやすかったら

二十世紀初頭には、日本は世界第三位の海軍を持つ工業国になっていた。そして一九〇五年、日本はロシア帝国を陸上と海上の戦いで破った。しかし、その孤立を許してきたのが島国の地形なら、開国して世界と関係を結ぶ以外の選択肢を与えなかったのもその地形だった。問題は、日本が軍事的な関係を選んだことだ。

最初の日清戦争も日露戦争も、朝鮮半島における中国とロシアの覇権《はけん》を阻止するための戦いだった。日本軍のプロイセン化を進めたクレメンス・メッケル少佐によると、日本は朝鮮を「日本の心臓に向けられた短剣」とみなしていたらしい。半島を支配すれば脅威は消え、満州を支配すれば中国もロシアもその手を短剣の柄に伸ばせなくなる。おまけに朝鮮の石炭と鉄鉱石も手に入る寸法だ。

日本は、先進工業国に必要な天然資源が乏しい国だ。採掘される石炭は限られた量で質も悪く、石油も天然ガスもごくわずかで、生ゴムも金属も足りない。この状態は百年前から変わらない。現在は沖合の天然ガス田や海底の貴金属鉱石の調査が進んでいるが、それでも日本は世界最大の天然ガス輸入国で、第三位の原油輸入国である。

日本が一九三〇年代に中国で、そして一九四〇年代初頭に東南アジアで侵略行為をしたのは、こうした資源が喉から手が出るほどほしかったためだ。日本は一八九五年にすでに台湾を占領し、これに続いて一九一〇年に朝鮮を併合していた。その後一九三二年に満州を支配し、一九三七年に中国に全面的に侵攻した。日中戦争の勃発である。次々に倒れていくドミノのように、大日本帝国が拡大して人口が増えると、さらなる原油と石炭が、さらなる金属とゴムと食糧が必要になったのだ。

ヨーロッパ列強が足下の戦争に気を取られているすきに、日本はインドシナ半島北部に侵攻した。ついに、それまで日本の石油需要の大半を供給していたアメリカが、日本に最後通牒を渡す。軍を撤収しなければ原油の輸出を停止すると迫ったのだ。それに対する日本の答えは真珠湾攻撃だった。その後日本軍は東南アジア全域に侵攻し、ビルマ、シンガポール、フィリピン等を占領した。

これは大々的な軍事力の拡張だった。日本は単にアメリカと対戦するだけではなく、アメリカの産業に必要な生ゴムをはじめとする天然資源をも手中に収めた。二十世紀の超大国は全面戦争に舵を切ったのだ。そのとき、日本の地形が史上最悪の惨事である広島と長崎の原爆投下決定に大きな影響を与えた。

アメリカは、莫大なコストをかけて、太平洋の島から島へ移動しつつ戦ってきた。台湾と日本にはさまれた琉球《りゅうきゅう》諸島にある沖縄を占領したときは、いまだに戦意の衰えない敵に手こずった。日本は四島への進入路を、水陸両方の侵略から守ろうとしていた。アメリカ側に膨大な戦死者が出そうな戦況だ。もし日本の地形が単純で進軍が楽だったら、アメリカは東京へ向かって攻め上がる選択をしていたかもしれない。しかしそれが無理だったので核兵器を選択し、広島と長崎に投下した。これは世界中の人々の良心に訴えかける出来事となった。新たな恐怖の時代が幕を開けたのである。

日本の全面降伏後、アメリカは日本の再生を手助けした。中国に対する防御手段というのも理由のひとつだ。新生日本は古くからの発明の才を発揮し、三十年で世界の経済大国に成長する。

しかし、以前の好戦的姿勢と軍国主義が完全に消えたわけではなかった。それらは廃墟と化した広島と長崎の瓦礫と打ち砕かれた日本国精神の下に埋もれただけだった。戦後の日本国憲法では、陸軍も空軍も海軍も持つことが許されなかった。唯一許されたのが「自衛隊」で、数十年間戦前の日本軍のまがいもののように存在し続けている。アメリカが提案した戦後の合意により、日本の防衛費はＧＤＰの一パーセント内に制限され、アメリカ軍の兵士数万人を日本国内に駐留させることになった。現在も三万二千人が日本に残っている。

日本の防衛予算は過去最大に

しかし、一九八〇年代初頭、ナショナリズムの影がふたたびちらついた。日本には、日本の戦争犯罪の非道さを決して受け入れなかった古い世代の派閥と、父親世代の罪を有罪だと受け入れられない若い世代の派閥がある。日出ずる国の末裔《まつえい》は、戦後世界の太陽の下の「自由な」場所を望んでいるらしい。

憲法の柔軟な解釈が当たり前になり、徐々に日本の自衛隊は現代の戦闘部隊へ変わった。原因は台頭めざましい中国だ。アメリカも、太平洋地区には軍事同盟が必要になると考えていたため、日本の再武装を簡単に受け入れた。

二十一世紀に入り、日本は自衛隊が海外で同盟国とともに戦えるように防衛政策を変更した。自衛隊の海外派遣に確固たる法的根拠を与えるために、改憲も見すえている。二〇一三年の安全保障戦略では「中国は軍事行動を起こしたが、それは現状を強制的に変更しようとするものと認められる」とし、仮想敵国を初めて名指しした。

二〇一五年、日本の防衛予算は過去最大の四兆九千八百億円に達した。大半が海上自衛隊と航空自衛隊の装備にまわる。アメリカ製のF35Aステルス戦闘機はその一例だ。

二〇一五年春、日本政府は「ヘリ搭載護衛艦」と称する艦船を披露した。軍事専門家でなくとも、その護衛艦が第二次世界大戦中の日本軍の航空母艦ほどの規模だということがわかるだろう。一九四五年の降伏条件によって保有が禁じられている船だ。その護衛艦は、固定翼機に対応可能だが、防衛大臣は「これを航空機輸送に使うことは考えていない」との声明を出した。まるでバイクを買ってから、自分はこれをバイクとして使うつもりはない、自転車として乗るつもりだと言っているようなものだ。事実上、日本は航空母艦を手に入れたのだ。

その空母をはじめとする光り輝く新品の装備に注ぎ込まれた金額を見れば、目的もその配備計画も明らかだ。本土への接近を防衛する沖縄の軍事施設は、いずれアップグレードされるだろう。これで日本は防空識別圏のパトロールをより柔軟に行えるようになる。中国政府が二〇一三年に拡大を宣言してから、日本の防空識別圏は中国のそれと一部重なっている。

どちらの空域もカバーしているのが、尖閣《せんかく》諸島（中国名、釣魚島《ちょうぎょとう》）だ。現在は日本が実効支配しているが、中国も領有権を主張している。尖閣諸島は琉球諸島の一部でもあるが、どんな敵国も日本の中核地へ接近するためにはそこを通過しなければならないため、その一帯はとくに難しい海域だ。尖閣諸島が領土になれば、日本の領海は増え、開発が見込める海底のガス田や油田も手に入る。そのため日本政府はなんとしてでもそこを手放すまいとしているのだ。

中国が東シナ海で拡大した「防空識別圏」は、中国、日本、台湾、韓国が領有権を主張する区域を網羅している。中国政府は、その空域を飛行する航空機はすべてその所属を明らかにしなければ「防衛手段を取る」と声明したが、日本と韓国、アメリカは、声明を無視してその空域を飛行した。中国からの攻撃はなかったが、今後は中国がいつ最後通牒《つうちょう》を渡しても不思議ではない。

日本は、はるか北方の北海道の沖合に浮かぶ北方領土の領有権問題も抱えている。第二次世界大戦でソビエトに敗れて奪われて以来、いまだにロシアの支配下にある島々だ。ロシアはこの問題を討議することを避けているが、議論は日本と中国との論争とは違うレベルだ。千島列島の住民はわずか一万九千人ほどで、豊かな漁場に囲まれているものの、戦略的重要性があるわけではない。この問題は、ロシアと日本の関係がいまだに冷え切っていることを裏づけるが、その冷え込みのなかで、両国は領土問題をまさに凍結した。

日本の人口減少と日米関係

日本の指導者が不眠に陥り、外交面でも軍事面でもアメリカとの緊密な関係を保ち続けるのは、中国が原因だ。多くの日本人、とくに沖縄の人々は、アメリカ軍基地の存在に憤りを覚えている。しかし、中国の勢力拡大と日本の人口減少を鑑《かんが》みると、戦後の日米関係は間違いなく続くと言える。しかも以前より対等な関係になりそうだ。

日本の統計学者は、今世紀半ばまでに人口が一億人を切るだろうと危ぶんでいる。現在の出生率が今後も続けば、二一一〇年には五千万人を割りこんでいる可能性さえある。一九一〇年当時の人口だ。日本政府はさまざまな対策を打ち出して出生率を上げようとしている。最近の例では、若者の結婚支援に数億円もの税金を投入した。助成金が出される「婚活」パーティーとは、独身男性と女性が顔を合わせ、食事をし、いつかはこどもを持つための出会いの場だ。移民の受け入れも解決策のひとつだが、日本は島国で排他的なので、移民は歓迎されないだろう。

近年強引さがいっそう目立つ中国が十四億人の人口を抱えていることを考えると、日本はひそかに好戦的な側面を持ち再武装化を進める強国でもあるので、近隣諸国に友人が必要になるだろう。

こういうわけでアメリカ軍は韓国と日本に駐留を続けている。現在この三ヵ国は三角関係にあり、機密情報の共有によって結束を強めている。日本と韓国には議論すべき問題が山のようにあるが、中国と北朝鮮に対する共通の懸念がそれを上回ることをいずれどちらも認めるだろう。

この三ヵ国が朝鮮半島の問題解決に乗り出したとしても、中国の問題は存在し続ける。つまり、アメリカの第七艦隊は東京湾に残り、海兵隊は沖縄に駐留し続け、太平洋と東シナ海、南シナ海に出入りするための海路を警護し続けるということだ。海が荒れそうな予感がする。

第四章　アメリカ——地形によって運命づけられた史上最強の国

「わたしが死んだというニュースは、かなり大袈裟だ」

マーク・トウェイン

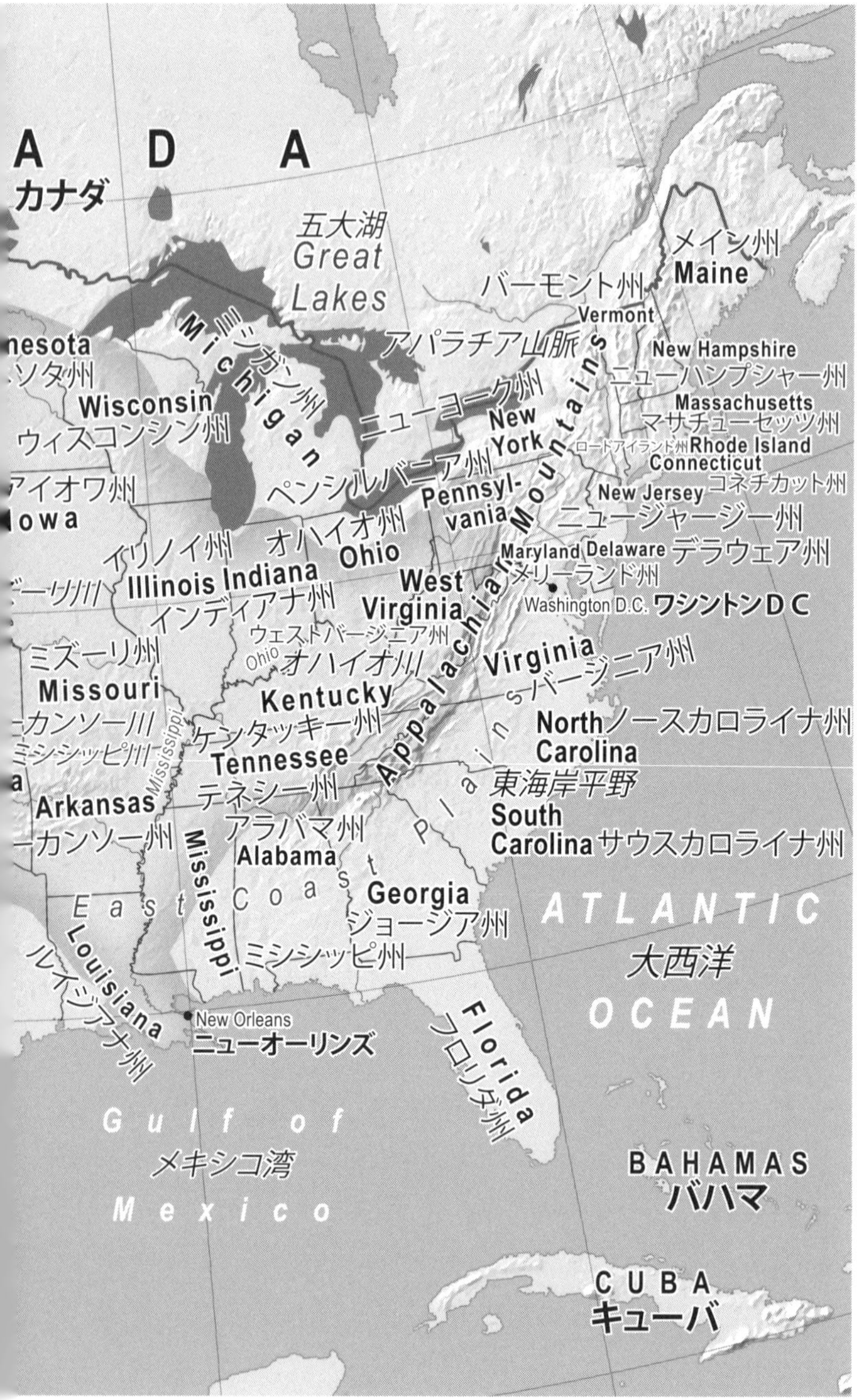

CANADA
カナダ
五大湖
Great Lakes
Michigan
ミシガン州
Minnesota
ミネソタ州
Wisconsin
ウィスコンシン州
アイオワ州
Iowa
イリノイ州
Illinois
Indiana
インディアナ州
オハイオ州
Ohio
ニューヨーク州
New York
ペンシルバニア州
Pennsylvania
アパラチア山脈
Appalachian Mountains
バーモント州
Vermont
メイン州
Maine
New Hampshire
ニューハンプシャー州
Massachusetts
マサチューセッツ州
ロードアイランド州
Rhode Island
Connecticut
コネチカット州
New Jersey
ニュージャージー州
Maryland
メリーランド州
Delaware
デラウェア州
Washington D.C.
ワシントンDC
West Virginia
ウェストバージニア州
Ohio
オハイオ川
Virginia
バージニア州
ミズーリ州
Missouri
Kentucky
ケンタッキー州
アーカンソー川
ミシシッピ川
Mississippi
Tennessee
テネシー州
North Carolina
ノースカロライナ州
East Coast Plains
東海岸平野
Arkansas
アーカンソー州
Mississippi
アラバマ州
Alabama
South Carolina
サウスカロライナ州
Georgia
ジョージア州
ミシシッピ州
Louisiana
ルイジアナ州
New Orleans
ニューオーリンズ
Florida
フロリダ州
ATLANTIC OCEAN
大西洋
Gulf of Mexico
メキシコ湾
BAHAMAS
バハマ
CUBA
キューバ

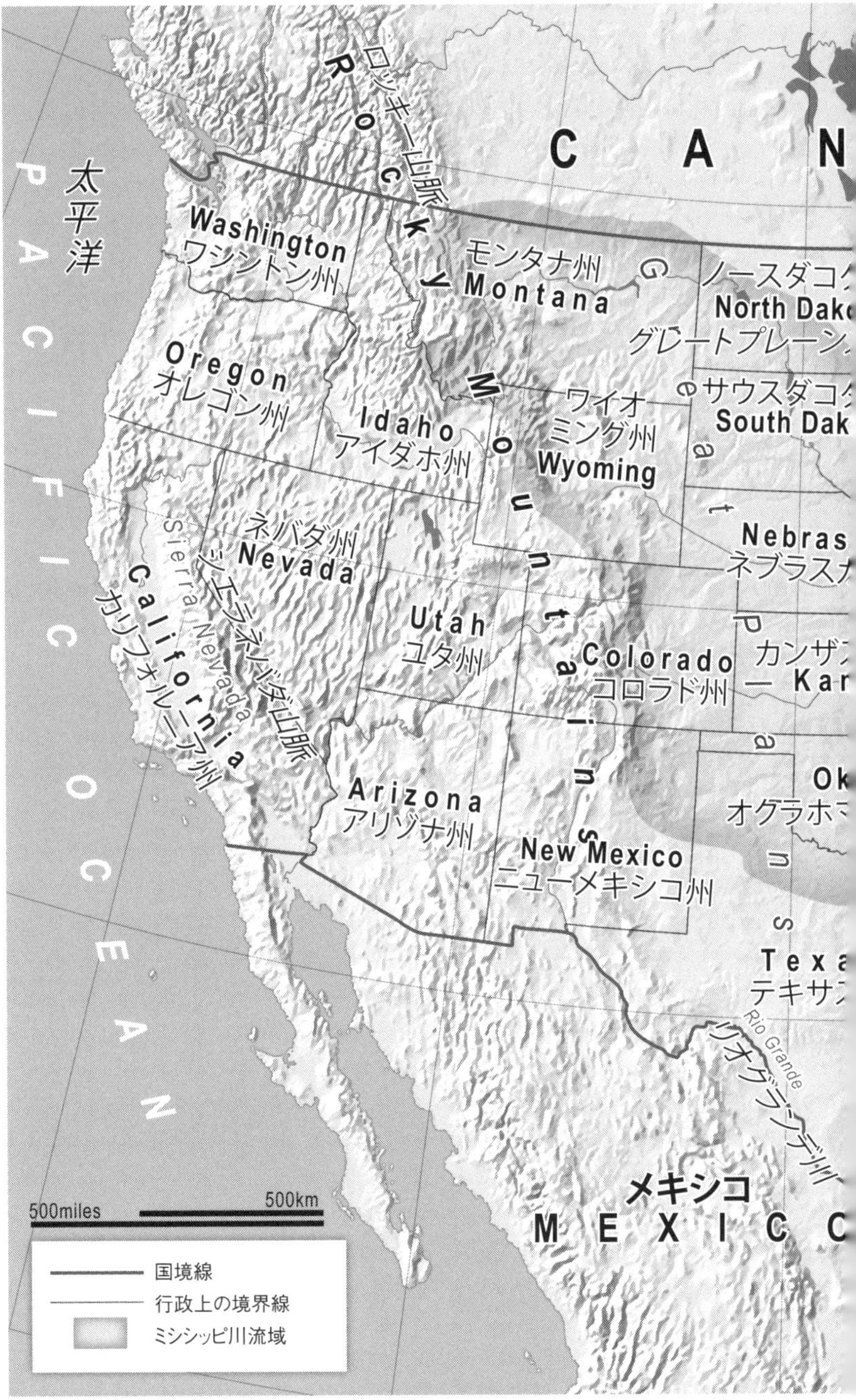

ロッキー山脈
Rocky Mountains
CANADA
太平洋
PACIFIC OCEAN
Washington
ワシントン州
モンタナ州
Montana
Great Plains
ノースダコタ
North Dakota
グレートプレーンズ
Oregon
オレゴン州
ワイオミング州
サウスダコタ
South Dakota
Idaho
アイダホ州
Wyoming
Nebraska
ネブラスカ
ネバダ州
Nevada
Sierra Nevada
シエラネバダ山脈
California
カリフォルニア州
Utah
ユタ州
Colorado
コロラド州
カンザス
Kansas
Oklahoma
オクラホマ
Arizona
アリゾナ州
New Mexico
ニューメキシコ州
Texas
テキサス
Rio Grande
リオグランデ川
メキシコ
MEXICO
500miles
500km
国境線
行政上の境界線
ミシシッピ川流域

侵攻不可能な統一国家

場所、位置、地の利。宝くじが当たったので好きな国を買って暮らそうとしている人がいたら、不動産業者がまっさきに勧めるのはアメリカ合衆国だろう。

冒頭のマーク・トウェインの言葉は、彼が死亡したという誤った新聞記事にかんするものだが、もしかしたらトウェインは、アメリカは終わったという報道についても大袈裟《おおげさ》だと考えたかもしれない。

アメリカはすばらしい環境に恵まれている。眺めは驚嘆するばかり、美しい川や湖もあり、交通手段も文句なし。では、隣人は？　もちろん隣人はいい人で、なんの問題もない。

この居住空間を細かい区画に分けてしまったら、かなり価値が下がるだろう。借家人が話す言語がばらばらで、異なる通貨で家賃を払おうというならなおさらだ。しかし、ひとつの家族が暮らすひとつの家として考えるなら、これ以上条件のいい場所はほかにない。

アメリカには五十の州があるが、ひとつの国としてまとまっている。これは二十八の独立国で形成される欧州連合には決してなし得ないことだ。ＥＵ加盟国の大半は、アメリカの各州よりも強い国民性があり、それぞれの個性が明確だ。フランスが第一でヨーロッパは二の次と考えるフランス人や、ヨーロッパの概念に忠誠心を持たないフランス人をみつけるのは簡単だろう。それに対してアメリカ人は、自分と国家を同一視している。そのようなヨーロッパ人はほとんどいないはずだ。理由は、地形とアメリカ統一の歴史で説明がつく。

太い筆で大胆に色を塗るように、この広大な国を東から西へ三つの地域に分けてみよう。

第一の地域は、東海岸平野からアパラチア山脈までのエリアだ。短いながらも船舶が航行できる川のおかげで水に恵まれ、土壌も肥えている。そこから西へ進むと、グレートプレーンズ（大草原地帯）がロッキー山脈まで広がる第二の地域だ。ミシシッピ川流域はこのエリアに含まれる。船が航行できる多くの川が巨大なネットワークとなってミシシッピ川に流れ込み、フロリダ半島や多くの島々に囲まれたメキシコ湾に達する。つぎにロッキー山脈の巨大な山々を越えると、砂漠やシエラネバダ山脈、海岸沿いの狭い平地に到達し、最後にようやく太平洋岸へ出る。これが第三の地域だ。

北部の五大湖の向こうには、カナダ楯状地《たてじょうち》が横たわる。世界最大の先カンブリア時代の岩盤で、大部分は人が住めない土地だ。南西部にあるのは砂漠だ。この地に国家が誕生し、「大西洋から太平洋まで」統治できたなら、かなりの大国に、いや、史上最強の国になるということは、地形によって運命づけられていた。

ひとたび大国が誕生すると、この統一国家に侵攻することは不可能だ。ロシアの章で触れたように、防御側には退却するための「戦略的深み」が存在する。広大なカナダも（および、カナダほどではないにせよメキシコも）、役に立つだろう。敵国がこの二ヵ国を通過して侵略しようとしても、気が遠くなるほど長い兵站線《へいたんせん》が必要になるためだ。

同じく重要な事実がある。愚かにも現代のアメリカを侵略しようと真剣に目論《もくろ》む者は、アメリカに存在する数億の銃についてよくよく考えてみなければならない。アメリカ国民は、自らの生命と自由を守り、幸福を追求するためなら銃を構えることも辞さない。手強いアメリカ軍に加えて、州兵に州警察、そして二〇一五年にことあるごとに目にした都市警察も、必要に応じて軍隊そっくりな働きをするのだ。万が一敵国に侵略されれば、アメリカ市民がまたたく間に反撃を開始して、フォルソムも、フェアファックスも、ファーマーヴィルも、イラクのファルージャのような戦場になるだろう。

東の境界は大西洋、西はアパラチア山脈

このまれに見る地理的条件を活かして難攻不落の国を実現するためには、まずこの広大な大陸をひとつにまとめる必要があった。東海岸から西海岸まで五千キロ近くあることを考えると、大陸統治は驚くほど短期間でなし遂げられたと言えるだろう。

十七世紀初頭、初めてこの大陸に渡り定住を始めたイギリス人入植者は、東海岸の「処女地」が自然港や豊かな土壌に恵まれていることにすぐに気づいた。そこは彼らが生きられる場所、しかも故国とは違い、自由に生きられる場所だったのだ。

彼らの末裔《まつえい》は先住民から自由を奪いながら開拓を続けたが、初期の入植者にはそのような意図はなかった。地形が、大西洋の向こうから莫大《ばくだい》な数の移民を引きつけたのだ。

イギリスの第一次植民地の十三州に最後に加わったのは、一七三二年のジョージア植民地である。十三州では、徐々に独立の気運が高まり、ついにアメリカ独立戦争（一七七五〜八三年）が起こった。

この時期の初めごろ、次第に連携し始めていた植民地は、北はマサチューセッツから南はジョージアまで二千キロ近くに及び、総人口は約二百五十万人に達していた。植民地の東の境界は大西洋、西の境界はアパラチア山脈だ。アパラチア山脈は、全長二千五百キロに及ぶ堂々たる山地だが、ロッキー山脈に比べるとさほど高いわけではない。それでも初期の入植者が西へ移動するには、手強い障壁だったことだろう。彼らは征服した土地をひとつにまとめ、自らの手で統治する準備に明け暮れた。

もうひとつ、政治的な障壁もあった。イギリス政府がアパラチア山脈の西側に定住することを禁じたのだ。交易の場と税金の集まる拠点を東海岸に留めておこうというのが政府の思惑《おもわく》だった。

アメリカ独立宣言（一七七六年）には、つぎのような一文がある。

「人類の歴史のなかで、ある国民が、政治的に結びついていた別の国民とのつながりを解消し、諸外国のなかに、自然の法則と自然神の法則によって認められた独立対等な地位を築くことが必要な場合、世界の人々の見解に敬意を払うために、彼らを独立に駆り立てた理由を明言すべきである」

その後も長々とその理由のあらましが続き（自由と奴隷制度の矛盾にはまったく触れないまま）あらゆる人間が平等につくられていることは自明の理であると記される。この高尚な宣言は、独立戦争を勝利に導くのに役立ち、ひいては新たな国家誕生のきっかけにもなった。

一八〇〇年代初頭、この新しい国の指導者は「南の海」すなわち太平洋から東海岸まで数千キロもあることをまだ知らなかった。勇猛果敢を体現したような冒険家たちは、先住民が歩く道をたどってアパラチア山脈を踏破し、ミシシッピ川に到達していた。そこで彼らは、この川は大洋に向かって流れ、スペイン人が探検した南西部と太平洋岸の広大な土地（現在のテキサスやカリフォルニアなど）につながっていると考えた。

この時点で、若きアメリカは決して安全ではなかったし、当時の境界線のまま分割されていたら、大国になるために苦心したことだろう。住民はすでにアパラチア山脈のすぐ西側のオハイオ川に到達していた。しかしオハイオ川が合流するミシシッピ川の西側河岸は、ニューオーリンズに至るまで、フランス人が牛耳《ぎゅうじ》っていた。そのおかげでフランスは、メキシコ湾からヨーロッパを、そして現在アメリカの中核地である西部の広大な土地を相手に交易することができたのだ。

太平洋という明確な境界線を獲得

トマス・ジェファーソンは大統領に就任した翌年の一八〇二年にこう述べている。

「地球上には、われわれの生まれながらの天敵が所有する場所が一ヵ所存在する。ニューオーリンズだ」

フランスはニューオーリンズの所有者で、アメリカにとっては困りものでもあった。しかし解決策は、めずらしいことに戦争ではなかった。

一八〇三年、アメリカ合衆国は、ルイジアナ領地の統治権をフランスから買収する。メキシコ湾の北西から、ロッキー山脈にあるミシシッピ川支流の源流にまで達する土地で、現在のスペイン、イタリア、フランス、イギリス、ドイツを合わせたほどの広さだ。この広大な土地とともにミシシッピ川流域も手に入ったので、そこからアメリカの大国への歩みが始まった。

こうして千五百万ドルと引き替えにあっという間に成立したルイジアナ買収で、アメリカの広さは二倍になり、世界最大の内陸水路も獲得した。アメリカの歴史家ヘンリー・アダムズは「アメリカ合衆国があれほどわずかな出費であれほど大きなものを得たことは、かつてなかった」と述べている。

ミシシッピ川流域は広大で、世界中の航行可能な川をつないだよりも長い距離を流れている。水源を高地に持たない川がこれほど数多く密集する場所はほかになく、大洋へ注ぐまでの長距離を終始穏やかに流れる川もめずらしい。ミシシッピ川には、流域の河川の大半が合流する。始まりはミネアポリス付近で、三千キロほど離れたメキシコ湾で終わる。そのためミシシッピ川流域は、交易が盛んになると天然の水路として重宝された。流れ着く先には大きな港もあったため、船で物資を運搬すれば陸路よりコストがはるかに抑えられるのだ。

いまやアメリカは、地理上の戦略的深みを手に入れた。大きく広がる肥沃《ひよく》な土地と、ビジネスに必要な大西洋の港に代わる水路だ。東から西へ延びる道路がつぎつぎと完成して東海岸と新たな領地を結びつけ、北から南へ流れる水系が住人もまばらな土地を互いにつないで、アメリカがひとつの国家になる後押しをした。

このあたりで、大陸を制する強大な国が誕生しそうな気配が漂い始める。アメリカは前進し、さらに西へと進みつつ、南にも目配りを忘れず、王冠の宝石、つまりミシシッピ川の安全も念頭に置いていた。

一八一四年には、イギリスとの停戦が成立し、フランスもルイジアナを手放していた。目下の目標はフロリダのスペイン人を立ち退かせることだが、それも難しくはなかった。スペインは、ヨーロッパでのナポレオンとの戦いに疲弊していた。一方アメリカは、先住民族セミノール族をスペイン領フロリダへ追い詰め、制圧しようとしていた。スペイン政府は、いずれセミノール族はフロリダに強制的に移住させられるだろうと考え、一八一九年の大陸横断条約により、フロリダ領をアメリカに譲渡する。こうして巨大な領地がアメリカのものになった。

ルイジアナを買収したことで、アメリカの心臓部となる中核地が確立された。さらにこの条約でスペインは、アメリカが北緯四十二度線の北側を西海岸まで管轄することを受け入れた。現在のカリフォルニアとオレゴンの州境にあたる。一方スペインが支配することになったのは、その南側、つまりアメリカの領土の西側に当たる土地だった。アメリカの領土は、ついに太平洋に達したのだ。

当時大半のアメリカ人は、一八一九年はフロリダが手に入った記念すべき勝利の年だと考えた。しかし、国務長官ジョン・クインシー・アダムズは、日記にこう記している。

「太平洋という明確な境界線を獲得したことは、われわれの歴史に偉大なる時代を残した」

しかし、スペイン語圏にはまだ問題が残っていた。メキシコである。

自然がつくる境界線と増える移民

ルイジアナ買収でアメリカの面積が二倍になったため、一八二一年にメキシコがスペインから独立したときには、国境線からニューオーリンズ港までわずか三百キロだった。二十一世紀になり、メキシコはアメリカの領土を脅かすつもりはないとの態度を示しているが、距離が近いがためにアメリカに問題をもたらしている。アメリカに流入する不法労働者や違法ドラッグを、メキシコが提供しているのだ。

一八二一年の状況は違った。メキシコはカリフォルニア北部まで続く土地を支配し、アメリカもそれには我慢していた。しかしメキシコは領地を東へも広げ、現在のテキサスまで拡大し、ついには現在のルイジアナとの州境にまで到達した。当時のメキシコの人口は六百二十万人、アメリカの人口は九百六十万人だ。アメリカ軍は強力なイギリス軍に勝ったとはいえ、イギリス兵は祖国から五千キロも離れた戦場で、大洋を越えた供給線をつないで戦っていたのだ。それに比べてメキシコは、隣家のようなものだった。

アメリカ政府はひそかに、住民と新たな移民に、アメリカとメキシコの国境線の両側に定住することを奨励する。移住者は、大陸西部と南西部に押し寄せた。現在のメキシコの地にしっかり根を下ろす移住者はほとんどなく、そのためその地域の人口も増えなかった。メキシコがアメリカと同じ恩恵を受けることはなかった。農地はやせ、輸送に使える川もなく、当時は非民主的な国だったため、新たな移住者が正式に土地を譲渡される望みはほとんどなかったのである。

テキサスへの住人の流入が続く一方で、一八二三年、アメリカ政府はアメリカとヨーロッパの相互不干渉を示した「モンロー主義」（第五代大統領ジェームズ・モンローにちなんだ名称）を表明する。ヨーロッパ列強は、もはや西半球で植民地をみつけることはできないばかりか、既存の領地を失えば二度と取り戻すことはできないと宣言、いや、警告された。

一八三〇年代半ばには、多くの白人移住者がテキサスに定住し、メキシコ問題をねじふせるには充分な数に達していた。メキシコ人はカトリック信者で、スペイン語を母語とし、人口はわずか数千人、一方白人のプロテスタント信者の入植者は約二万人にのぼった。一八三五～一八三六年のテキサス革命でメキシコ人は排斥されたものの、勝敗は紙一重だった。もし白人定住者が負けていたら、メキシコ軍がニューオーリンズに進撃してミシシッピ川南端を支配していただろう。これは近代史上かなり重要な「仮定の話」

だ。

しかし、実際はアメリカ人入植者が勝利し、テキサスはアメリカの資金や武器、助言を得てテキサス共和国として独立した。その後一八四五年にアメリカに併合され、一八四六～一八四八年のメキシコ戦争をともに戦った。アメリカは南側の隣人を打ち破り、メキシコにリオグランデ川を国境として受け入れるよう迫る。

こうして、カリフォルニア、ニューメキシコ、そして現在のアリゾナ、ネバダ、ユタ、コロラドの一部を含めると、アメリカ大陸部の国境線は現在の国境そっくりになった。まさに自然がつくる境界線だ。南側は、砂漠を流れるリオグランデ川。北側、なかでもその東側半分は、五大湖と、カナダとの国境近くまで横たわる岩だらけの無人の土地。そして東側と西側にはふたつの大洋がある。

しかし、二十一世紀の現在、南西部の土地は文化的にも歴史的にもヒスパニックの土地だという記憶が蘇りそうだ。人口統計がめまぐるしく変化しているので、数十年のうちにヒスパニックが人口の大半を占めることになるだろう。

話を一八四八年に戻そう。ヨーロッパ人は去り、ミシシッピ川流域は陸上から攻撃される心配がなくなり、太平洋にも到達し、残りの先住民の土地が制圧されるのも時間の問題だった。もうなんの脅威もない。つぎにアメリカがすべきことは金を稼ぐこと、そしてこの未来の大国を囲む三本の海岸線に敵が接近しないように外洋に出て防御を固めることだった。

一八四八～一八四九年のカリフォルニア州のゴールドラッシュも移民を引きつけた理由のひとつだが、それがなくても入植者は西を目指していた。なにしろ大陸を支配する帝国が生まれたのだから、それが発展すると移住者はさらに増えた。一八六二年のホームステッド法により、五年間定住して土地を耕作した者には公有地百六十エーカー（〇・六五平方キロ）が与えられ、わずかながら報酬も払われた。アメリカへ行けば土地を所有して自由に生きられるというときに、ドイツや北欧やイタリアの貧しい移民がわざわざ南米へ行って農奴《のうど》になる理由があるだろうか？

大西洋艦隊の最重要寄港地

一八六七年、アメリカはロシアからアラスカを購入する。当時はこの取引に同意した国務長官ウィリアム・スワードの名を取って「スワードの愚行」と呼ばれたものだ。政府が支払ったのは総額七百二十万ドル、つまり一エーカー（約四千平方メートル）につき二セントだった。報道機関は、ただの雪原にそんな大金を出したと彼を責めたが、一八九六年に金鉱が発見されると世論は一変する。数十年後には、莫大な埋蔵量の原油も発見された。

アラスカ購入から二年後の一八六九年、大陸横断鉄道が開通し、東から西へ一週間で移動できるようになった。以前は数ヵ月もかかり、しかも危険がともなう旅だった。

国が成長するにつれて経済力も大きくなり、外洋海軍を保有し始める。十九世紀の大半のあいだ、アメリカの外交政策は貿易を拡大し、遠方の紛争を避けることが中心だった。しかし、海へ漕ぎ出し海岸線への航路を守るときが来たのだ。唯一考えられる脅威はスペインだった。スペインは、アメリカ大陸からはしぶしぶ去ったものの、いまだにキューバ、プエルトリコ、そして現在のドミニカ共和国の島々を掌握していた。

なかでもキューバは、歴代アメリカ大統領を不眠に陥れ、一九六二年のキューバ危機ではふたたび悪夢が襲った（訳注：ソ連がキューバにミサイルを配備したことがきっかけで、核戦争も懸念されるほどアメリカとの緊張が高まった）。島国キューバはフロリダから目と鼻の先の沖合にあるので、フロリダ海峡やメキシコ湾のユカタン海峡に接近することも支配することも可能だ。ニューオーリンズ港への出入りには、そこを通過しなければならない。

　十九世紀末のスペインはかなり弱体化していたとはいえ、それでも恐ろしいほどの軍事力を維持していた。一八九八年、アメリカはスペインに宣戦布告し（米西戦争）、軍隊を送り込んでキューバを支配下におさめ、さらにプエルトリコ、グアム、フィリピンも手中にする。どこも価値のある国だが、なかでもグアムは必要不可欠な戦略拠点だ。

　一九六二年のキューバ危機では、あわやソビエトと戦争という事態になったが、ソビエトがアメリカの姿勢に狼狽《ろうばい》し、脅威は去った。現在、キューバの後《うし》ろ盾《だて》となる大国は存在しない。いずれ文化的にも政治的にもふたたびアメリカの支配下に置かれるだろう。

　アメリカは動きを止めなかった。キューバとフロリダ海峡を、そしてカリブ海にいたる海域の安全を確保した一八九八年に、太平洋のハワイ諸島も併合して大陸西海岸への接近ルートを保護した。一九〇三年、アメリカはパナマ運河の建設権や運営権を独占するパナマ運河条約をパナマと締結し、交易が活気づいた。

　そしていよいよ、アメリカは世界の舞台に躍り出たばかりか、地球を一周する力さえ持つことを知らしめるチャンスを迎えた。

　セオドア・ルーズベルト大統領は、力を誇示せず隠すタイプだったが、実際は世界中の海に軍隊を送り込んだ。一九〇七年十二月、アメリカ海軍大西洋艦隊の戦艦十七隻がアメリカの基地を出港した。その船体は、海軍の平時の象徴である白色に塗装されていた。この外交上のほのめかしを多分に持つ印象的な艦隊は、「グレート・ホワイト・フリート（白い大艦隊）」と呼ばれるようになった。

　艦隊はその後十四ヵ月にわたり、ブラジル、チリ、メキシコ、ニュージーランド、オーストラリア、フィリピン、日本、中国、イタリア、エジプト等、二十ヵ所に寄港した。なかでも最重要寄港地は日本だった。アメリカと緊張状態にあった日本は、大西洋艦隊が太平洋で展開することも可能だということを、ぎりぎりのところで警告されたのである。このハードパワーとソフトパワーが混在した航海の当時は、「戦力投射」（訳注：自国外に軍隊を派遣して軍事作戦を遂行すること）という軍事用語さえ存在しなかったが、これぞまさしく「戦力投射」であり、世界の主要国もそう認識した。

「どの国とも恒久的同盟を結んではならない」

アメリカの歴代大統領は、一七九六年のジョージ・ワシントンの辞任挨拶《あいさつ》を心に刻んでいる。「特定の国に対する執念深い嫌悪感と、他国への情熱的な執着」に巻き込まれてはいけない、そして「どの国とも恒久的同盟を結んではならない」という助言だ。

遅ればせながらの――しかし重大な結果になった――第一次世界大戦への参戦はさておき、二十世紀のアメリカは、一九四一年までおおよそ紛争や同盟を避けてきた。

しかし第二次世界大戦がすべてを変える。アメリカは、急激に軍国化した日本を降伏させるべく経済制裁を課したが、その後真珠湾を攻撃された。アメリカは強気に出て戦い、世界にその巨大な力を見せつけた。そして世界での影響力を維持し続けるために、終戦後も軍を本国に引き揚げず各地に駐留させた。

世界最大の経済大国、戦後軍事大国となったアメリカは、世界のシーレーンを支配する必要に迫られた。平和を保ち、アメリカの商品を世界の市場に送り込むためだ。

結局最後に生き残ったのは、アメリカだったのだ。ヨーロッパは戦争で疲弊し、経済状態も国土と同じように荒廃していた。日本は打ち負かされ、中国は荒れ果てて国民党と共産党が争っていた。そしてロシアは資本主義陣営のゲームに参加すらしていなかった。

その一世紀ほど前、イギリスは大きな海軍力をいかんなく発揮し、同時にそれを守るためには、拠点となる前進基地と給炭地が必要だと学んでいた。しかしイギリスが弱体化したため、アメリカはイギリスの基地や給炭地をものほしそうにながめてこう言った。「すばらしい基地だ――われわれがもらうとしよう」基地の値段は手頃だった。一九四〇年秋、イギリスは是《ぜ》が非《ひ》でも軍艦を手に入れたがっていた。一方アメリカには五十隻ほど予備があった。そこで結ばれたのが「駆逐艦・基地協定」だ。イギリスは世界大国になる可能性と引き替えに、戦い続けるための援助を手に入れたのだ。こうして西半球のほぼすべてのイギリス海軍基地がアメリカに譲渡された。

これは当時も現在も、あらゆる国にとってコンクリート調達の問題だった。港、滑走路、戦闘機の格納庫、燃料貯蔵庫、乾ドック、特殊部隊の訓練エリア、どれをつくるにもコンクリートが必要だ。日本の敗戦後、東洋ではアメリカが太平洋のあちこちにこうした設備を建設する機会を得た。太平洋のなかほどにあるグアムはすでに手中にしていたので、いまやアメリカは東シナ海の沖縄本島まで連なる基地を手に入れたのだ。

「超大国」の誕生

アメリカは大陸にも目を向ける。一九四八～一九五一年のマーシャルプランでヨーロッパの復興援助をするからには、ソビエト連邦がヨーロッパを破壊して大西洋岸に到達することがないように、万全の手を打たなければならない。アメリカは軍を引き揚げるかわりにドイツに駐留させ、北ヨーロッパ平野越しに赤軍（旧ソ連軍）を威圧した。

一九四九年、アメリカはＮＡＴＯを結成し、それを通じて西欧世界の軍事力を効果的に掌握した。ＮＡＴＯの文官のトップがある年はベルギー人、ある年はイギリス人だったとしても不思議ではないが、軍の司令官はつねにアメリカ人だ。そしてＮＡＴＯ内で断トツの軍事力を誇るのも、アメリカなのである。

条約がどうであれ、ＮＡＴＯの最高司令官は、最終的にはアメリカの要望に応える。一九五六年の第二次中東戦争（スエズ危機）では、スエズ運河の利権を手放すようアメリカに圧力をかけられたイギリスとフランスが、中東における支配力をほぼ失った。この苦い経験から、NATO加盟国はまずワシントンに伺《うかが》いを立てなければ、戦略的な海軍政策を決めることはできないと学んだはずだ。

アイスランド、ノルウェー、イギリス、そしてイタリアは（すべてNATOの創設メンバー）、自国の基地をアメリカが利用することを承認した。こうしてアメリカは太平洋のみならず、北大西洋と地中海にも君臨することになった。一九五一年、アメリカはオーストラリア、ニュージーランドと同盟を結ぶことによってその支配力を南へも広げ、一九五〇〜一九五三年の朝鮮戦争後には北へも手を伸ばした。

これでふたつのアメリカの地図ができあがった。太平洋岸のシアトルから斜め右下のサルガッソー海まで広がる見慣れた地図と、アメリカの地政学的勢力の足跡を示す地図だ。後者の地図には基地や港、道路といった、実際に紙の上で印をつけられる建造物が載っている。しかしこれは同時に概念上の地図でもある。たとえばAという事件がBという地域で起こると、Cという国がアメリカの同盟国として当てにされる、あるいはアメリカを当てにできるのだ。世界の主要国がどこかで勝負に出る場合、アメリカもそう望めば、強力な後ろ盾を得ることができる。「超大国」の誕生である。

一九六〇年代、ベトナム戦争で失敗し信用に傷がついたアメリカは、海外紛争への関与に慎重になる。しかし、ベトナムは事実上の敗北だったにもかかわらず、アメリカの世界戦略は根本的には変わらなかった。

アメリカの覇権《はけん》に挑みそうな相手は三つしかなかった。欧州連合、ロシア、そして中国だ。いずれもいっそう力を伸ばす可能性があるが、欧州連合とロシアは限界に達するかもしれない。

一部のヨーロッパ人が夢見た欧州連合の「より強い同盟」と共通外交防衛政策は、わたしたちの目の前でゆっくりと死につつある。たとえ欧州連合が莫大な防衛費を使ったとしても、結局はアメリカに依存したままだ。リーマンショックに端を発した二〇〇八年の経済危機で、ヨーロッパ列強は弱体化した。体力を回復できないままでは海外への投機にも食指が動かない。

一九九一年、ロシアの脅威は消えていた。国内の経済不安、軍事力の過剰拡大、そしてかつての共産主義体制が復活することはないと国民を納得させることに失敗したのが原因だ。近年ロシアはプーチンが巻き返しをはかり、アメリカの悩みの種になっているが、アメリカの優位が揺らぐほど深刻な脅威ではなさそうだ。二〇一四年、オバマ大統領はロシアについて「地域限定の大国でしかない」と述べた。これは不必要に挑発的な言葉だったとはいえ、間違いではない。ロシアの地理上の牢獄は、第二章でも見たように、いまだに存在するからだ。ロシアには、世界のシーレーンに到達するのに必要な不凍港もなければ、戦時にバルト海と北海、あるいは黒海と地中海を経由して大西洋に出るための軍事力もないのである。

アメリカは二〇一四年のウクライナの政変を後押ししていた。アメリカは世界中に民主主義を広めることを望んでいるので、ウクライナをロシアから引き離し、プーチンを弱体化させたかったのだろう。この十年間、アメリカがイラクとアフガニスタンに悩まされているあいだに、ロシアが「旧ソ連邦諸国」で優位に立ち、カザフスタン等で地盤を固め、ジョージアで領土を奪ったことを、アメリカは充分認識している。遅まきながら、そしてやや気乗りしないようすで、アメリカはロシアにつけられた差を縮めようとし始めた。

アメリカはヨーロッパのこともNATOのことも気に留めているので、アメリカの国益にかなう場合は軍事作戦に出ることもあるだろう。しかし、このようにつねに目を光らせてはいるものの、アメリカから見ればいまやロシアはヨーロッパの問題なのだ。

今世紀での命がけのゲーム

これまで出番のなかった中国は、そうこうしているあいだに成長していた。

過去十年間に発表された分析のほとんどが、二十一世紀半ばまでに中国がアメリカを追い越し、世界をリードする超大国になるだろうと予測している。第一章で述べたとおり、わたしにはなんとも言えない。答えが出るまで百年かかるかもしれない。

中国は、経済的にはアメリカと肩を並べつつあるので、大きな影響力と国際舞台での上座を手に入れた。しかし軍事的、戦略的には数十年遅れている。アメリカは今後数十年間、このリードを保とうとするだろう。しかし、その差は間違いなく縮まりそうだ。

軍事施設のようなコンクリート建築にはかなりの費用がかかる。セメントや水等をただ混合して型枠に注ぎ込めばいいのではなく、混ぜたい場所で混ぜ、必要な場所に注ぎ込まなければならないからだ。「駆逐艦・基地協定」でわかったように、アメリカの他国への援助は必ずしも利他的とは言えない。アメリカは経済援助と、同じく重要な軍事援助によって、コンクリート施設の建築許可を手に入れるが、たとえ追加経費がかかったとしてもそれ以上の利点がある。

たとえばアメリカはシリア（敵国）での人権侵害に激怒し、声高に非難する。しかし、バーレーンでも同じことが起こっているのに、それに対する怒りの声は聞こえてこない。バーレーン政府の招きで、第五艦隊の司令部をバーレーンに置いているためだ。一方、さまざまな国に援助をすれば、たとえばアメリカがC国政府（中国）の提案に反対していることをB国政府（ビルマ、現ミャンマー）に示唆《しさ》し、協力を求める力が手に入る。この例の場合、アメリカは後手《ごて》に回っていると言えるだろう。ビルマ政府が外国に対して門戸を開き始めたのはごく最近だが、中国はすでに他国より有利なスタートを切っているためだ。

しかし、日本、タイ、ベトナム、韓国、シンガポール、マレーシア、インドネシア等に関して言えば、アメリカはすでに開いているドアを押している状態だ。ドアが開いているのは、これらの国々の中国に対する不安と、アメリカと手を組みたいという熱意が理由だ。協力し合わなければ一ヵ国ずつ狙い撃たれ、最後は中国に支配されて国が崩壊するのだから、このさい各国間の問題にこだわっている場合ではないだろう。

アメリカはいまだに、二〇一一年当時の国務長官ヒラリー・クリントンが「中国基軸」と呼んだ中国重視政策の序盤にいる。中国基軸とは興味深い言い回しで、ヨーロッパの放棄を意味するとの解釈もあった。しかし、一ヵ国を重視する政策が他国の排除を意味するわけではない。どの足にどれほど重心をかけるかが問題なのだ。

アメリカ政府の外交政策戦略家の多くが、二十一世紀の歴史は世界の人口の半分が暮らすアジアと太平洋諸国で書かれると確信している。そこにインドを含めると、二〇五〇年までに世界の経済生産の半分を占めるようになるとの予想だ。

したがってアメリカは、しだいに時間と資金を東アジアに投資し、そこでの存在感と発言権を高めようとするだろう。オーストラリア北部には、すでに海兵隊の基地が設けられている。しかし、実際に影響力を発揮するためには、限定的攻撃行動を展開し、同盟国に対して戦時の援助を約束して安心させる必要があるかもしれない。

たとえば、中国が日本の駆逐艦攻撃を皮切りにさらなる軍事行動に出るようなら、アメリカ海軍は中国海軍に威嚇《いかく》射撃や直接攻撃をして、戦争に突入する意思があることをほのめかさなければならないのだ。同じように、北朝鮮が韓国を攻撃したら、韓国はもちろん反撃するが、アメリカはすぐには攻撃しない。そのかわりおおっぴらに圧力をかけ、自らの意思を伝えるだろう。それでも状況が深刻化するようなら、アメリカは北朝鮮に対して威嚇射撃をし、最終的には直接攻撃をするはずだ。これは宣戦布告をせずに戦況をエスカレートさせる手法であり、たいてい危険な事態に陥る。

アメリカは東アジア全域に、ワシントンに味方することが最高の国益だとはっきり示そうとしている。しかしそれに対抗して中国も各国を懐柔しようとしている。そのため相手に挑発されれば、アメリカも中国も攻撃しなければならない。どちらも挑発をかわしているうちに、同盟国の信頼と相手国への恐怖がゆっくりと失われ、いずれ同盟国が相手側に寝返るような事態になりかねないからだ。

専門家がしばしば指摘するように、ある特定の文化では、面目を保つことや、譲歩したとみなされないことが非常に重要視される。しかし、これはアラブや東アジアの文化に留まらない。表現こそ違うが、人類共通の問題なのだ。アラブや東アジアの文化圏ではもっと明確に定義されたわかりやすい表現があるのかもしれないが、アメリカの外交政策戦略家も、この問題に他の大国と同様に気づいている。

英語にも、この考えがいかに根深いかがわかることわざがふたつある。ひとつは、「一インチ許せば一マイル望む」（訳注：少しでも甘い態度を見せれば相手はつけあがるの意）。もうひとつは、現在は政治用語集のひとつにも数えられているセオドア・ルーズベルト大統領の一九〇〇年の金言だ。「穏やかに話せ、だが必要とあらば実力行使しろ」

中国、アメリカ、そして東アジアの国々が面目を失わず、なおかつ互いに底なしの憎悪や怒りを抱くことなく、迫り来る危機にどう対処するか。それが今世紀の命がけのゲームになるだろう。

キューバ危機は一般的にアメリカの勝利とみなされる。大々的には公表されていないが、ソ連がキューバからミサイルを撤去した数ヵ月後、今度はアメリカがモスクワも射程圏内に置く中距離弾道ミサイル「ジュピター」をトルコから撤去した。じつは米ソは歩み寄っていたのだ。結果的にどちらも自分たちは降伏しなかったと公表できる妥協案をみつけていたわけだ。

自衛隊を支援しつつも日本の軍事力を抑制

二十一世紀の太平洋では、列強同士のさらなる妥協案が必要だ。短期的に見ると、大半は中国による仕掛けになるだろう。中国が防空識別圏を宣言し、件の領空を飛行する際は事前通知するよう諸外国に求めた例もある。それに対しアメリカは、あえて事前通知せずに飛行した。防空識別圏を宣言して波風を立てることで、中国には何かしら得たものがあり、一方それに従わない姿勢を見せつけたアメリカも、やはり何かを得たのだろう。これは長い駆け引きになりそうだ。

両国が繰り広げているのは、追いつ追われつのゲームでもある。二〇一六年初頭、中国は、南シナ海のスプラトリー（南沙《なんさ》）諸島に建造した人工島の滑走路に初めて航空機を着陸させた。これに対して、南沙諸島の領有権を主張しているベトナムとフィリピンは公式に抗議し、アメリカは「この地域一帯の安定」を脅かす動きだと述べた。現在アメリカ政府は、中国の建設計画と飛行計画を逐一監視し、いつどこでさらなる非難を表明するべきかを見極め、場合によっては海軍や空軍による偵察も行うつもりだ。

アメリカは同盟国をいつでも支援し、国際地域の航行の自由を守るということをなんとか念押ししなければならない。同時に、中国との軍事衝突も避けなければならないのだ。

アメリカの対日政策は、対中戦略と利益を共有していることを再確認し、沖縄のアメリカ軍基地を今後も維持することだ。アメリカは日本の自衛隊を支援して実戦訓練を行いつつ、同時に太平洋でアメリカに挑むことがないよう日本の軍事力を抑制するだろう。

日本以外の東アジア諸国も重要であり、外交上の複雑なジグソーパズルの鍵《かぎ》になりそうなのはインドネシア、マレーシア、シンガポールだ。この三ヵ国がはさみこむマラッカ海峡のもっとも狭い部分は、三キロ弱しかない。この海峡を、エネルギー需要が増え続ける中国や近隣諸国を目指して毎日千二百万バレルの石油が通過するのだ。この三ヵ国がアメリカ側についている限り、アメリカはかなり有利だろう。

プラス面をあげるなら、中国の人々は政治に関しては思想的ではなく、共産主義を広めようとはしていない。また、冷戦時代のロシアのような方法で領土を広げようとは（さほど）願っていない。なにより中国もアメリカも紛争を望んではいないのだ。中国は、自国の商品を世界へ運ぶシーレーンをアメリカが監視することは受け入れるだろう。ただし、その監視が中国本土に及ぶほど拡大したら中国も黙ってはいないということをアメリカが納得するという条件つきだ。

今後も両国はさまざまな問題を抱え続けるだろう。国の連帯感が利用され、中国国民の結束が強められることもあるかもしれない。しかし、どちらも妥協案を探るはずだ。互いの主張を読み違えて無謀な賭けに出れば、危機が訪れる。

一触即発の地域もある。アメリカは台湾と協定を結んでいるので、もし中国が自国の二十三番目の県とみなしている台湾に侵攻したら、アメリカは参戦するだろう。中国が台湾を侵略する可能性があるのは、アメリカが台湾を独立国と認める、あるいは台湾が独立宣言をする場合で、そのときは一線を越えたとみなすはずだ。しかしいまのところその兆候はなく、中国がこの地域に侵攻することはないと言っていい。

中国が海外に求める石油とガスは増えているが、アメリカの需要は減りつつある。これはアメリカの外交関係に、とくに中東には大きな衝撃を与えるだろう。ほかの国々でも連鎖反応が起きるかもしれない。

ペルシャ湾への執着が消える日

アメリカは、沿岸沖合の掘削《くっさく》と広範囲にまたがる地下の水圧破砕《はさい》により、天然ガスや原油を手に入れた。これでエネルギーを自給自足できるばかりか、二〇二〇年にはエネルギーの純輸出国にもなる見通しだ。つまり今後は、石油とガスが無事にペルシャ湾を通過することに、さほど執着しなくなる。戦略的興味は今後も持ち続けるだろうが、かつてほど強い関心は示さなくなるだろう。

アメリカの注目が弱まれば、ペルシャ湾岸の国々は新たな同盟国を探すことになる。候補のひとつはイラン、もうひとつは中国だ。だがそれが実現するのは中国が外洋海軍をつくり、しかもそれを戦略的に配備した場合だけだろう。

アメリカの第五艦隊がバーレーン基地から離れる気配は見られない。重要なコンクリート設備だから、手放したくはないはずだ。しかし、サウジアラビア、クウェート、アラブ首長国連邦、カタールが供給するエネルギーがもはやアメリカの照明にも車にも必要なくなったら、アメリカの世論や連邦議会は疑問に思うかもしれない。第五艦隊はなんのために中東に駐留しているのか、と。その答えが「イランを監視するため」だとしたら、議論を静めることは難しそうだ。

中東におけるアメリカの短期政策は、イランが存在感を増して「重要な取引」を結ぼうとするのを防ぐことだ。「重要な取引」とは、両国のあいだに横たわる多くの問題を収め、三十五年にわたる敵対関係に終止符を打つという合意だ。アラブ諸国がイスラム過激派を相手に数十年にわたるかもしれない泥沼の戦いに突入すると、アメリカはジェファーソン流民主主義の実現を後押しするという楽観論をあきらめたのか、事態の収拾に集中しつつ、同時にアメリカ兵が巻き込まれないように腐心しているように見える。

イスラエルとの緊密な関係は、徐々に冷え込むかもしれない。アメリカの人口統計が変化したためだ。現在アメリカで増えつつあるヒスパニックやアジア系移民のこどもたちは、アメリカの国益にとってもはや重要ではない中東の小国ではなく、南米や極東に興味を示すようになるだろう。

南米の政策で重要視されるのは、パナマ運河の安全確保と、建設中のニカラグア運河を通過して太平洋へ出る際の通行料を調査すること、そしてブラジルのカリブ海支配に備えて、ブラジルの台頭に目配りすることだ。経済面での勢力拡大をめぐって、アメリカは南米各地で中国と張り合うだろう。しかしキューバに関しては、カストロ死後の脱社会主義体制の時代を支配しようとアメリカが全力を尽くすはずだ。キューバとフロリダが近接していることや、キューバとアメリカの（複雑ではあるものの）長い歴史的関係、そして中国の実利主義を考えると、アメリカが新生キューバで影響力を握るのは必然だろう。二〇一六年春、オバマ大統領が歴史的キューバ訪問を成し遂げたことで、それが確実になった。現職大統領のキューバ訪問は、一九二八年のカルビン・クーリッジ大統領以来、オバマが初めてである。

キューバの元最高指導者フィデル・カストロは、オバマ訪問を痛烈に批判し、国営メディアは辛辣《しんらつ》な言葉を伝えた。しかし、これは老指導者を満足させるためだけの報道のようだ。国民総意の決断が下され、新たな時代が始まったのだ。アメリカの近さ、そして多数のキューバ系アメリカ人の力が、今後この二ヵ国の新たな関係を強固なものにするに違いない。

アメリカはアフリカで天然資源を採掘している国のひとつだが、もっとも発見しているのは中国だ。中東と同じように、アメリカは北アフリカのイスラム紛争も監視するだろう。しかし、偵察機は飛ばしても、直接戦闘に関与しようとはしないはずだ。

海外の国家建設というアメリカの試みは、終焉《しゅうえん》を迎えたようだ。

イラクでもアフガニスタンでも、アメリカは小国とその民族の精神力や屈強さを過小評価していた。アメリカ本土の物理的安全と団結の歴史が原因で、民主主義的ナショナリストの主張を鵜呑《うの》みにしたのかもしれない。

民主主義的ナショナリストは、譲歩と勤勉、そして公正な選挙があれば、中東の人々に太古の昔から刻み込まれてきた「よそ者」に対する強固な恐れを消すことができると信じている。スンナ派（スンニ派）もシーア派も、クルド人、アラブ人、イスラム教徒、キリスト教徒も、すべてよそ者だ。アメリカは、人は団結したがるものだと推測したが、実際は大半の人々が団結しようとせず、過去の経験から別個に生きることを望んだ。よそ者を信頼できないのは悲しいことだが、これは長い歴史のあいだに幾度も、多くの場所で見られた不幸な事実なのだ。アメリカは、その事実を一時的に隠していた煮えたぎる鍋の蓋《ふた》を取りはらってしまったのである。

これでアメリカの政策立案者が「反省する」ことはないと断言できる。高慢なヨーロッパの外交官も、そう信じているだろう。アメリカは「やればできる」「自分たちの思い通りに修正できる」という考えを捨てていないのだ。当然ながら、それがつねにうまくいくとは限らないのだが。

ここ三十年ほど、アメリカは衰退する、あるいはもう衰退しているという予測が流行した。その予測は過去から現在に至るまで、一度も当たったことはない。史上もっとも成功した国は、エネルギーを自給自足しようとしている。傑出した経済力を持ち続け、NATO加盟国の総軍事予算を上回る額を軍事研究に当てている。ヨーロッパや日本とは違い、高齢化も進んでいない。二〇一三年のギャラップ調査では、移住希望者の二五パーセントが第一希望としてアメリカをあげていることがわかった。同年、上海大学の専門家が選んだ世界トップ二十の大学リストには、アメリカの大学が十七校入っている。

プロイセンの政治家オットー・フォン・ビスマルクは、一世紀以上も前に、両義に取れる言葉を残している。「神は酔っぱらいとこども、そしてアメリカ合衆国をとくに大切に扱う」。これは現在も変わらないようだ。

第五章　西ヨーロッパ——位置と地形に恵まれた楽園を脅かすほころび

「ここはあらゆる場所に過去がある。
大陸全体に過去の記憶がちりばめられている」
ミランダ・リッチモンド・ムイヨ著
“A Fifty-Years Silence : Love, War, and a ruined house in France”
（五十年の静寂——フランスの愛、戦争、そして廃屋）

500miles
500km
ノルウェー
N
E
D
スウェーデン
フィンランド
FINLAND
エストニア
ESTONIA
バルト海
Baltic Sea
ラトビア
LATVIA
リトアニア
LITHUANIA
Kaliningrad
RUS. FED.)
ニングラード
領)
北ヨーロッパ平野
North European Plain
R U S S I A
ロシア
BELARUS
ベラルーシ
OLAND
ポーランド
ウクライナ
UKRAINE
ェコ
REP.
カルパティア山脈
Carpathian Mtns
SLOVAKIA
ーストリア
スロバキア
MOLDOVA
モルドバ
HUNGARY
ハンガリー
ROMANIA
ルーマニア
Sava
サヴァ川
BOS. &
HERZ.
SERBIA
セルビア
Danube
ドナウ川
ニア・ヘルツェゴビナ
BULGARIA
ブルガリア
NTENEGRO
テネグロ
マケドニア
MACEDONIA
ALBANIA
アルバニア
黒海
Black Sea
ジョージア
GEORGIA
ARMENIA
アルメニア
エーゲ海
Aegean
Sea
TURKEY
トルコ
タリア
GREECE
ギリシャ
キプロス
CYPRUS
SYRIA
シリア
LEBANON
レバノン
クレタ島
Crete
n Sea

GIUKギャップ
国境線
Denmark Strait
デンマーク海峡
アイスランド
ICELAND
ノルウェー海
Norwegian Sea
フェロー諸島
Faroe Islands
Shetland Islands
シェトランド諸島
大西洋
ATLANTIC OCEAN
アイルランド
IRELAND
UNITED KINGDOM
イギリス
North Sea
北海
DENMAR
オランダ
NETHERLANDS
ドイツ
GERMA
ベルギー
BELGIUM
LUXEMBOURG
ルクセンブル
セーヌ川
Seine
フランス
FRANCE
ライン川
Rhine
リヒテンシュ
LIECH
ビスケー湾
Bay of Biscay
スイス
SWITZERLAND
ローヌ川
Rhône
Alps
アルプス山脈
ピレネー山脈
Pyrenees
メセタ(高原台地)
Meseta Central
ポルトガル
PORTUGAL
ANDORRA
アンドラ
SPAIN
スペイン
MONACO
モナコ
Corsica
コルシカ島
Balearic Is
バレアレス諸島
Sardi
サルディニア
シチリ
地中海
Mediterr
エルベ
Elbe
マル

境界線となった「合流しない川」

現代世界は、幸か不幸か、ヨーロッパで誕生した。広大なユーラシア大陸の西の端から啓蒙運動が始まり、それが産業革命につながり、その結果わたしたちが毎日身の回りで目にするものが生まれた。つまりわたしたちは、ヨーロッパの位置に感謝することもできれば、非難することもできるのだ。

メキシコ湾流が流れ込んでいるおかげで、西ヨーロッパは大規模農業に最適な降水量に恵まれ、土壌も肥えている。これで、真夏も含めほぼ一年中農作業ができる地域で人口が増加した。じつは冬にもおまけがある。屋内で働くには充分な気温だが、現在も世界中を悩ませる病原菌の多くは死滅する寒さなのだ。

農作物が豊富だと、余剰食糧を商売にまわすことができる。すると交易の中心地ができ、やがて町に成長する。人々は、ただ作物を育てるだけではなくさまざまなことに考えを巡らせるようになり、新たな発想や科学技術が生まれる土壌ができた。

西ヨーロッパには砂漠はない。凍った荒れ地は北部のごく一部に限られている。地震や火山の噴火、洪水といった自然災害もごくまれだ。川は長く緩やかで、船が航行できるので交易に向いている。川はさまざまな海へ流れ込み、その海岸線は北、南、西、どちらを向いても天然港に恵まれている。

いまアルプス山脈の吹雪《ふぶき》をやりすごしながら、あるいはドナウ川の洪水が引くのを待ちながら本書を読んでいるのなら、ヨーロッパの地理的な恵みなどさっぱりわからないと感じたとしても仕方がない。しかし、多くの場所に比べると、西ヨーロッパが恵まれているのは明らかだ。さまざまな要素がヨーロッパ人を後押しして世界初の工業国の誕生へ導き、工業化した戦争を初めて指揮することにもなった。

ヨーロッパ全体を見ると、山や川、谷があるために多くの国が存在するのだとわかる。ひとつの主要言語と文化がすさまじい勢いで西へ広がり巨大な国家ができあがったアメリカとは違い、ヨーロッパは生物のようにゆっくりと、千年かけて成長した。そしていまだに地形と言語によって分割されたままだ。たとえば、イベリア半島の多くの民族は、北側にピレネー山脈があるためにフランスへ侵入することができず、数千年かけて徐々に団結し、スペインとポルトガルを形成した。そのスペインでさえ一枚岩の国ではなく、カタルーニャ地方が声高に独立を求めるようになった。フランスもピレネー山脈、アルプス山脈、ライン川、そして大西洋という自然の障壁に取り囲まれてできた国だ。

ヨーロッパの主要河川は、どれも合流しない（ただしサヴァ川は例外で、ベオグラードでドナウ川に合流する）。比較的狭い場所にこれほど多くの国が存在するのは、これが理由だ。川同士が合流しないので、大半の川が土地の境界線の役割を果たし、それぞれが他に依存しない経済圏になっているのだ。そのため、各河岸に少なくとも一ヵ所は都市が発展し、そのうちのいくつかが首都になった。

ヨーロッパで二番目に長いドナウ川は（全長約二千八百六十キロ）その典型例だ。ドナウ川はドイツのシュヴァルツヴァルト（黒い森）という森林地帯に源を持ち、南へ流れて黒海に注ぐ。ドナウ川流域は十八ヵ国に及び、その途中でスロバキアとハンガリー、クロアチアとセルビア、セルビアとルーマニア、ルーマニアとブルガリアの自然の国境をなしている。

二千年以上前、ドナウ川はローマ帝国の国境線のひとつだった。そのため中世の時代、ドナウ川はすぐれた交易ルートとなり、現在各国の首都であるウィーン、ブラチスラバ、ブダペスト、ベオグラードの繁栄につながった。ドナウ川はまた、ローマ帝国に続いたオーストリア・ハンガリー帝国とオスマントルコの自然の国境にもなった。そのふたつの帝国が衰退すると、ふたたび小国が現れ、徐々に民族国家を形成する。しかし、ドナウ川流域の地形、とくに南端を見ると、北ヨーロッパ平野周辺に比べて小国が多い理由がわかるだろう。

地形による南北経済格差

北ヨーロッパの国々は、数世紀にわたり南ヨーロッパの国々よりも豊かな状態が続いている。北部は南部よりも早くから工業化が進んだため、経済的にも発展した。北部の国の多くが西ヨーロッパの中核地になったので、貿易網を維持するのは簡単で、ひとつの豊かな国が別の豊かな国と交易することができた。ところが、たとえばスペインは、交易のためにはピレネー山脈を越えるか、ポルトガルや北アフリカの限られた市場を当てにするしかなかった。

ほかにも立証できない理論がある。南部ではカトリックが優勢だったので発展が妨げられ、一方北部の国々はプロテスタントの労働倫理によって高みへ駆り立てられたという理論だ。バイエルン州のミュンヘンを訪れるたびに、わたしはこの理論について考えるが、自動車メーカーのＢＭＷや保険会社のアリアンツ、情報通信機器のシーメンスのきらめく神殿のような本社ビルの横を車で走り抜けると、その理論が疑わしく思えてくる。

ドイツでは、人口の三四パーセントがカトリック教徒で、バイエルン州自体もカトリックが優勢だ。だがそのような傾向は、彼らの発展にも、「ギリシャ人はもっとまじめに働き多くの税金を払うべきだ」という主張にも影響を与えていないように見えるからだ。

ヨーロッパ北部と南部の相違は、南部には農業に適した海岸平野がわずかしかないこと、干ばつや自然災害が、世界の他の地域より小規模とはいえ、それでも北部に比較すると多いことにも起因する。ロシアの章で触れたように、北ヨーロッパ平野はフランスからロシアのウラル山脈へ延びる回廊で、北海とバルト海が北側の境界になっている。肥沃《ひよく》な大地は大規模農業の成功を約束し、川は天然の水路として穀物や商品の輸送を容易にする。

ドナウ川流域は、ヨーロッパのなかでも地理的に有利な地域である。平地で合流する複数の川は自然の境界線になり、航行可能な水路のネットワークは交易を活気づける。

平野に陣取る国のなかでも、フランスはもっともその恩恵を受ける位置にあった。フランスはヨーロッパで唯一、北部と南部の利点を兼ね備えた国だ。西ヨーロッパの広大で肥沃な土地があり、多くの川が互いにつながっている。一本は西へ流れて大西洋へ（セーヌ川）、別の一本は南の地中海へ流れ込む（ローヌ川）。こうした条件は、比較的平坦な地であることも相まって、各地域の統一に役立った。とくにナポレオンの時代からは、中央集権を押し進める要因にもなった。

しかし、南側と西側の多くの国々は、ヨーロッパ列強の二番手に甘んじている。理由のひとつが、その位置だ。たとえばイタリア南部は、いまだに北部よりもはるかに発展が遅れている。一八七一年以来、イタリアは（ベネチアとローマも含めて）統一国家ではあるが、北と南のあいだの溝は第二次世界大戦以前よりも深まっているのだ。北部は長いあいだ重工業、観光業、金融の中心地として高水準の生活を可能にし、南部への国庫補助金の減額や南部からの独立まで掲げる政党の結成を促した。

イタリアと同じように、いまも昔も地形が原因で苦しんでいるのがスペインだ。狭い海岸平野の土壌はやせ、市場へのアクセスも短い川とメセタによってままならない。メセタとは山脈に囲まれた高原台地で、一部の川はそこを横切る。西ヨーロッパとの交易はピレネー山脈に阻まれていっそう難しく、地中海の向こうの南にあるのは、限られた収入しかない開発途上国の市場だ。

スペインは第二次世界大戦後、後れを取った。フランシスコ・フランコの独裁政権下で、近代ヨーロッパの政治から取り残されたのだ。一九七五年にフランコが亡くなると、新たに誕生した民主主義スペインが一九八六年に欧州連合に加わった。一九九〇年代には西ヨーロッパ諸国に追いつき始めたものの、特有の地形と経済的弱点が足かせになって発展が妨げられ、国の浪費とずさんな財政管理が際立っていく。二〇〇八年の世界的金融危機の際は、諸外国のなかでもっとも大きな損失を出した。

ギリシャも同じく苦しんでいる。ギリシャの海岸線の大部分は断崖絶壁で、農業に適した海岸平野はほとんどない。内陸部にはさらに険しい断崖と航路には使えない川が待ち受け、肥沃で充分な広さのある盆地はないに等しい。農地の土壌は豊かだが、問題はほんのわずかな広さしかないことだ。そのためギリシャは一流の農産物輸出国になることもできなければ、高度な教育を受けた高い技術を持つ人々が暮らす大都市を発達させることもできないのである。

一千四百の島をもつギリシャの不幸

ギリシャの状況は、地図上の位置が原因でいっそう悪化する。たとえばアテネはアッティカ半島の先端にあり、ヨーロッパとの陸上交易からはほぼ切り離されている。この地域の海上貿易の頼みの綱はエーゲ海だが、対岸にはトルコという大きな仮想敵国が陣取っている。ギリシャとトルコは十九世紀と二十世紀初頭に何度も戦った歴史があるため、ギリシャはいまだに莫大《ばくだい》な額のユーロを借り入れて国防に費やしているのだ。

ギリシャの中心部は山々に守られている。だがギリシャにはおよそ千四百の島があり（エーゲ海から突き出している岩も数えると六千にのぼる）、そのうちおよそ二百の島に住人がいる。この領海を巡視するだけでもある程度の規模の海軍が必要だ。さらに、島を占拠しようという者が現れた場合、それを阻止するためにはかなり強力な海軍が必要なことは言うまでもない。その結果、財政的な余裕はまったくないのに、莫大な軍事費が使われているのだ。

冷戦のさなか、ソビエトをエーゲ海や地中海から閉め出すために、アメリカと（アメリカほど熱心ではなかったものの）イギリスがギリシャの軍需品の費用負担に同意した。冷戦が終わると、費用負担も終了した。それでもギリシャは軍事費を使い続けた。

この歴史的亀裂は、二〇〇八年にヨーロッパを襲った経済危機とユーロ圏のイデオロギーの不一致の結果、現在まで長く尾を引いている。二〇一二年、財政危機に陥った国を救済するためにヨーロッパで緊急経済援助が始まり、交換条件として緊縮財政が対象国に要求されたとき、地形による格差がすぐに明らかになった。支援する側は北部の国々で、支援を受ける側は大半が南部だったのだ。

ドイツ人が「自分たちは六十五歳まで働いて税金を払い、その税金はギリシャへ行くので、ギリシャの人々は五十五歳でリタイアできる」と指摘するのに時間はかからなかった。そこで彼らは「なぜ援助するのか」と自問した。「病めるときも健やかなるときも助け合うためだ」という答えに納得する人はひとりもいないだろう。

ドイツは緊急援助つきの緊縮財政政策を押し進めようとしたが、ギリシャは反発した。たとえば、ドイツの財務相ヴォルフガング・ショイブレは、「ギリシャのすべての政党が自らの国が置かれている窮状に対する責任に気づいているとは思わない」と述べたが、それに対してナチスと戦った経験のあるギリシャ大統領カロロス・パプリアスは、こう答えた。

「ショイブレ氏の我が国への侮辱《ぶじょく》を受け入れることはできない（中略）ギリシャを侮辱するショイブレ氏とは何様のつもりだ？　オランダ人は何者だ？　フィンランド人は何者だ？」

彼は第二次世界大戦についても辛辣な指摘をしている。「われわれはつねに自分自身や自国の自由だけではなく、ヨーロッパ全体の自由を守り、それを誇りに思ってきたのだ」と。浪費家で怠惰な南部の人々と、慎重で勤勉な北部の人々の典型的なイメージが、ふたたび姿を現した。ギリシャのメディアがドイツの過去を無礼な論調で蒸し返し続けたからだ。新聞一面のメルケル首相の写真にヒトラーの口髭《くちひげ》を合成したことさえあった。

ギリシャの納税者は――ギリシャ経済を維持できる数ではない――まったく異なる見方をしていた。「なぜドイツ人がわたしたちに指図するのか？　ユーロで誰よりも甘い汁《しる》を吸っているのは彼らなのに」

ギリシャや他の国々に北部が強いた緊縮財政案は、独立国家への侮辱とみなされたのである。
こうして「ヨーロッパの家族」の聖堂にひびが入り始めた。西ヨーロッパ周辺では、財政危機が原因で、ギリシャがEUの準加盟国のように扱われている。東側では、ふたたび紛争が起こっている。七十年間の平和というまれな状況を今世紀も維持するためには、相手への愛と気遣いと敬意が必要になるだろう。

北ヨーロッパ平野の狭い回廊

第二次世界大戦後に生まれた世代は、平和が当たり前のように育った。そして、現世代のヨーロッパ人は、紛争が当たり前の世の中を想像できない。いまや戦争は、どこかよそで起こるもの、あるいは過去のもの——最悪の場合でもヨーロッパの「周辺で」起こるもののように思える。ふたつの世界大戦のトラウマとそれに続く七十年間の平和、そしてソビエトの崩壊で、多くの人々が西ヨーロッパは「紛争後」の地域だと思い込んだのだ。

この状況が今後も続くと思える理由はいくつもあるが、潜在的な紛争の種が水面下で泡立ち、ヨーロッパとロシアの緊張関係が衝突につながるかもしれない。たとえば三千八百万人の人口を持つポーランドはEU加盟国のなかでも大国で、現在は平和を保ち成功を収めている。それにもかかわらず、過去の歴史や国境線の変化に外交政策を左右される。ポーランドは国土の広い加盟国のひとつでもあり、経済規模は鉄のカーテンの後ろから姿を現して以来二倍に成長した。それでもポーランドは、未来を守るために過去に目を向けるのだ。

北ヨーロッパ平野の回廊は、北はポーランドのバルト海沿岸と、南はカルパティア山脈の端にはさまれたもっとも狭いところにある。ここは軍事的に見ると、ロシアにとっては理想的な防衛地点であり、攻撃側にとってはロシアへ進撃する前に一網打尽《いちもうだじん》にされる危険地帯と言えるだろう。

ポーランドは両方の視点でこの回廊を見てきた。さまざまな国の軍隊がそこを越えて東へ西へ移動したために、しばしば国境も変化した。『タイムズ・アトラス ヨーロッパ歴史地図（The Times Atlas of European History）』を手にとって、ぱらぱら漫画のように素早くページをめくると、ポーランドが西暦千年ごろに現れて以来、絶えず形を変え、消えては現れ、二十世紀末にようやく現在の形になることがわかるはずだ。

ドイツとロシアの位置とポーランドの歴史を結びつけると、どちらの国もポーランドの自然な同盟相手にはなり得ない。フランスと同様に、ポーランドもドイツをEUやNATOの同盟国に留めておきたいと願っている。一方、まだ記憶に新しいロシアの脅威がウクライナ危機とともに表面化した。ポーランドは数世紀にわたり、ロシアが潮のように押し寄せては引いていくのを見てきた。ソビエトが終焉《しゅうえん》してからは、その潮も一方向にしか流れなくなった。

ポーランドとイギリスの関係は、EU内でドイツとのバランスを取る意味合いがある。一九三九年に裏切り行為があったが、両国の関係は良好だった。イギリスとフランスは、ドイツがポーランドに侵略した場合ポーランドを援護するという条約を結んでいた。

しかし一九三九年、ドイツによるポーランド侵攻が始まったとき、ドイツの電撃戦（ブリッツクリーク）に対してイギリスとフランスがとった作戦は、居座り戦（ジッツクリーク）だった。両同盟国は、ポーランドが不利な戦況だったにもかかわらず、フランスのマジノ線に陣取ったまま積極的な攻撃に出なかったのだ。それでもポーランドとイギリスは強い関係を維持してきたが、一九八九年に非共産主義政権が誕生し自由を獲得したポーランドが探し当てた同盟国はアメリカだった。

アメリカはポーランドを歓迎し、ポーランドもそれに応えた。どちらもロシアを念頭に置いていたのだ。一九九九年、ポーランドがNATOに加盟したために、NATO同盟のモスクワまでの距離が六百五十キ口縮まった。そのころには元ワルシャワ条約機構加盟国数ヵ国もNATOに加盟していたので、コソボ紛争末期の一九九九年にNATOがセルビアを攻撃しても、モスクワにはなす術《すべ》がなかった。一九九〇年代、ロシアは反撃できる状況にはなかったのだ。しかし、エリツィンが大統領を務めた数年間の混沌《こんとん》ののち、やる気満々のプーチン大統領が登場し、強気な姿勢を見せ始める。

元アメリカ国務長官ヘンリー・キッシンジャーの一九七〇年代の言葉とされる、有名な質問がある。「ヨーロッパに電話をかけたくなったら、誰に電話をすればいいのか?」。この最新版と言えるのが、ポーランド人の言葉だろう。「ロシア人が脅してきたら、われわれはNATO本部のあるブリュッセルに電話をするのか?　それともワシントンにかけるのか?」彼らはその答えを知っている。

経済的・外交的戦場となった山岳地帯

バルカン諸国もふたたびロシアから自由になった。山岳地帯の領地に多くの小国が誕生したのは、地形が原因で国家統一が進まないためだ。南スラブ民族統一国家、別名ユーゴスラビアは、多様な民族をひとつの国家にまとめる試みとして最善が尽くされたが、失敗に終わった。

一九九〇年代の戦争を経て、元ユーゴスラビアを構成していた国々は西側寄りの姿勢を見せている。しかしセルビアでは、東方正教会とスラブ民族が理由で、東側の影響が強いままだ。ロシアは、一九九九年にセルビアを空爆しコソボを独立させた西側の国々をいまだに許していない。そして言語や民族、宗教、エネルギー取引をえさに、セルビアをロシアの周回軌道に取り込もうと説得している。

ドイツの宰相ビスマルクは、大きな戦争は「バルカン諸国における些細《ささい》なことが原因で」起こると述べたが、実際そのとおりのことが起こった。この地域は現在、EU、NATO、トルコ、そしてロシアの経済的・外交的戦場であり、いずれもこの地における覇権《はけん》を狙《ねら》っている。アルバニア、ブルガリア、クロアチア、ルーマニアはNATOに留まる選択をした。このうちブルガリア、クロアチア、ルーマニアは、スロベニアのようにEUにも加盟している。

この緊張は、ヨーロッパ北部やスカンジナビア地方へも伝播《でんぱ》している。デンマークはすでにNATO加盟国だ。スウェーデンでは、近年のロシアの復活により、二世紀にわたる中立を放棄してNATOに加盟すべきか否《いな》かという議論が起こった。

二〇一三年、ロシアの戦闘機がスウェーデンで真夜中に飛行演習を行った。スウェーデンの国防システムは眠っていたのか戦闘機を緊急発進させることができず、ロシア機を排除するために離陸したのは隣国デンマーク空軍だった。それでもスウェーデンではNATO加盟反対派が相変わらず大勢を占めているが、議論は続いている。ロシア政府もスウェーデンやフィンランドがNATOに加盟した場合、なんらかの「対応」を取らざるを得ないとの声明を出した。

EUとNATOの加盟国は、こうした挑発に対して統一戦線を張ると表明する必要があるだろう。しかし、EUの中核をなすフランスとドイツの関係が良好でない限り不可能だ。

地形に由来する「ドイツ問題」

これまで見てきたように、フランスはヨーロッパの気候や交易ルート、自然の境界を活かすには最適の場所に位置している。国境の防御はほぼ完璧《かんぺき》だが、北ヨーロッパ平野でドイツのある北東側は例外だ。ドイツが統一国家として存在する前は、なんの問題もなかった。フランスはロシアからはかなりの距離があり、モンゴルの遊牧民からも遠く、イギリスとのあいだには海峡がある。つまり、占領を狙った全面的な侵略行為があったとしても、おそらく撃退できるのだ。実際フランスは大陸では傑出した強国で、モスクワの鼻先で力を誇示することもできた。

しかし、ドイツが統一された。

ドイツはかねてから統一を目指してきた。数世紀ものあいだドイツはそういう「意思」を持ちつづけていたのだ。十世紀に神聖ローマ帝国になった東フランク王国の領地は「ゲルマニー（Germanies）」とも呼ばれ、五百にもおよぶゲルマン語派の小王国が存在した。一八〇六年に神聖ローマ帝国が消滅すると、一八一五年のウィーン会議で三十九の小国から成るドイツ連邦が誕生した。これがもとで北ドイツ連邦が生まれ、一八七一年の普仏戦争で勝利したドイツ軍がパリを占領したのち、ドイツ統一が完成したのだ。

フランスに、自国よりはるかに面積の広い、国境を接する隣国ができた瞬間である。人口はほぼ同じでも、経済成長率はフランスをはるかにしのぎ、工業化も進んでいた。

ドイツ帝国の成立は、普仏戦争でドイツが勝利を収めたのち、パリ近郊のベルサイユ宮殿で宣言された。フランスの防御の弱点だった北ヨーロッパ平野が突破された結果だ。その後七十年間で同じことが二度繰り返されるが、それからフランスは戦争ではなく外交手段を用いて東側からの脅威を抑えようとしている。

そのドイツも、フランスよりも大きな地理的問題を抱えていた。北ヨーロッパ平野はドイツにとっても脅威なのだ。理由はふたつ。ひとつは、西側に長い統一の歴史を持つ強力な隣国フランスがあること。そしてもうひとつは、東側に巨大なロシアの熊《くま》がいることだ。

ドイツの究極の脅威は、このふたつの大国に同時に平野の回廊から攻撃されることだった。実際にそのようなことが起こるかどうかは知るよしもないが、その恐怖が悲劇的な結果をもたらす。

フランスはドイツを恐れ、ドイツはフランスを恐れていた。そうしたなか、一九〇七年にフランスが三国協商でロシア、イギリスと協定を結ぶと、ドイツはこの三国を恐れるようになった。イギリス海軍がその気になれば、ドイツが北海と大西洋へ出るルートを封鎖することができる新たな局面が生まれたのだ。

その解決策は、またしても、まずフランスを攻撃することだった。

地理的要因から戦争を選択するドイツの状況は、「ドイツ問題」と呼ばれるようになった。その解決策は、第二次世界大戦の惨事ののち（実際は数世紀にわたる戦争ののち）、圧倒的な力を誇る大国、つまりアメリカの存在をヨーロッパに受け入れることだった。アメリカはNATO結成のお膳立てをし、結果として欧州連合の創設準備を整えた。戦争に疲弊したヨーロッパ人は、アメリカ軍によって安全が「保証」されたことで、驚くべき実験に着手する。互いに信頼することを求めたのだ。

EUが内包する「地形の復讐」

現在のEUは、フランスとドイツが両手でしっかりと抱擁しあい、片手を自由に動かして相手を殴ることがないように設立されたと言える。それは見事に功を奏し、世界最大の経済圏を取り囲む巨大な空間を生み出した。

とくにドイツにとっては、思いのほかうまく事が運んだ。かつては恐れていた地形を利用し始めたのだ。一九四五年の敗戦以降、ドイツは瓦礫《がれき》の中から立ち上がり、ヨーロッパ随一のメーカーになった。北ヨーロッパ平野に軍隊のかわりに「ドイツ製」という誇り高いタグをつけた商品を送り出した。そうした商品はライン川やエルベ川を下り、アウトバーンに乗ってヨーロッパ中へ、そして北や南、西の世界へ向かい、一九九〇年以降は東へ向かうものも増えたのである。

そんななか、一九五一年に六ヵ国で始まった欧州鉄鋼石炭共同体が、二十八ヵ国が加盟するEUに変わった。中核にあるのは「より緊密な連合」というイデオロギーだ。しかしEUが初めて大きな経済危機に見舞われてからは、このイデオロギーは地盤が揺らぎ、加盟国間の関係もすり切れている。アメリカのジャーナリスト、ロバート・カプランの言葉を借りるなら、EU内部には「地形の復讐《ふくしゅう》」の兆候があるのだ。

緊密な連合は、二十八ヵ国中十九ヵ国を通貨統合へ向かわせた。ユーロという通貨単位だ。デンマークとイギリスを除く加盟国が、財務状態等の基準を満たせばユーロを導入すると宣誓する。現在明らかなのは、そして当時も一部の人が認識していたのは、一九九九年の運用開始時に参加した国もじつは準備がまったく整っていなかったということだ。

一九九九年、多くの国がさまざまな問題を見て見ぬふりをして、この新たな関係に飛びこんだ。参加各国は、負債や失業率やインフレ率を基準の範囲内に抑えているはずだった。しかし実際は、数ヵ国が帳簿をごまかしていた。なかでも際立っていたのがギリシャだ。大半の専門家が気づいていたとおり、ユーロはただの通貨ではなくイデオロギーでもある。それで導入国は問題に目をつぶったのである。

ユーロ圏の国々は経済面での結婚に同意した。ギリシャが指摘するように「病めるときも健やかなるときも」互いに助け合おうというわけだ。しかし、二〇〇八年の金融危機で、豊かな国が貧しい国を援助しなければならなくなり、各国で激しい議論がわき起こった。結婚したはずのパートナーは、現在も互いに皿を投げ合っている。

ユーロ危機やさらに大きな経済問題が原因で、一枚岩であるはずのヨーロッパの亀裂があらわになった（かつてのように北と南の分断が著しかった）。緊密な連合という夢は凍りつき、裏返しになったかにも見える。もしそうなら、ドイツ問題が再燃するかもしれない。七十年間平和が続いたことを考えれば、これは取り越し苦労と言えるだろう。なにしろドイツはヨーロッパの家族のなかで、もっとも平和で民主的な国なのだから。しかし、七世紀にわたるヨーロッパの戦争を思えば、可能性は否定できない。

ドイツは良きヨーロッパ人であり続けると決意している。というのも、欧州連合が崩壊すればドイツの古い恐怖が蘇《よみがえ》ることを本能的に知っているためだ。いまやドイツはヨーロッパでもっとも人口が多く豊かな国のひとつで、人口は八千二百万人、世界第四位の経済大国だ。連合が失敗すれば、ドイツ経済がダメージを被ることは避けられない。世界第三位の輸出国は、取引市場が保護貿易主義で崩壊するのを見たくないはずだ。

ドイツは国民国家の誕生から百五十年も経《た》っていないが、現在のヨーロッパには欠かせない強国だ。経済活動では他を寄せつけず、話し方は穏やかだがユーロという大きな棍棒《こんぼう》を握っている。だからヨーロッパ本土はドイツの言うことに耳を傾ける。しかし、世界的な外交政策では、ドイツは穏やかに話すだけで、ときには無言を貫き、棍棒を持つことすら嫌悪している。

ドイツには、いまだに第二次世界大戦の影が重く垂れ込めている。アメリカも、そして結局は西ヨーロッパもドイツの再軍備をすんなり受け入れたのは、ソビエトの脅威があったためだ。しかし、当のドイツは不本意らしく、軍事力を利用することにまったく気乗りしていない。コソボとアフガニスタンの紛争では端役を演じたが、リビア内戦には不介入を決め込んでいる。

ドイツが経済危機以外でもっとも真剣な外交干渉に至ったのが、ウクライナ問題だ。それによってドイツがいま何を重視しているかがよくわかる。

ドイツは、二〇一四年に当時のウクライナ大統領ヤヌコービチが失脚した陰謀に関与した。その直後ロシアがクリミアを併合したことを、ドイツは激しく非難した。しかし、ロシアからの天然ガスパイプラインを意識したドイツ政府が及び腰だったのは明らかで、ロシアにエネルギーを依存していないイギリス等に比べると、制裁にも消極的だった。

ドイツはEUとNATOという錨《いかり》によって西ヨーロッパにつなぎ留められている。だが荒天ではその錨もはずれかねない。しかも地形を見ると、ドイツは必要とあらば東へ視線を転じて、モスクワとの関係を強める方向転換が可能な位置にあるのだ。

独裁者無用の島国

こういったヨーロッパ大陸の駆け引きを、大西洋から傍観者の立場で見ているのがイギリスだ。ときに大陸の一員として、ときに「際立って孤立した」国として存在し、ヨーロッパでイギリス以上の強国が現れないようにつねに目配りをしている状態だ。これはイギリスがアジャンクール（百年戦争）、ワーテルロー（ナポレオン敗北）、バラクラバ（ウクライナ）で戦ったときと同じように、現在の外交会議の場にも当てはまる。

イギリスは、地理的には理想的な場所にある。農地に恵まれ、川もまずまず、楽に海へ出られるので漁業も盛んだ。ヨーロッパ大陸に近く交易が可能だが、同時に島国の特徴にも守られている。大陸の国々が戦争や革命の嵐に襲われていたとき、イギリスはこの地理的立地にたびたび感謝したことだろう。

両大戦でのイギリスの損失や経験を過小評価することはできないが、二十世紀とそれ以前にヨーロッパ大陸で起こった出来事に比べると小さく見える。イギリスは、度重なる侵略や国境の変化という歴史的な記憶を共有して生きる大陸の国々とは、少し距離があるのだ。

イギリスは過去数百年にわたって比較的安全だったため、イギリス海峡の向こうの国々よりも自由を謳歌でき、独裁政権に悩まされることも少なかったのだという仮説がある。それによると、イギリスには「強い男」すなわち独裁者の必要性がなかったために、マグナカルタ（一二一五年）からオックスフォード条項（一二五八年）へと、他の国に先駆けて民主主義の歳月が形成されることになったらしい。

これは立証こそ不可能だが、多くの人がとりあげる大きなテーマだ。確実に言えるのは、島を取り囲む海、強力な海軍創設に必要な木材確保のための森林、産業革命を誘発した経済状況、これらすべてが世界を支配する大英帝国の誕生につながったということだ。イギリスはヨーロッパ最大の島とはいえ、大きな国ではない。十八～二十世紀にかけて世界中に影響力を広げたことは注目に値するが、国際的地位はそれ以来下降線をたどっている。

それでも、いまだにその立地のおかげで戦略的には有利だ。そのひとつがグリーンランド、アイスランド、ユナイテッド・キングダムの頭文字を取ったＧＩＵＫギャップである。ＧＩＵＫギャップは、世界のシーレーンにおける重要な戦略地点、すなわちチョークポイントだが、ホルムズ海峡やマラッカ海峡ほどの重要性はない。それでもイギリスが伝統的に北大西洋で優位に立ってきたのは、ＧＩＵＫギャップのおかげだ。

北ヨーロッパ（ベルギー、オランダ、フランス）の海軍が大西洋に出るためのもうひとつの航路はイギリス海峡だが、ここは非常に狭く、ドーバー海峡はわずか三十二キロだ。しかも非常に守りが固い。北極圏から来るロシア海軍の軍艦も、すべてＧＩＵＫギャップを通過しなければ大西洋には出られない。

イギリス海軍の力と役割が縮小するのと相前後して、ＧＩＵＫギャップの戦略的利点も小さくなった。しかし戦時になれば、ふたたびイギリスに優位に働くだろう。二〇一四年にスコットランド独立の賛否を問う住民投票の結果が賛成多数に傾きかけたとき、イギリス政府があわてふためいたのはＧＩＵＫギャップも数ある理由のひとつだ。北海と北大西洋はスコットランドに面しているので、その支配権を失えば戦略的打撃になり、スコットランドなきあとのイギリスの威信を大きく傷つけていただろう。

いまイギリスに残されているのは、偉大なる国の集合記憶だ。この記憶のおかげで、世界で成し遂げられるべき事業や計画があるならイギリスも参加するべきだと、多くの国民が納得する。イギリスはヨーロッパの内側に留まりつつ、外側の国でもある。この問題はいまだに解決できていない。

ＥＵ加盟から四十年、イギリスはＥＵ残留か否かを決める国民投票実施を決断した（訳注：二〇一六年六月二十三日に実施され、離脱派が勝利した）。イギリスをじわじわと離脱へ向かわせたのは、互いに関連するふたつの問題が原因だった。主権と移民である。離脱派はEUへの不信感を抱き、EUが制定した法律を楯にとって勢いづいた。イギリスがEU加盟国であれば、当然それを守らなければならない。たとえば新聞では、イギリスで外国人が凶悪犯罪を犯しても、ヨーロッパ人権条約によって国外追放できないことが大々的に取りあげられていた。

同時に、中東やアフリカからヨーロッパへ大挙してやってくる経済移民や経済難民も離脱派を駆り立てた。難民の多くがイギリスを目指しているが、彼らが通過してくるEU加盟国がイギリスへ行くようにそそのかしているとの噂《うわさ》があるためだ。

影を落とす相対主義

景気が悪い時代には、必ず移民への敵対感情が生まれる。現在のヨーロッパはまさにこの状況で、影響はヨーロッパ各地に及んだ。その結果右翼政党が台頭し、汎民族主義に不利に働いたため、EUの結束にほころびが生じたのである。

二〇一六年初頭、それを如実に示す事態が生じた。ここ五十年間で初めて、スウェーデンがデンマークからの渡航者の書類審査を始めたのだ。中東から北ヨーロッパへ増加する一方の移民や難民、そして二〇一五年十一月に起こったISによるパリ同時多発テロに対する直接措置だった。二十六ヵ国から成り、その圏内では国境を自由に行き来できるEUの「シェンゲン圏」は、大きな打撃を受けた。さまざまな国がセキュリティを理由に出入国管理をふたたび導入した。

デンマークは行き場のない難民が押し寄せることを恐れて、ドイツからの渡航者の審査を始めた。いずれも経済コストがかかり、ヨーロッパ内の移動を難しくする。どちらも「より強い同盟」への物理的、概念的攻撃と言えるだろう。専門家のなかには、移民を減らすために「ヨーロッパの要塞化《ようさいか》」に言及し始めた者もいるが、見落としてはいけないのは「国家の要塞化」の流れだ。

ヨーロッパ伝統の白人人口は高齢化が進んでいる。将来推計人口は、最上部の高齢者層がもっとも多く、彼らを介護や税金で支える若年層はかなり少ない逆さピラミッド形が予想される。しかし、こうした予想も、イギリス国民のあいだの反移民感情を弱めることにはなっていない。彼らは自らが育った世界の急激な変化に対処しようと必死なのだ。

この人口統計の変化は、国家の外交政策にも影響を及ぼし、なかでも中東政策への影響が大きい。たとえばイラク戦争やイスラエル・パレスチナ問題に直面した際は、多くのヨーロッパの政府が自国のイスラム教徒の感情をなるべく考慮して政策を練らなければならない。

ヨーロッパでは、各国それぞれの特徴や社会規範も影響を受けている。女性の権利や、イスラム教の女性がベールで顔を隠すこと、冒瀆《ぼうとく》法、言論の自由等々に関する議論が起こったのは、ヨーロッパの都市部に暮らす多数のイスラム教徒の存在が原因だ。

啓蒙思想家ボルテールが残した「君の言葉は認めないが、君の発言権は死を賭《と》しても守る」との金言は、かつて当然のこととみなされた。現在、大勢の人々が侮辱《ぶじょく》的な言葉を発したというだけで殺され、言論の自由にかんする議論は変調している。宗教への侮辱は常軌を逸しているので、法律で禁止すべきかもしれないとの意見を耳にすることもめずらしくない。

かつてのリベラルたちは、ボルテールの言葉を全面的に支持していたかもしれないが、現在は相対主義（訳注：絶対的な真理を否定し、人間は物事をすべて相対的に認識するとの考え方）が影を落としている。二〇一五年、フランスの風刺週刊誌シャルリー・エブドが襲撃され編集者らが殺害された事件ののち、世界には非難と憎悪が広まった。しかしリベラルの非難は「とはいえ、風刺作家もやりすぎた」とのニュアンスも帯びていた。これは現代のヨーロッパにとっては新しい風潮で、文化戦争の一部でもある。こうしたことすべてがヨーロッパの政治機構に対する受け止め方に跳ね返るのだ。

「ルール」が人間を打ち負かす

NATOは端からほころびを見せ、欧州連合もぼろぼろだ。どちらも補修は可能だろう。しかししっかり繕《つくろ》わなければ、徐々に消滅するか、存在意義を持たなくなるかもしれない。その時点でヨーロッパ諸国は君主制の時代に戻り、各々の国が権力をめぐる駆け引きのなかで同盟国を探すはずだ。ドイツはロシアとフランスにはさまれていることにふたたび恐れを感じるだろう。フランスは大きな隣国ドイツをふたたび脅威とみなすだろう。そうなれば世界は二十世紀初頭に戻るのだ。

フランスにとって、これは悪夢だ。フランスはドイツをEUに封じ込めることに成功した。しかしドイツ統一後は意外にも、自ら動かすつもりだったツインエンジンの補助動力になっていた。これはフランスには解決できそうもない問題を突きつけた。ドイツがヨーロッパを牛耳ることを受け入れない限り、EUがいっそう弱体化する危険性がある。しかし、ドイツのリーダーシップを受け入れれば、フランス自体が弱体化しかねない。

フランスには独自の外交政策を展開する力がある。実際、「核戦力」や海外の領土、航空母艦をそろえた軍事力がそろっているのだから、独自外交を進めるだろう。しかし、東側の国境が安全で、地平線のはるかかなたに視線を上げることができるとわかれば、安全策を取るはずだ。

目下のところフランスとドイツはEUを維持するために協力し、互いを現実的なパートナーとみなしている。しかしドイツにだけはロシアという第二の選択肢がある。

冷戦が終わると、大陸の列強の大半が軍事予算を減らし、軍事力を削減した。しかし二〇〇八年の南オセチア紛争（ロシア・ジョージア戦争）と二〇一四年のロシアのクリミア併合の衝撃で、過去から続くヨーロッパの戦争問題が再燃する可能性が注目された。

現在ロシアはヨーロッパの防空システムを試験する目的で定期的に戦闘機を飛ばし、南オセチア、アブハジア、クリミア、トランスニストリア、ウクライナ東部での支配権を強めようと必死だ。バルト諸国のロシア民族との関係も維持し、いまだにバルト海のカリーニングラードの飛び地を保持している。

ヨーロッパ諸国は真剣に軍事予算の再計算を始めた。しかし、潤沢《じゅんたく》な資金はなく、難しい決断を迫られている。そのような議論をしているあいだに、ほこりに覆われていた地図がふたたび見えてきた。外交官や軍事戦略家は、カール大帝やナポレオン、ヒトラー、そしてソビエトの脅威が消えたとしても、北ヨーロッパ平野、カルパティア山脈、バルト海、北海はいまだにそこにあることに気づくだろう。

アメリカの歴史家ロバート・ケーガンは、『ネオコンの論理――アメリカ新保守主義の世界戦略』（山岡洋一訳、光文社、二〇〇三年）で「西ヨーロッパ人は楽園に住んでいるが、いったん権力の世界へ出てしまったら、楽園のルールを当てはめようとするべきではない」と述べている。ユーロ危機が収まって、あらためて楽園を見渡すと、世界が後戻りすることなどあり得ないと思えるかもしれない。しかし、状況がほんの数十年で変化し得ることは歴史が証明している。そして地形が人間に強いる「ルール」を乗り越えようと絶えず努力しなければ、「ルール」が人間を打ち負かすことは、地政学が証明しているのだ。

このことは、一九九八年に辞任した元ドイツ首相ヘルムート・コールの言葉にも表れている。コールはまるで警告するように「自分は第二次大戦とそれがもたらす恐怖を体験したドイツ最後の指導者だ」と述べた。二〇一二年にはドイツでもっとも読まれている日刊紙『ビルト』に寄稿している。それを読む限りコールは、経済危機が原因で、現世代の指導者たちは大戦後のヨーロッパが試行錯誤して築き上げた信頼関係を育てる気がないのではないか、という考えに取り憑《つ》かれているようだ。

「大戦の時代を体験しなかった者や、いま危機を体験している者は、こうたずねるだろう。ヨーロッパの一体化はいったい何をもたらすのか、と。ヨーロッパの六十五年以上にわたる平和は前例のないことだし、まだまだ克服すべき問題や困難も残ってはいる。それでも一体化がもたらすものは平和なのだ」

第六章　アフリカ——天然資源と人為的国境線に苦しめられてきた人類の生誕地

「どんなことも、達成されるまでは不可能に思えるものだ」
南アフリカ共和国大統領、ネルソン・マンデラ

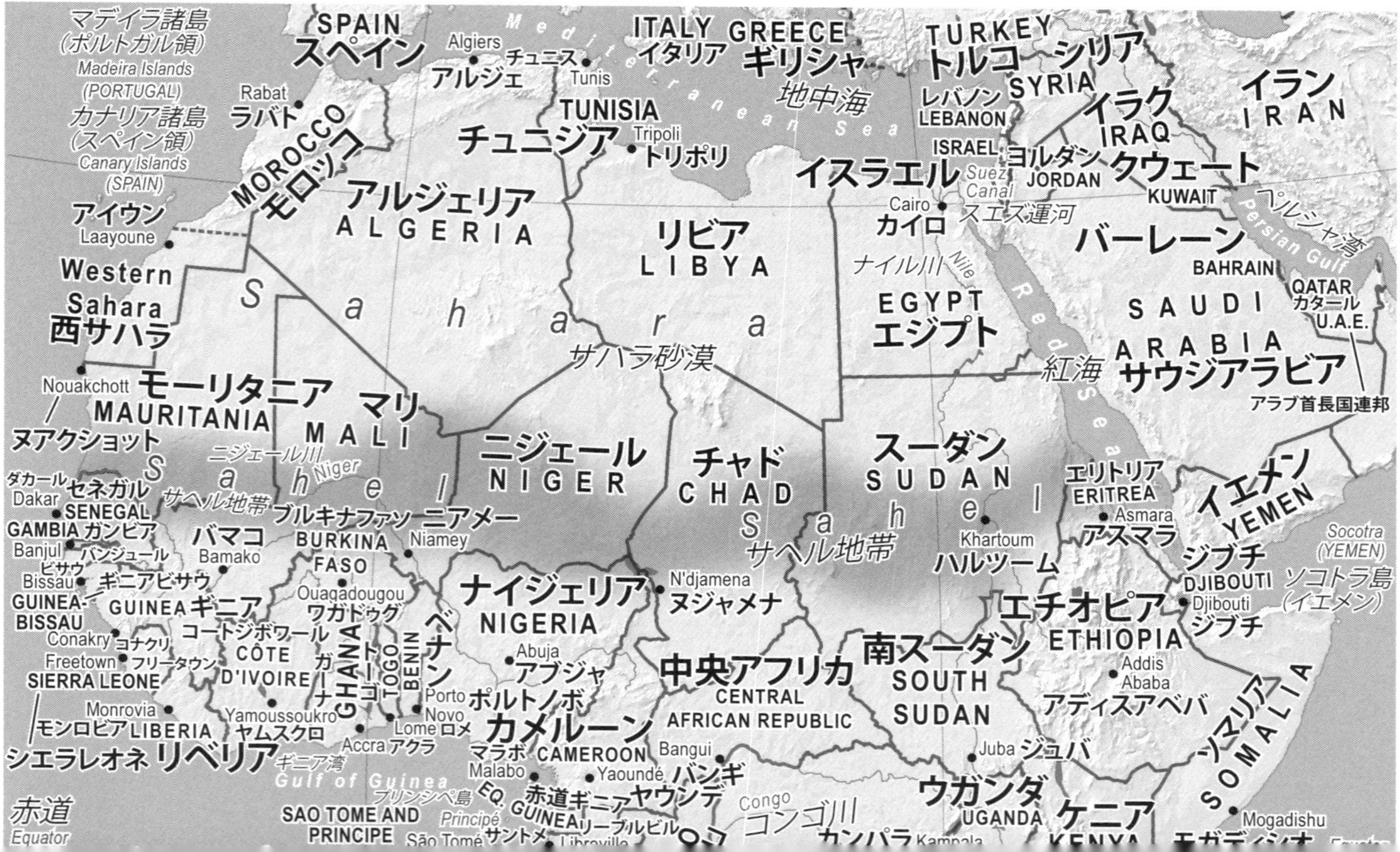

マデイラ諸島
(ポルトガル領)
Madeira Islands
(PORTUGAL)
カナリア諸島
(スペイン領)
Canary Islands
(SPAIN)
SPAIN
スペイン
Rabat
ラバト
MOROCCO
モロッコ
Algiers
アルジェ
チュニス
Tunis
TUNISIA
チュニジア
Tripoli
トリポリ
ITALY
イタリア
GREECE
ギリシャ
Mediterranean Sea
地中海
TURKEY
トルコ
シリア
SYRIA
レバノン
LEBANON
ISRAEL
イスラエル
ヨルダン
JORDAN
イラク
IRAQ
イラン
IRAN
クウェート
KUWAIT
アイウン
Laayoune
Western Sahara
西サハラ
アルジェリア
ALGERIA
リビア
LIBYA
Cairo
カイロ
Suez Canal
スエズ運河
ナイル川
Nile
EGYPT
エジプト
Red Sea
紅海
バーレーン
BAHRAIN
ペルシャ湾
Persian Gulf
QATAR
カタール
U.A.E.
SAUDI ARABIA
サウジアラビア
アラブ首長国連邦
Sahara
サハラ砂漠
Nouakchott
ヌアクショット
モーリタニア
MAURITANIA
マリ
MALI
ニジェール川
Niger
ニジェール
NIGER
チャド
CHAD
スーダン
SUDAN
Sahel
サヘル地帯
ダカール
Dakar
セネガル
SENEGAL
GAMBIA
ガンビア
Banjul
バンジュール
ビサウ
Bissau
ギニアビサウ
GUINEA-BISSAU
GUINEA
ギニア
Conakry
コナクリ
Freetown
フリータウン
SIERRA LEONE
シエラレオネ
Monrovia
モンロビア
LIBERIA
リベリア
バマコ
Bamako
ブルキナファソ
BURKINA FASO
Ouagadougou
ワガドゥグ
ニアメー
Niamey
コートジボワール
CÔTE D'IVOIRE
Yamoussoukro
ヤムスクロ
ガーナ
GHANA
トーゴ
TOGO
BENIN
ベナン
Accra
アクラ
Lome
ロメ
Porto Novo
ポルトノボ
ナイジェリア
NIGERIA
Abuja
アブジャ
N'djamena
ヌジャメナ
エリトリア
ERITREA
Asmara
アスマラ
Khartoum
ハルツーム
イエメン
YEMEN
Socotra
(YEMEN)
ソコトラ島
(イエメン)
ジブチ
DJIBOUTI
Djibouti
ジブチ
エチオピア
ETHIOPIA
Addis Ababa
アディスアベバ
中央アフリカ
CENTRAL AFRICAN REPUBLIC
南スーダン
SOUTH SUDAN
カメルーン
CAMEROON
マラボ
Malabo
Yaoundé
ヤウンデ
Bangui
バンギ
Juba
ジュバ
ソマリア
SOMALIA
ギニア湾
Gulf of Guinea
赤道
Equator
SAO TOME AND PRINCIPE
プリンシペ島
Principé
São Tomé
サントメ
EQ. GUINEA
赤道ギニア
Libreville
リーブルビル
Congo
コンゴ川
ウガンダ
UGANDA
カンパラ
Kampala
ケニア
KENYA
Mogadishu
モガディシオ

Cabinda
(ANGOLA)
カビンダ（アンゴラ）
キンシャサ
OF THE CONGO
コンゴ民主共和国
Lake
Tanganyika
Dodoma
Zanzibar Island ザンジバル島
バガモヨ Bagamoyo
Dar-es-Salaam ダルエスサラーム
TANZANIA
タンザニア
OCEAN
Luanda
ルアンダ
ATLANTIC
大西洋
OCEAN
Lake
Nyasa
ニアサ湖
コモロ
COMOROS
Moroni モロニ
ANGOLA
アンゴラ
ザンビア
マラウイ
MALAWI
Lilongwe
リロングウェ
ZAMBIA
ザンベジ川
Zambezi
Mayotte Is.
(FRANCE)
マヨット島
Lusaka
ルサカ
ハラレ
Harare
ジンバブエ
ZIMBABWE
MOZAMBIQUE
モザンビーク
Mozambique Channel
モザンビーク海峡
マダガスカル
MADAGASCAR
アンタナナリボ
Antananarivo
ポートルイス
Port Louis
MAURITIUS
モーリシャス
ナミビア
NAMIBIA
ボツワナ
BOTSWANA
リンポポ川
Limpopo
Windhoek
ウィントフーク
Kalahari
Desert
カラハリ砂漠
ガボローネ
Gaborone
マプト
Maputo
Pretoria
プレトリア
Johannesburg
ヨハネスブルク
Mbabane
SWAZILAND
スワジランド
ムババーネ
ブルームフォンテーン
Bloemfontein
LESOTHO
レソト
SOUTH
AFRICA
南アフリカ共和国
Maseru
マセル
Durban
ダーバン
イーストロンドン
East London
Cape Town
ケープタウン
Port Elizabeth
ポートエリザベス
国境線
係争中の国境線
サヘル地帯
1000miles
1000km

メルカトル図法では表せない大陸の巨大さ

アフリカの海岸線について知りたい？　それはそれはすばらしいビーチで、ほんとうに美しいところだ。だが人の手に余る恐ろしい天然港がある。川はどうかって？　目を見張るような川が流れている。だが物資の運搬に使おうなどと思わないほうがいい。数キロごとに滝があるから。

海岸と川は、アフリカが抱える問題を並べた長いリストのほんのふたつの項目にすぎない。そのリストを見れば、アフリカが技術的にも政治的にも西ヨーロッパや北アメリカのように成功しない理由がよくわかるだろう。

何をやってもうまくいかない場所というのはあるものだ。しかしアフリカほど長いあいだ成功できなかった場所は、ほとんどない。しかもアフリカは、二十万年ほど昔、ホモ・サピエンスが誕生した場所として幸先《さいさき》のよいスタートを切っているのである。非常に聡明な作家ジャレド・ダイアモンドは、二〇〇五年、『ナショナルジオグラフィック』というすばらしい雑誌でこう述べている。

「真っ先に飛び出したランナーが、まさかこうなろうとは、予想を裏切る結果だろう」

トップを切って飛び出したランナーは、サハラ砂漠、インド洋、そして大西洋に阻《はば》まれて他の集団から引き離された。アフリカ大陸ほぼ全体が、ユーラシア大陸とは接触のない状態で発展したのだ。ユーラシア大陸では、思想や技術が東から西へ、西から東へと交換されたが、北から南へ流れることはついぞなかった。

アフリカは巨大な大陸なので、そこにはつねにさまざまな特徴を持つ地域、異なる気候や文化が存在した。しかしどの地域にも共通しているのは、地域同士の接触がないことと、外の世界から孤立していることである。現在は以前ほどではないにしても、過去の記憶は残っている。

世界が思い描くアフリカのイメージは不正確だ。アフリカ大陸の真の大きさを知っている人はほとんどいないだろう。原因は、大半の人が使っているメルカトル図法の世界地図である。他の図法と同じように、メルカトル図法は地球という球体を平面に投影して描くので、大陸の形が歪《ゆが》んでしまう。アフリカは、一般的な地図に描かれている形よりも、はるかに長いのだ。

それを考えると、大陸南端の喜望峰《きぼうほう》に到達することがどれほどの偉業だったか、そしてスエズ運河が世界貿易にとっていかに重要かがよくわかる。喜望峰を巡る航路の確立はすばらしい功績だったが、スエズ運河が完成してその必要性がなくなると、西ヨーロッパからインドへ向かう海路は一万キロ近くも縮まった。

世界地図をながめながら、頭のなかでアラスカをカリフォルニアの横に貼《は》りつけて、それからアメリカを逆さまにしたら、多少の隙間《すきま》はあくものの、だいたいアフリカにぴたりと重なるように見えるだろう。しかし実際は、アフリカはアメリカの三倍の大きさだ。

もう一度メルカトル図法の地図を見てみると、グリーンランドがアフリカと同じ大きさに見えるが、実際にはアフリカはグリーンランドの十四倍なのである。アメリカ、グリーンランド、中国、スペイン、フランス、ドイツ、イギリスをアフリカにはめこんでも、まだ大半の東ヨーロッパの国々を置ける余裕があるほどだ。アフリカが巨大な大陸であることは誰もが知っている。しかし地図を見ただけではそのほんとうの大きさはわからない。

この広大な大陸の地形を説明する方法はいくつもあるが、もっとも基本的なのは、アフリカを北部の三分の一と、その下の残りの三分の二に分けて考えることだろう。

北部の三分の一は、北アフリカの地中海沿岸に並ぶアラビア語圏の国々に始まる。海岸平野はすぐに、サハラ砂漠に変わる。アメリカ合衆国とほぼ同じ広さの、世界最大の砂漠だ。サハラ砂漠の真下には、サヘル地帯が横たわる。砂地に石の転がる半乾燥地帯で、東西に五千キロ近く延び、大西洋岸のガンビアからニジェール、チャドを通過して紅海《こうかい》に面したエリトリアまで続いている。

サヘルとは、アラビア語で海や川などの岸を意味するsahilが語源だ。つまりその地域の住人は、サヘルをサハラ砂漠という広大な砂の海の海岸線と考えているのだろう。それは別の意味の岸でもあり、イスラム教の影響が薄まる場所でもある。サヘルから地中海沿岸までは、住人の圧倒的多数がイスラム教徒だが、そこから南側は、もっと多様な宗教が見られる。

実際、サヘル地帯の南側にあたるアフリカ大陸の三分の二では、気候や地形にも多様性がある。気候は北部より穏やかになり、植物も現れ、コンゴや中央アフリカ共和国に近づくにつれてジャングルになっていく。東海岸に目を向けると、ウガンダやタンザニアには大きな湖がいくつもあり、西へ向かうとアンゴラやナミビアに砂漠が出現する。南アフリカ共和国の端に到達するころには、大陸の北端で地中海に面するチュニジアからほぼ八千キロも移動してきたというのに、気候はふたたび「地中海気候」に変わるのである。

発展を妨げた疫病、大河と砂漠

アフリカが人類誕生の地であるならば、わたしたちはみなアフリカ人だと言えるかもしれない。しかし、紀元前八千年ごろ、競争のルールが変化した。人類のなかの誰かが、中東や地中海地方へさまよい出て、放浪の情熱を失い、定住して農耕を始め、ついには人々が集団で暮らす村や町ができた。

しかし大陸南部では、栽培品種化できそうな植物はわずかで、家畜化できる動物となるとほぼ皆無だった。陸地の大半はジャングルや湿地、砂漠、険しい崖《がけ》がそびえる台地で、どこも小麦や米の栽培には向かず、羊《ひつじ》の放牧にも適していない。アフリカに生息するサイやガゼル、キリンを荷役用の家畜にすることは、どうしてもできなかった。

これに関するジャレド・ダイアモンドの言葉は非常に印象的だ。

「裏庭で育てたキリンの肉を食べる兵士が巨大なサイの背中に乗り、アフリカから群れをなしてヨーロッパになだれ込んでいたら、羊肉《ようにく》を食べて、弱々しい馬に乗った兵隊は蹴散《けち》らされ、歴史は変わっていたかもしれない」

しかし誰もが知る歴史で優位なスタートを切ったアフリカは、今日までその発展を妨げてきたものにかなりの時間を奪われることになった。死に至る病である。マラリアや黄熱病《おうねつびょう》といった病気が、暑さや劣悪な住環境、不充分な医療インフラが絡む複雑な要因によってもたらされたのだ。たとえば、インド亜大陸や南アメリカ等の地域にも言えることだが、ＨＩＶウイルスや病原菌によってサハラ砂漠以南のアフリカはとくに大きな打撃を受けてきた。アフリカは、蚊やツェツェバエが広く生息しているために、固有の問題を抱えることになったのだ。

アフリカ大陸の川にも問題がある。水源が高地にあり、険しい斜面を流れ落ちてくるので、船が航行することができないのだ。たとえば全長二千七百キロ近くを誇るアフリカで四番目の川、ザンベジ川は、白く泡立つ激流やビクトリア滝で人々を惹《ひ》きつける素晴らしい観光名所だが、交易ルートとしてはほとんど使い途がない。六つの国を横切り、高低差千五百メートルを流れ下り、モザンビークでインド洋へ到達する。浅底船なら航行できる場所がところどころにあるものの、それら同士はつながっていないため、物資の運搬は制限される。

ドナウ川とライン川が流れるヨーロッパとは違い、この川の問題が大陸内の地域同士の交流や交易を遅らせ、ひいては経済発展に影響し、巨大な経済圏の形成を妨げてきた。アフリカを流れるニジェール川やコンゴ川、ザンベジ川、ナイル川等の大河は、互いに合流しないので、人々を分断した。

ロシアや中国、アメリカの広大な地域では、単一の言語が使われ、それが交易の役に立っているが、アフリカでは無数の言語が存在し、広大な地域全体を支配するような文化はひとつも生まれなかった。一方ヨーロッパは狭いので「リンガ・フランカ」（共通語）が誕生した。それによって意思疎通が可能になったことに加え、地形も相互交流を後押ししたのだ。

高度な科学技術に支えられた豊かな国民国家が誕生していたとしても、アフリカ大陸の大部分は、世界の他の地域とつながるために悪戦苦闘したことだろう。なぜなら大陸の大半がインド洋と大西洋、そしてサハラ砂漠に取り囲まれているためだ。新たな発想や技術は、数千年のあいだ、サハラ砂漠以南のアフリカにはほとんど伝わってこなかった。

六世紀以降にはいくつもの帝国や都市国家が誕生した。マリ帝国（十三〜十六世紀）や、ザンベジ川とリンポポ川のあいだに位置した都市国家、グレート・ジンバブエ（十一〜十五世紀）がその例だ。しかし、こうした帝国にせよ都市国家にせよ、その影響力はいずれも比較的狭い地域内に限定されていた。大陸中に誕生した無数の文化は、政治的には洗練されていたかもしれないが、自然の地形が技術的発展を妨げ続けた。外界の人々が大挙して押し寄せてきたころ、アフリカ大陸の大半ではまだ文字や紙、火薬、車輪も発明できていなかったのである。

中東や地中海からやってきた商人は、ラクダがお目見えして以降、約二千年前からサハラ砂漠でずっと商売をしていた。なかでも注目すべき商品は、サハラに豊富な天然塩だった。しかし、サハラ以南との交易の道が開かれたのは、アラブ人が七世紀にアフリカ北部を征服してからのことだ。アラブ人は九世紀にはサハラ砂漠を越え、十一世紀には現在のナイジェリア南部まで定住地を広げていた。彼らは東海岸へも到達し、現在のタンザニアのザンジバルやダルエスサラームの地に落ち着いた。

十五世紀になると、ヨーロッパ人はついにアフリカ西海岸に到達したが、船が停泊できる天然港がほとんどないことに気づく。ヨーロッパや北アメリカの海岸線はぎざぎざに入り組んでいるため深い天然港がある。それに比べてアフリカの大半の海岸線は滑らかな直線なのだ。なんとか上陸して内陸を目指しても、苦労のかいなく百五十キロほどしか進めなかった。川を航行するのが難しく、厳しい気候や疫病にも立ち向かわなければならなかったためだ。

ヨーロッパに奪われた天然資源と人

最初にアフリカ大陸に入ったアラブ人とその後のヨーロッパ人は、アフリカに新しい技術を持ち込んだが、現地の人々にはほとんど伝えなかった。しかも彼らは、現地でみつけた価値あるものをすべて奪った。その大半は、天然資源とアフリカの人々だ。

奴隷制度は、アフリカに誕生しアフリカを出た人類が、長い旅を経て生誕の地へ戻るずっと以前から存在していた。サヘル地帯の商人は何千人もの奴隷を使って、当時その地域で最も価値が高かった商品を運搬した。莫大《ばくだい》な量の天然塩だ。

やがてアラブ人は、アフリカ人奴隷を調達する商売を希望する部族の指導者にやらせるようになり、指導者たちは敵対する部族の奴隷を海岸へ運んだ。オスマン帝国が全盛期を迎えた十五～十六世紀には、無数のアフリカ人（大半はスーダン地方出身）が、イスタンブール、カイロ、ダマスカスへ、そしてアラビア世界へ連れていかれた。その後はヨーロッパ人がアラブ人やトルコ人をはるかにしのぐ貪欲《どんよく》さと冷酷さで奴隷を求め、西海岸に停泊させた奴隷船に次々と人々を乗せたのである。

ロンドン、パリ、ブリュッセル、リスボンといった大都市に戻ると、ヨーロッパ人はアフリカの地図を取り出して、その上に線を引いた。より積極的にアフリカに関与するために、嘘《うそ》を練り上げたと言ってもいいだろう。その線に囲まれた部分に、彼らは中央コンゴ、オートボルタといった言葉を書いて、それを国と呼んだ。

こうした線が引かれた地図を見れば、どこの国の探検家や軍隊や、商人が、どこまで前進したかがわかる。しかしそこに囲まれた地域に暮らす人々が自分自身をどのような存在と感じているのか、自分たちでどのような組織をつくりたいと思っているのかといったことはなにひとつわからなかった。

いまも多くのアフリカ人は、ヨーロッパ人がつくった政治地理学の奴隷であり、発展を妨げる自然の障害に拘束された囚人《しゅうじん》だ。ここから彼らは現代的な祖国を築き、世界とつながる活発な経済活動を行おうとしている。

現在、アフリカには五十六の国が存在する。独立運動が活発になり「変革の風」が吹き荒れた二十世紀半ば以降、線に囲まれた土地の呼称がいくつか変更された。たとえばローデシアは、現在はジンバブエと呼ばれている。しかし驚くべきことに、国境線自体はほとんど変わっていない。アフリカの多くの国境線は、最初にヨーロッパ人が引いたときと同じ土地を囲んでいるのだ。これら因襲的な区画は、植民地政策が大陸に残した多くの負の遺産のひとつと言えるだろう。

スーダン、ソマリア、ケニア、アンゴラ、コンゴ民主共和国、ナイジェリア、マリ等で起こった民族紛争は、ヨーロッパ人が考える地理学がアフリカの人口構成の実情に即していなかった証拠だ。たしかに、過去アフリカではつねにどこかで紛争が起こっていた。たとえばズールー族とコサ族は、ヨーロッパ人に出会うかなり以前から戦っていた。しかし、植民地政策はこうした紛争を人為的な囲い、つまりヨーロッパ人が抱く国民国家の概念のなかで解決するよう強いたのだ。

アフリカの悲劇を象徴するコンゴ

現代の内戦は、個性が異なる民族に「おまえたちはひとつの国家のひとつの民族だ」と植民地主義者が宣言したことが原因のひとつだろう。その後、宗主国《そうしゅ》が大陸を追われると、すべてを支配しようとする有力者がそれぞれの国に現れ、暴力が日常化した。

その典型的なケースであるリビアを見てみよう。やはり人為的に国境を引かれた国で、誕生からほんの数十年しか経《た》っていないが、最初の線引きの試みが崩壊し、異なる地理的特徴を持つ以前の三つの地域に分かれてしまった。ひとつはギリシャ時代にトリポリタニアと呼ばれた西側の土地（ギリシャ語で三つの都市を意味するtri polisが語源で、そこが徐々に首都トリポリになった）。ひとつはギリシャ、ローマ時代にキレナイカと呼ばれ、ベンガジの町を中心に南のチャドとの国境線まで広がる東側の土地。そしてこのふたつの地域の下側で、現在のリビアの南西端にあたるフェザンという地域だ。

トリポリタニアはいつの時代も北と北西方向を向いていたので、ヨーロッパ南部の隣国との交易が盛んだった。キレナイカは東側のエジプトやアラブの土地に面していた。ベンガジ沖の海流に乗るだけで、船は自然に東側へ運ばれる。フェザンは伝統的に、このふたつの海辺の社会とはほとんど共通点のない遊牧民の土地だった。

これを見ると、ギリシャ、ローマ、トルコがこの地域一帯をどのように統治したか、つまりはそこに暮らす人々が数世紀にわたって自らをどう考えてきたかがわかるだろう。ヨーロッパ人が描いたほんの数十年の歴史しかないリビアのイメージは、どうあがいても長続きしないはずだ。事実、すでに東部のイスラム教徒グループのひとつが「キレナイカ首長国」の独立を表明している。独立は実現しないかもしれないが、こうしたことからもリビアという国の概念が外国人が線を引いた地図上にしか存在しないことがよくわかる。

しかし、ヨーロッパ人が引いた線の最大の失敗は、アフリカ大陸の真ん中にあるコンゴ民主共和国（DRC）だ。イギリスの小説家ジョセフ・コンラッドの『闇《やみ》の奥』（中野好夫訳、岩波文庫、）の舞台で、いまだに戦争の闇に覆われている。人為的な国境を押しつけられた結果、国が弱体化して細切《こまぎ》れになり、内戦によって荒廃し、天然資源が外国人に乱開発された典型的な例だ。

コンゴ民主共和国を見ると、「開発途上国」という言葉が、現代の工業化社会に属さない国々を表すにはあまりに大雑把《おおざっぱ》に思えてくる。コンゴは開発途上国とは言えない。何かを開発する素振りすら見せていないのだから。そもそもコンゴはひとまとめにされるべきではなかったのだ。いまでは体制が崩壊し、世界でもっとも実状が把握できない戦闘地帯になり、一九九〇年代末以来続いている内戦で六百万人もの人々が亡くなっている。

コンゴ民主共和国は、民主主義でもなければ、共和国でもない。アフリカで二番目に広い国で、人口は約七千五百万人だが、国内情勢のせいで正確な数字を知ることは困難だ。ドイツやフランス、スペインを合わせたよりも広く、アマゾンに次ぐ二番目の規模の熱帯雨林、コンゴ熱帯雨林を擁する。

住人は二百以上の民族集団に分かれている。その最大のグループはバントゥー族だ。言語は数百にのぼり、言語間の橋渡し役を果たすのが広範囲で使用されているフランス語だ。フランス語は、コンゴ民主共和国がベルギーの植民地だった時代（一九〇八〜一九六〇年）の名残《なごり》で、それ以前は、ベルギー国王レオポルドが自らの私領として天然資源を盗み、私腹を肥やしていた。

イギリスやフランスの植民地支配が慈悲深く見えるほど、ベルギーの支配は終始無慈悲で残酷な圧政だったため、先住民を助けるためのインフラ工事もほとんどなされなかった。一九六〇年に手を引いたときも、ベルギーはこの国が一致団結するチャンスをほとんど残していかなかった。

独立直後に内戦が始まり、やがてそれが冷戦さなかのアメリカとソ連の代理戦争に発展し、戦いは激化した。アンゴラで内戦が起こったとき、当時ザイールと呼ばれていたコンゴ政府は反乱軍側を支援し、アメリカの関心を引いた。アンゴラ政府の後ろ盾《うしろだて》はソ連だったので、アメリカは反政府側についていたのだ。

両陣営とも何億ドルもの資金を戦いに注ぎ込んだ。

しかし冷戦の終焉《しゅうえん》とともに、両大国はコンゴへの関心をすっかり失う。その後コンゴはよろめき続けたが、天然資源でなんとかもちこたえた。コンゴの南部と東部に切れ込むリフトバレー（大地溝帯）が、コバルト、銅、ダイヤモンド、金、銀、亜鉛、石炭、マンガンといった天然資源の宝庫であることがわかったのだ。とくにカタンガ州はその一大産地である。

ベルギー王レオポルドの時代、世界はこの地域の天然ゴムを手に入れて自動車工業の拡大を目論《もくろ》んでいた。現在は、コンゴ民主共和国の輸出額の五〇パーセント以上が中国市場を相手にしている。それでも住民の暮らしは貧しいままだ。二〇一四年の国連の人間開発指数によると、調査対象の百八十七ヵ国中、コンゴは百八十六位だった。リストの下位十八ヵ国はすべてアフリカの国々である。

犠牲者六百万人の半数が五歳以下のこども

資源が豊富で国土も広いため、誰もがコンゴを利用して甘い汁《しる》を吸おうとする。コンゴには実質的な中央政府がないので、利用されるばかりで反撃することもできない。

コンゴ民主共和国は九ヵ国と隣り合っているが、どこも悩みの種だった。コンゴの戦争が「アフリカの世界戦争」と呼ばれるのは、それもひとつの理由だろう。南にはアンゴラ、北にはコンゴ共和国と中央アフリカ共和国、南スーダン共和国、東側にはウガンダ、ルワンダ、ブルンジ、タンザニア、ザンビアが位置している。

戦争の原因はどれも数十年前にさかのぼるが、最悪の時代の到来は、一九九四年にルワンダで発生したその余波が西側に及んだジェノサイド（訳注：ルワンダのフツ族過激派がフツ族穏健派とツチ族を大量虐殺した）が引き金だった。

ルワンダのジェノサイド後、生き残ったツチ族とフツ族穏健派がツチ族中心の政府を樹立した。虐殺を主導したフツ族民兵組織、インテラハムウェは、ルワンダ愛国戦線に追われてコンゴ民主共和国の東部へ逃れたが、国境付近で襲撃戦を繰り返した。コンゴ民主共和国軍の小隊にも加わり、国境付近に暮らすコンゴのツチ族も殺害した。

そこへブルンジとエリトリアの支援を受けたルワンダ軍とウガンダ軍が侵攻する。彼らは反政府勢力の民兵と手を組んでインテラハムウェを襲撃し、コンゴ民主共和国政府を転覆させた。その後コンゴの天然資源の支配にも乗り出し、ルワンダ軍は携帯電話やコンピュータ・チップに使われる鉱物、コルタンを何トンも持ち去った。

コンゴ政府軍の残党はあきらめず、アンゴラ、ナミビア、ジンバブエの支援のもと戦い続けた。国土は巨大な戦場と化し、戦いには二十以上の民族集団が加わった。

たび重なる戦争で、少なく見積もっても数万人以上の人々が殺され、それに続く疫病や栄養失調でさらに六百万人が亡くなった。国連の推定では、犠牲者のほぼ五〇パーセントが五歳以下のこどもだったらしい。

近年、戦闘は鎮まってきた。しかしコンゴ民主共和国は、第二次世界大戦以降世界でもっとも激しい紛争が起きた場所なので、ふたたび全面戦争が勃発《ぼっぱつ》するのを防ぐために、いまだに国連の最大規模の平和維持活動が欠かせない。現在の活動は、一度崩壊した国を元通りにまとめることではない。なぜならコンゴ民主共和国がひとつにまとまっていたことなど、過去一度としてなかったからだ。ばらばらのピースを平和的かつ良識的にまとめる方法がみつかるまでは、ばらばらのまま維持するしかないだろう。

ヨーロッパの植民地主義者はニワトリなしでたまごをつくったようなものだ。この不条理がアフリカ大陸中で繰り返され、いまも大陸に取り憑《つ》き続けているのである。

ブルンジ共和国も不条理の一例である。二〇一五年、民族対立に基づく政治的緊張が高まり、二〇一六年になると状況はさらに悪化した。かつては、現在のタンザニアともどもドイツ領東アフリカの一部だったが、第一次世界大戦後、ベルギーとイギリスによって分割された。

一九四六年からはベルギーが統治し、一九六二年に独立する。ベルギーはツチ族を利用してフツ族を支配した。ツチ族は人口のわずか一五パーセントにすぎなかったが、政界、財界、そして軍隊で主導権を握り続けている。一九九三〜二〇〇五年にかけての内戦では、三十万人以上の人々が犠牲になった。

二〇一五〜二〇一六年、ピエール・ンクルンジザ大統領が三期連続の就任を目指して大統領の三選を禁じた憲法を改正すると、ふたたび暴動が増えた。二〇一五年七月にアフリカを訪れたオバマ大統領も、これは想定していなかったはずだ。彼はアフリカの指導者をこう批判した。

「指導者が任期終了とともに退任することを拒否すれば、この大陸は発展しないだろう。ときおり『この国を団結させられるのは私だけだ』と口にする指導者が現れるかもしれない。それが事実なら、その指導者はじつは国をまとめることにすでに失敗しているのだ」

この言葉は、アフリカにおける植民地主義の負の遺産と、現代の指導者がその遺産を解消するどころか自ら問題の一部になっていることを示唆《しさ》している。

ナイル川という争点

アフリカは天然資源の恩恵を受けると同時に、それに苦しめられてもきた。天然資源が豊富なことは恩恵だが、外国にその資源を長いあいだ略奪された結果、苦しめられてもきたのだ。近年は、国民国家がこうした資源の取り分を主張することができるようになり、諸外国も強奪ではなく投資をしている。それでも住人が利益を得ることはほとんどない。

天然鉱物資源に加えて、アフリカは多くの大河にも恵まれている。川の大半は交易には使えないが、水力発電にはうってつけだ。しかし、これもまた将来内紛の原因になりそうなのだ。

世界最長のナイル川は（約六千六百キロ）、その流域に近接する十ヵ国、すなわちブルンジ、コンゴ民主共和国、エリトリア、エチオピア、ケニア、ルワンダ、スーダン、タンザニア、ウガンダ、そしてエジプトに大きな影響を与えている。

紀元前五世紀、歴史家ヘロドトスはこう述べた。

「エジプトはナイルであり、ナイルはエジプトである」

この言葉は現在も当てはまる。そのためエジプト政府は、国内を千キロにわたって流れるナイル川の船の航行が脅かされないようにつねに目を光らせている。ナイル川を守るためなら、エジプトは戦争もいとわないだろう。エジプトでは、ナイル川がなければ誰ひとりとして暮らせない。エジプトはたしかに大きな国だが、八千四百万人の人口の大部分はナイルから数キロの場所に住んでいる。居住区域で計算すると、エジプトの人口密度は世界屈指の高さなのだ。

エジプトは、議論の余地はあるものの、ヨーロッパ人の大部分があばら屋で暮らしていたころにはすでに国民国家が成立していた。しかしその影響力は一部の地域に限られていた。三方を砂漠に守られているので、地中海地方を支配する大国になっていてもおかしくないが、ひとつ問題がある。樹木がほとんどはえていないのだ。歴史を見る限り、木がなければ、自国の力を守るための大規模な海軍をつくることは不可能だ。

じつはエジプトにも海軍はつねに存在した。レバノンからヒマラヤスギを輸入し、莫大な費用をかけて船を建造していたのだ。しかしそれが外洋海軍に成長したことは一度としてない。

現在エジプトは、アメリカ軍の援助のおかげで、アラブ諸国の中でもっとも強力な軍隊を保有している。

しかしいまだに砂漠と海と、エジプト・イスラエル平和条約に封じ込められている。八千四百万人の国民の食糧を確保するという問題に対処しつつ、シナイ半島のイスラム反乱組織と戦い、スエズ運河も守らなければならないのだから、エジプトは今後も世界から注目され続けるだろう。

スエズ運河は、毎日世界全体の交易量の八パーセントが行き来する交通の要所だ。一日当たり、世界の原油の二・五パーセントが通過する計算だ。万が一スエズ運河が封鎖されると、物資の輸送にヨーロッパへは十五日、アメリカへは十日余計な日数がかかり、同時に莫大な費用もかかることになる。

イスラエルとは五回も戦争をしてきたエジプトだが、つぎに戦う可能性がもっとも高い国はエチオピアだろう。争点はナイル川だ。アフリカ大陸でもっとも古く、そろって大規模な軍隊を持つ二ヵ国が、この地域の重要な水源をめぐって争うかもしれない。

青ナイル川はエチオピアから流れ始め、スーダンの首都ハルツームで白ナイル川に合流し、その後ヌビア砂漠を通ってエジプトに流れ込む。この地点では、水量の大半が青ナイル川由来だ。

エチオピアは「アフリカの給水塔」とも呼ばれる。標高が高く、高地に降る雨で満たされる二十以上ものダムがあるためだ。二〇一一年、エチオピア政府は、中国との共同事業によりスーダン国境付近の青ナイル川に水力発電用の巨大ダムを建造すると発表した。その名もグランド・ルネサンス・ダム。二〇二〇年完成予定だ。このダムは発電に使われるので、エジプトへの流れがせき止められることはない。しかし理論上は一年分の使用量に匹敵する水を溜めることができるので、ダム完成の暁《あかつき》には、エチオピアは自国の水を確保するようになり、エジプトへ流れ込む水量は大幅に減少するだろう。

現在エジプトには、エチオピアをしのぐ強力な軍隊がある。しかし状況は少しずつ変化している。なにより、九千六百万人の人口を抱えるエチオピアの成長が著しいのだ。エジプト政府もこれを認識しているし、ひとたびダムが完成したら、それを破壊すればエチオピアとスーダン両国に大洪水が起こることも理解している。

しかし当面エジプトには、ダムが完成する前に攻撃する宣戦布告の口実がない。ごく最近、爆撃を支持するエジプト閣僚の会話が盗聴されたが、今後数年間は爆撃ではなく厳しい交渉が続きそうだ。エジプトはナイル川が決してせき止められないという確実な保証を求めるだろう。水をめぐる争いは、今世紀の新たな火種になると考えられている。これも注目すべき一件だ。

石油争奪戦と過激派の脅威

もうひとつ、激しい争奪戦が繰り広げられている液体がある。石油だ。

ナイジェリアはサハラ以南最大の産油国で、高品質な油田が南部のニジェール・デルタ（ニジェール川の三角州地帯）に集中している。北部の人々は、その石油で得られた利益が国内の各地域に公平に分配されていないと主張する。これが一因で、ニジェール・デルタと北東部の人々のあいだの民族的、宗教的対立まで激化している。

その広さと人口、天然資源に支えられるナイジェリアは、西アフリカでもっとも力のある国と言っていい。一億七千七百万人の人口はアフリカ大陸トップで、広大な土地と天然資源を武器に西アフリカを先導する地域大国だ。

国土はいくつもの太古の王国の領地で形成されている。かつてイギリスがそれらをひとつの行政区域としてまとめたためだ。一八九八年にイギリス人がつくった「ニジェール川流域のイギリス保護領」、それがナイジェリアなのである。

いまでこそ独立した地域大国だが、住民も天然資源も数十年にわたって不当な扱いを受けてきた。植民地時代、イギリス人は南西部の海辺の生活を好んだ。彼らの「文明化」計画は中央部の高地までは広がらず、北部のイスラム教徒にも届かなかった。そのためナイジェリアの北側半分は、南部ほど開発が進んでいない。

原油から生まれた利益の大半は、ナイジェリアの複雑な部族関係をとりもつ有力者への賄賂《わいろ》として使われる。海岸沿いの石油会社も、ニジェール・デルタ解放運動に脅かされている。「ニジェール・デルタ解放運動」とは、油田開発で荒廃した地域を活動拠点とするグループで、テロや脅迫行為をごまかすためにそのような風変わりな名称を使っているようだ。彼らが石油企業の外国人労働者を誘拐《ゆうかい》するようになったため、ナイジェリアでのビジネスはどんどん魅力が失せてきた。誘拐の危険がない沖合の油田に資本投資が向かうようになったのだ。

イスラム教過激派グループのひとつ、ボコ・ハラムは、イスラム諸国にカリフ（訳注：イスラム教の預言者ムハンマドの後継者）統治制を確立することを目指し、開発の遅れによって生じる不公正を利用して北部の土地を手に入れようとしてきた。ボコ・ハラムの兵士は、民族的にはほとんどがナイジェリア東部のカヌリ族だ。彼らが故郷の本拠地以外で活動することはめったにない。ハウサ族の土地である西側にもあえて行こうとはしないし、南側の沿岸地域へも決して近づかない。つまり、ナイジェリア軍がボコ・ハラムを発見したければ、彼らの故郷を探せばいいのだ。ただし、地元の人々は報復を恐れたり南部への共通の恨みを抱いたりしているので、軍には協力しないだろう。

ボコ・ハラムが支配下に置いた土地は、ナイジェリアという国家の存在を脅かすには至っていない。彼らは、国のちょうど中ほどに位置する首都アブジャにも到達していないのだ。しかし、北部の人々は日々怯《おび》えて暮らしている。海外から見ても、ビジネス相手としてのナイジェリアの印象は悪化しそうだ。

ボコ・ハラムが占拠した多くの村は、カメルーンとナイジェリアの国境にあたるマンダラ山地にある。つまりナイジェリア軍が掃討作戦に出ようにも、基地から長距離移動を強いられ、しかも山岳地帯なのでボコ・ハラム勢力を包囲することもできないというわけだ。カメルーン政府がボコ・ハラムを歓迎することはないが、辺境地域は兵士が身を隠す格好の場所になるだろう。

今後数年間、この状況は変わりそうもない。そのあいだにボコ・ハラムは北部のサヘル地帯でジハーディスト（訳注：ジハード主義者、聖戦主義者）と同盟を結ぼうとするに違いない。

アメリカとフランスは、この問題を数年にわたって追跡してきた。現在は、サヘル／サハラ地帯で突出する暴力や、ナイジェリア北部と結びついて増大する過激派の脅威に対抗するために、無人探査機を飛ばしている。アメリカ軍は世界中に多数の基地を保有しているが、ジブチも軍事拠点のひとつだ。米軍アフリカ司令部の部隊が二〇〇七年から駐留している。一方フランスも、彼らが「フランス語圏アフリカ」と呼ぶさまざまな国に駐留軍を持ち、軍事施設の使用が可能だ。

多くの国に広がる過激派の脅威は、注意喚起の警鐘《けいしょう》になった。ナイジェリア、カメルーン、チャドの各国はアメリカやフランスと軍事協力を始めている。

いまも続く搾取の歴史

アフリカ大陸の大西洋岸をさらに南下すると、サハラ以南で二番目の産油国、アンゴラがある。元ポルトガル植民地で、自然の地形を利用した国境線を持つ国民国家のひとつだ。西側は大西洋、北側はジャングル、そして南側は砂漠に面している。東側は人口もまばらな険しい土地で、コンゴ民主共和国とザンビアとの緩衝《かんしょう》地帯の役割を果たす。

二千二百万人の人口の大部分は、水も豊富で農業が可能な国土の西半分に集中している。アンゴラの油田の大部分も、西側の海岸沿いにある。大西洋の採掘設備はほとんどがアメリカ企業の所有だが、産油量の半分以上は最終的に中国に向かう。そのためアンゴラは（売り上げの増減次第だが）中国への原油供給量がサウジアラビアに次いで第二位になった。

アンゴラも内紛の絶えない国だ。独立戦争は一九七五年にポルトガルが撤退して終わったが、それはすぐさま、イデオロギーをめぐる内戦に見せかけた部族間の争いに変わった。ロシアとキューバは「社会主義者」を援護し、アメリカとアパルトヘイト（人種隔離政策）下の南アフリカ共和国は「反逆者」を支援した。社会主義者とは、おもにムブンドゥ族が主導するアンゴラ解放人民運動（MPLA）で、対する反乱兵士は別のふたつの主要部族、バコンゴ族とオビンブンドゥ族だった。彼らの政治的隠れ蓑がアンゴラ民族解放戦線（FNLA）とアンゴラ全面独立民族同盟（UNITA）だ。

一九六〇～一九七〇年代に起こった内戦は、米ソの対立構図に当てはまるものがほとんどだった。ロシアが一方を支援し、支援された側はそれを機に社会主義者になる。アメリカは敵対する側につき、そちらは突然反共産主義者になるというわけだ。

ムブンドゥ族は数的には不利だったが、地理的には有利だった。首都ルアンダを支配下に置き、主要河川のクワンザ川や油田へのルートを確保していた。そのうえロシアやキューバの加担により、武器や兵士に困ることもなかった。二〇〇二年にはアンゴラ解放人民運動が勝利をおさめたが、指導者たちはすぐに、人々を犠牲にして私腹を肥やした植民地主義者やアフリカ人指導者の長いリストに自ら加わり、そもそも疑わしかった社会主義者の仮面が徐々にはがれていった。

この自国と外国の指導者による搾取《さくしゅ》の悲しい歴史は、二十一世紀の現在も続いている。

欧米と肩を並べる中国

ここまで見てきたように、中国人はいたるところで活動している。いまやヨーロッパ人やアメリカ人と肩を並べてアフリカ大陸と貪欲にかかわっている。中国の石油の約三分の一がアフリカ産で、多くのアフリカの国で貴金属が採掘されることも考えあわせると、彼らはこれからもアフリカに留まりビジネスを続けるだろう。

ヨーロッパとアメリカの石油会社や大規模な多国籍企業のほうがアフリカとのかかわりははるかに深いが、中国もみるみる追いつこうとしている。たとえばリベリアでは鉄鉱石を、コンゴ民主共和国では銅とコバルトを、ザンビアでは同じく銅を採掘している。中国はすでにケニアの港町モンバサの開発を援助しているが、ケニアの石油資源が商業的に成長するように、さらに大きな計画にも着手している。

中国国営の中国路橋公司は、百四十億ドルで鉄道を敷設してモンバサと首都ナイロビをつなげる予定だ。専門家によると、この二都市間の移動にかかる時間は三十六時間から八時間に短縮され、輸送費も六〇パーセント削減されるらしい。さらに、ナイロビと南スーダンやウガンダ、ルワンダをつなぐ計画もある。ケニアは中国の援助によって東海岸の経済大国になろうとしているのだ。

ケニアの南側で国境を接するタンザニアは、ケニアに対抗して東アフリカのリーダーになろうと考え、中国と数十億ドルにのぼるインフラ整備契約を結んだ。このほかにも、中国とオマーンの建設会社の共同契約で、バガモヨ港を補修、拡張する予定もある。主要港のダルエスサラームが手狭になり、混雑が激しくなっているためだ。今後はバガモヨ港が年間二千万個の貨物コンテナを担う計画で、実現すればアフリカ最大の港になる。

タンザニアは「タンザニア南部農業成長回廊」で輸送路が確保できているうえ、十五ヵ国からなる南部アフリカ開発共同体（ＳＡＤＣ）とも結束している。コンゴ民主共和国やザンビアの銅山と南アフリカ共和国のダーバン港を結ぶ南北回廊にも接続できるので、ダルエスサラーム港とダーバンやマラウイのやりとりも活発になりそうだ。

しかし、こうした状況にもかかわらず、タンザニアは東海岸一の国にはなれないだろう。東アフリカ共同体五ヵ国の主役は、東アフリカのGDPの約四〇パーセントを占めるケニア経済だからだ。農地はタンザニアほど恵まれていないが、タンザニアよりも有効活用している。産業システムも、商品を国内外の市場に出すシステムも、かなり効率的だ。政治的安定性を保つことができれば、短・中期的に見ればケニアが東アフリカ地域の主要国であり続けるに違いない。

中国はニジェールにも進出し、中国石油天然気集団公司がニジェール中心部のテネレ砂漠にある小規模な油田に投資した。中国からアンゴラへの過去十年間の投資は八十億ドルを上回り、年々増加している。

中国の鉄道関連会社、中国中鉄（ＣＲＥＣ）は、ベンゲラ鉄道の近代化にすでに二十億ドル近く注ぎ込んでいる。ベンゲラは、コンゴ民主共和国と、そこから千三百キロ離れた大西洋岸のアンゴラの港町ロビトを結ぶ鉄道だ。コンゴ民主共和国カタンガ州の恵みでもあり頭痛の種でもあるコバルトや銅、マンガンも、この鉄路で輸送されている。

さらに中国中鉄は、アンゴラの首都ルアンダで新たな国際空港も建設している。ルアンダ近辺では、中国式のアパート群がつぎつぎと誕生した。現在アンゴラに十五万〜二十万人いると言われている中国人労働者の住まいだ。こうした莫大な数の労働者は、軍事訓練も受けるので、中国政府の要請があれば即席の市民軍をつくることも可能だ。

中国政府は、アンゴラでもどこでも同じものを求める。工業製品づくりに必要な天然資源と、こうした製品や資源の円滑な流通を確保するための政治的安定性だ。そのため、三十七年間アンゴラの大統領の座にあるジョゼ・エドゥアルド・ドス・サントスが、二〇一三年の自身の誕生パーティーでマライア・キャリーに百万ドルの出演料を払って歌ってもらおうと、それは大統領個人の問題だが、ドス・サントスが属するムブンドゥ族の支配が今後も続くかどうかは、中国とアンゴラの問題なのである。

中国とのビジネスは、多くのアフリカの政府にとって魅力的な話だ。国際通貨基金（ＩＭＦ）や世界銀行とは違い、中国の政府も大企業も人権にまつわる面倒な質問をしないし、経済改革も求めない。国の財産を盗むなと指導者たちに意見することとさえない。たとえば、中国はスーダン最大の貿易相手国だ。それを考えると、国連安全保障理事会で中国が一貫してスーダンを擁護していることも（訳注：スーダン政府軍が内戦で一般市民も標的にして大量殺戮《さつりく》を行っていることが国際社会から非難された）、ダルフール紛争の大量虐殺にかかわったとして国際刑事裁判所から逮捕状が出たオマル・アル＝バシール大統領を支援し続けたことも、いくらか説明がつく。

西欧諸国のこうした批判は、中国政府に一蹴《いっしゅう》された。中国のビジネスを阻止するための単なる権力闘争であり、アフリカにおける西欧の歴史を考えれば偽善的行為だ、というのが中国側の言い分だ。中国が求めるものは、原油、地下資源、貴金属、そして市場だ。政府間では公平な取引がなされている。しかし地元住民と、巨大プロジェクトのために大量に流れ込む中国人労働者とのあいだでは緊張が高まるかもしれない。すると中国政府は現地の政治にも首をつっこみ、さまざまな国で小規模な軍の駐留を求める可能性もあるだろう。

蚊が繁殖しにくい地形を持つ優位性

南アフリカ共和国は、アフリカ最大の中国の貿易相手国である。両国には長い政治的、経済的歴史があるので、協力関係を結ぶのは簡単だ。現在、国営、私営を問わず、数百もの中国企業がダーバンやヨハネスブルク、プレトリア、ケープタウン、ポートエリザベスで操業中だ。

南アフリカ共和国の経済は、アフリカ大陸ではナイジェリアに次いで二番目の規模だ。経済（アンゴラの三倍）、軍事、人口（五千三百万人）の観点で言うと、南アフリカ共和国は間違いなくアフリカ南部の動力源と言えるだろう。多くのアフリカの国より開発が進んでいるが、それは大西洋にも太平洋にもアクセス可能な大陸南端という立地や、金、銀、石炭をはじめとする天然資源、大規模な食糧生産が可能な気候と土壌といった条件のおかげである。

南アフリカ共和国は、マラリアに苦しめられなかったアフリカでもまれな国だ。南の果てに位置し、しかも海岸平野がすぐに隆起して高地になるので、マラリアを媒介する蚊の繁殖が難しいのだ。そのためヨーロッパの入植者は、マラリアにむしばまれた熱帯地方よりも早く奥地へ分け入って定住し、小規模ながら産業活動を始めることができた。そこから現在のアフリカ南部最大の経済が成長したのである。

アフリカ南部の大半の国にとって、外国とのビジネスとは、プレトリア、ブルームフォンテーン、ケープタウンとのビジネスを意味する。

南アフリカ共和国は天然資源と立地を利用して、近隣諸国を輸送システムでつないできた。複線の鉄道と道路がイーストロンドン、ケープタウン、ポートエリザベス、ダーバンの各港から北へ向かい、ジンバブエ、ボツワナ、ザンビア、マラウイ、タンザニアを通過してコンゴのカタンガ州や、東はモザンビークにまで到達している。新たに中国が敷設したコンゴのカタンガ州とアンゴラの海岸線を結ぶ鉄道は、この南アフリカ優位の状況に挑戦し、コンゴ民主共和国からの輸送を担う目的だが、南アフリカ共和国の優勢は変わらないように見える。

アパルトヘイトの時代、アフリカ民族会議（ANC）は、ポルトガルの植民地支配からの独立を目指すアンゴラ解放人民運動（MPLA）の戦いを支援した。しかし、当時共有された闘争の情熱もいまは冷め、現在は両グループが各々の国を支配し、地域レベルで張り合っている。だがアンゴラは南アフリカよりかなり遅れているので、軍事対立にはなり得ない。南アフリカの優位はほぼ完璧《かんぺき》なのだ。大規模で装備も充分な軍隊は、人員およそ十万人、数十機の戦闘機と戦闘ヘリコプター、最新型の潜水艦とフリゲート艦もそろっている。

大英帝国時代、南アフリカ共和国の統治は喜望峰の支配を、ひいては大西洋とインド洋のあいだのシーレーンを支配することを意味した。現代の海軍なら、その気になればアフリカ南部の沿岸部からかなり沖合でも難なく通過できる。しかし、喜望峰はいまだに世界地図上でも重要な場所なので、南アフリカ共和国はアフリカ大陸の南側三分の一における要地を押さえた存在と言えるのだ。

今世紀は、アフリカの天然資源をめぐる新たな争奪戦が繰り広げられるだろう。今回の争いは二方向に分かれそうだ。ひとつは、有名な海外企業とそれに伴う余計な干渉。そしてもうひとつ、「大陸内部の争奪戦」も存在する。南アフリカはどこよりも早く、多くの資源を奪いにいくつもりだ。

南アフリカ共和国は南部アフリカ開発共同体（SADC）の十五ヵ国を牛耳《ぎゅうじ》り、アフリカ大湖地域国際会議では、メンバー国でもないのに常任の地位を手に入れた。SADCの競争相手は東アフリカ共同体（EAC）で、メンバー国はブルンジ、ケニア、ルワンダ、ウガンダ、タンザニアだ。タンザニアは、SADCのメンバーでもあり、他のEACメンバー国はタンザニアが南アフリカ共和国と親密なことを快く思っていない。南アフリカにとってタンザニアは、大湖地域周辺で支配力を増すための道具といったところだろう。

南アフリカ国防軍は、国連軍に参加してコンゴ民主共和国に駐留している。部隊を送り込んだのは政治家たちだ。鉱物が豊富なコンゴの戦利品争奪戦から自分たちがはじきだされないようにするためである。その結果南アフリカは、ウガンダ、ブルンジ、ルワンダとの競争に巻き込まれた。誰がコンゴを統治するべきか、各国の考えはそれぞれ異なるようだ。

歴史と自然に打ち勝つ日

過去のアフリカには、選択肢がまったくなく、地形がすべてを決定づけた。そして現在の国境の大半はヨーロッパ人が引いたものだ。いま爆発的に増える人口と発展し続ける巨大都市を抱えたアフリカは、すでに深くかかわっているグローバル化した現代世界を受け入れる以外に選択肢はない。その世界でアフリカは、さまざまな問題を抱えつつも、非常に大きな一歩を踏み出そうとしている。

かつて交易を妨げた川が、いまでは水力発電に利用されている。大規模な食糧生産を持続するのに苦労した大地から鉱物や原油を採掘し、豊かになった国もある。その恩恵は住民にはわずかしか行き届いていないものの、かなりの国で貧困率が下がり、医療や教育の水準も上がってきた。英語が母語である国も多いので、英語が優勢な世界経済のなかでは有利だろう。実際、過去十年のほとんどの期間でアフリカ大陸の経済は成長しているのだ。

マイナス面は、多くの国の経済成長が、鉱物やエネルギーの世界価格頼みである点だ。たとえば、原油一バレルあたりの価格を百ドルとして国家予算を組んだ場合、原油価格が八十ドルや六十ドルに下落したときの代替策がほとんどない。製造業生産高は、一九七〇年代のレベルとほぼ変わらない。汚職が大陸中にはびこり、「激しい」内戦（たとえばソマリア、ナイジェリア、スーダン等）以外に、膠着《こうちゃく》状態に陥った内紛も数多い。

それでも、毎年新たな鉄道や道路が建設され、この信じられないほどの多様性を持つ大陸各地をつないでいる。アフリカと外界を分けていた大洋と果てしない砂漠は、航空機によって克服された。技術革新のおかげでかつては厳しい自然に阻《はば》まれた場所にも港をつくれるようになった。

一九六〇年代以降十年ごとに、楽観的な予想が繰り返されてきた。アフリカをもてあそんできた歴史と自然に、アフリカが打ち勝ち成長する日も近いだろう、という予想だ。今度こそそれが実現するかもしれない。いや、実現されなければならないのだ。現在サハラ以南のアフリカが抱える十一億人の人口が、二〇五〇年までにおよそ二倍の二十四億人になるだろうと推測されているためである。

第七章　中東——引かれたばかりの脆い国境線と血にまみれた道のり

「われわれはサイクス・ピコ協定を破った！」

——ＩＳの兵士（二〇一四年）

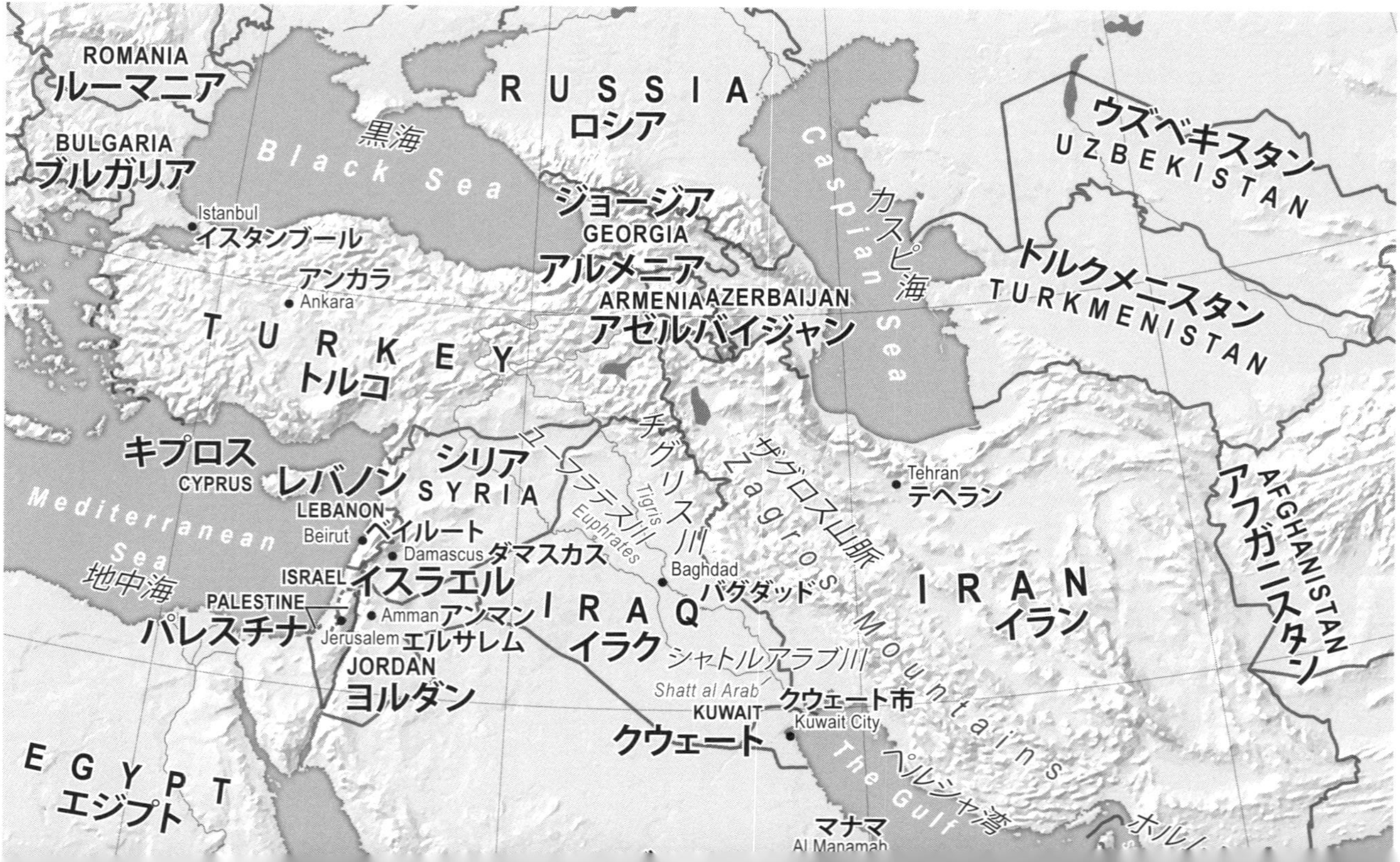
ROMANIA
ルーマニア
BULGARIA
ブルガリア
RUSSIA
ロシア
黒海
Black Sea
Istanbul
イスタンブール
ジョージア
GEORGIA
アルメニア
ARMENIA
AZERBAIJAN
アゼルバイジャン
アンカラ
Ankara
TURKEY
トルコ
Caspian Sea
カスピ海
ウズベキスタン
UZBEKISTAN
トルクメニスタン
TURKMENISTAN
キプロス
CYPRUS
レバノン
LEBANON
シリア
SYRIA
Mediterranean Sea
地中海
Beirut
ベイルート
Damascus
ダマスカス
ユーフラテス川
Euphrates
チグリス川
Tigris
ザグロス山脈
Zagros Mountains
Tehran
テヘラン
AFGHANISTAN
アフガニスタン
ISRAEL
イスラエル
PALESTINE
パレスチナ
Amman
アンマン
Jerusalem
エルサレム
IRAQ
イラク
Baghdad
バグダッド
IRAN
イラン
JORDAN
ヨルダン
シャトルアラブ川
Shatt al Arab
KUWAIT
クウェート
クウェート市
Kuwait City
The Gulf
ペルシャ湾
EGYPT
エジプト
マナマ
Al Manamah

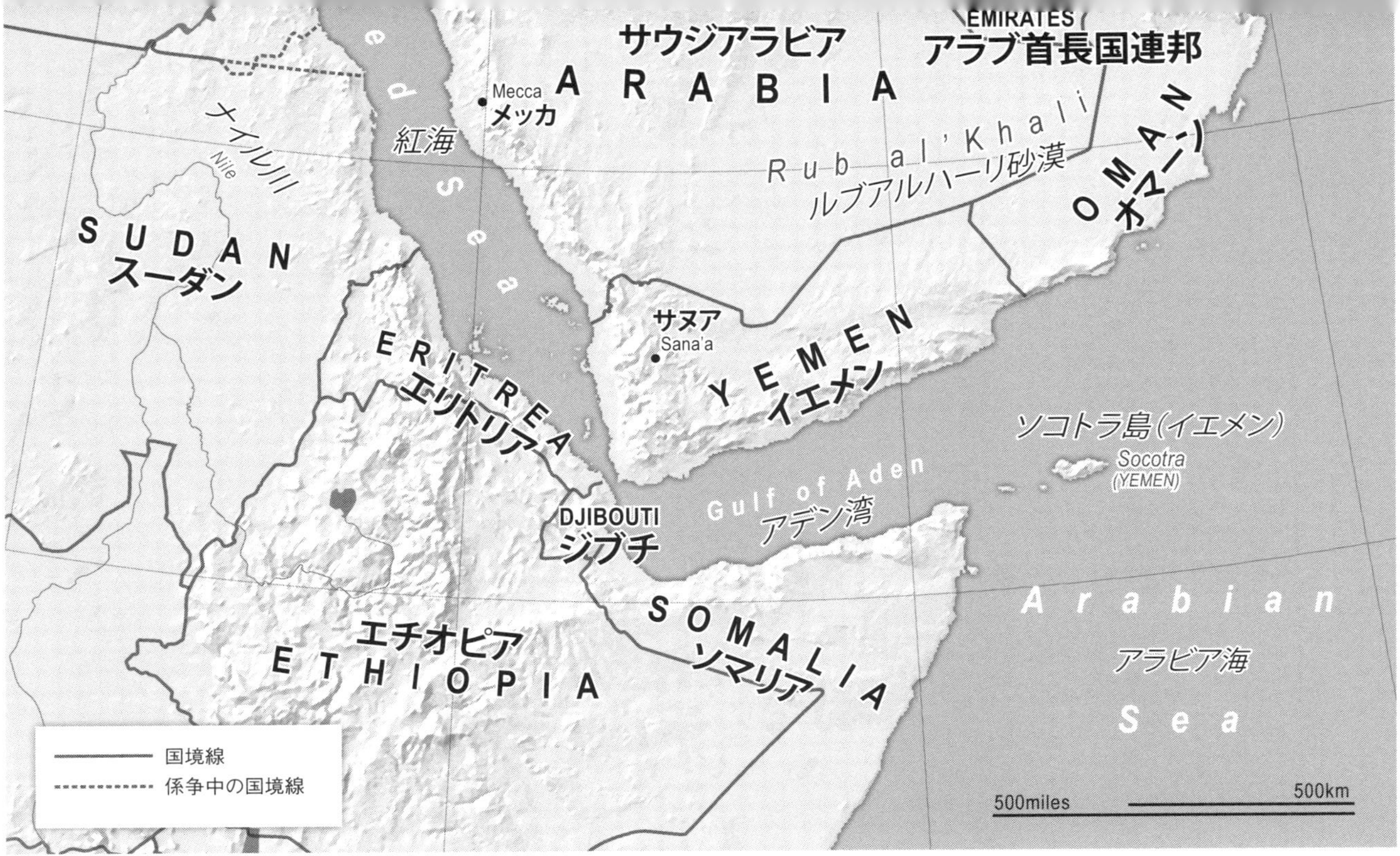
EMIRATES
アラブ首長国連邦
サウジアラビア
ARABIA
Mecca
メッカ
紅海
Red Sea
ナイル川
Nile
Rub al'Khali
ルブアルハーリ砂漠
OMAN
オマーン
SUDAN
スーダン
サヌア
Sana'a
YEMEN
イエメン
ERITREA
エリトリア
ソコトラ島(イエメン)
Socotra
(YEMEN)
Gulf of Aden
アデン湾
DJIBOUTI
ジブチ
SOMALIA
ソマリア
エチオピア
ETHIOPIA
Arabian Sea
アラビア海
国境線
係争中の国境線
500miles
500km

世界最大の砂漠と国境の概念

中東とはいったい、何の中間なのか？ どこの東なのか？ この地域の呼称は、ヨーロッパ人の世界観に基づいている。この地域を形作ったのもヨーロッパ人の視点だ。ヨーロッパ人はインクを使って地図に線を引いた。それは現実には存在しない線であり、世界でもっとも人為的な国境線になった。現在、流血の惨事のなか、その線を引き直す試みがなされている。

二〇一四年、中東からは数々の重要なニュース映像が発信されたが、激しい爆発や斬首刑の映像によってどれも影が薄くなった。イスラミックステート（ＩＳ）による巧妙なプロパガンダ・ビデオである。そこにはイラクとシリアの国境を消そうとしている、いや、むしろ押しやろうとしているブルドーザーが映っている。

国境線と言っても、盛りあがったただの砂地だ。砂を動かせば国境はもはや「物理的には」存在しなくなる。だが理論上はまだまだ「線」は存在する。今後数年で、イスラミックステートの兵士のつぎの言葉が予言の言葉なのか、それともただの強がりか、結論が出るだろう。

「われわれは国境を破壊し、障害を取り除いた。アラーは偉大なり」

第一次世界大戦後、中東に存在する国境線は現在よりも少なく、たいていは地形だけで決められていた。それに囲まれた土地は、地形や民族、宗教に基づいて大雑把《おおざっぱ》に分けられ、統治されていたが、国民国家をつくろうという動きはまったくなかった。

大中東圏は、地中海からイランの山間部まで、東西千六百キロの範囲に及ぶ。南北は、黒海《こっかい》に始まりオマーン沖のアラビア海沿岸で終わるとすると、三千キロ以上の距離になる。広大な砂漠、オアシス、雪に覆われた山々、長い河川、大都市、そして海岸平野が見られる地域だ。そして、世界中の工業国や工業化を目指す国が必要とする原油と天然ガスが豊富な地域でもある。

ここにはメソポタミアと呼ばれる肥沃《ひよく》な土地もある。メソポタミアとはギリシャ語で「川と川（チグリス川とユーフラテス川）のあいだの土地」という意味だ。しかし最大の特徴は、その中心部に位置する広大なアラビア砂漠と低木地だろう。イスラエル、ヨルダン、シリア、イラク、クウェート、オマーン、イエメンは国土の一部がアラビア砂漠だ。アラビア語で「空虚な地」を意味するルブアルハーリ砂漠を擁するサウジアラビアにいたっては、国土の大半がアラビア砂漠である。世界最大の砂漠だけあって、フランスがすっぽり収まるほどだ。地元住民の大部分がこの砂漠の外縁部に暮らしているのも、ヨーロッパの植民地にされるまでは国民国家や国境の概念がなかったのも、これほどの広さのためだろう。

ある地域出身の人間が、同じ部族出身の親戚《しんせき》に会いに行くときに、遠い町の見ず知らずの人間が発行する書類がなければ旅もできないという考えは、中東の人々にはほとんど理解できなかった。しかもその書類は、外国人がその地域をふたつに分割して勝手に名前をつけたために必要になったのだ。このような考えを彼らが理解できるはずはなかったし、数世紀にわたって連綿と続いてきた彼らの暮らしとも相容《あいい》れなかったのは当然だ。

オスマン帝国（一二九九〜一九二二年）の中心地はイスタンブールだった。全盛期には、ウィーンの城門からアナトリア高原を越えてアラビア半島も通過し、インド洋まで到達する領土を誇っていた。西から東へ見ていくと、現在のアルジェリア、リビア、エジプト、イスラエル／パレスチナ、シリア、ヨルダン、イラク、イランの一部にまで及ぶ。オスマン帝国は、この広大な領土をあえて分割して名前をつけるようなことはしなかった。一八六七年には行政上の「県」が誕生したが、どの部族がどこで暮らしているかを基準とする大雑把な分け方だった。クルド人が住む現在のイラク北部、部族同盟が暮らす現在のシリアやイラクといった具合だ。

オスマン帝国が衰退し始めると、イギリスとフランスは別の計画に着手する。一九一六年、イギリスの外交官サー・マーク・サイクス大佐は色鉛筆を手に取り、中東の地図にぞんざいに線を引いた。地中海沿岸のハイファ（現在はイスラエルの町）から、北東部のキルクーク（現在はイラクの町）へまっすぐに。それを基《もと》にサイクスは、フランスの外交官フランソワ・ジョルジュ＝ピコと密約を交わす。第一次世界大戦の三国協商（イギリス、フランス、ロシア）でオスマン帝国を打ち破り、オスマン帝国領をふたつに分割しようという計画だ（これがいわゆるサイクス・ピコ協定である）。こうしてその線の北側はフランスの支配下に、南側はイギリスの支配下に入った。

「サイクス・ピコ協定」という言葉は、二十世紀初めの三分の一の期間に交わされたさまざまな協定をまとめて意味する略称として使われている。こうした協定は、イギリスがアラブ人族長と交わした独立アラブ国家の約束を裏切るもので、今日の騒乱や過激派台頭の原因でもある。ヨーロッパ人が介入する前から暴力や過激思想は存在したのだから、この解釈は大袈裟かもしれない。それでもやはり、アフリカの章でも触れたように、一ヵ所に集まって共同生活をすることに慣れていない人々を専制的につくられた「国民国家」に無理に押し込むことは、正義や平等、安定を生み出す妙案とは言えないのである。

広い意味でのサイクス・ピコ協定以前は、シリアという国もレバノンという国もなかった。ヨルダン、イラク、サウジアラビア、クウェート、イスラエル、そしてパレスチナも存在しなかった。現代の地図には国境線や国名が出ているが、それらはどれもつくられたばかりで脆《もろ》いものなのだ。

部族や宗派を無視して押し付けられた国民国家

イスラム教は中東でもっとも信者の多い宗教だが、そのなかには多くの異なる宗派が存在する。イスラム教内部でもっとも重大な対立は、イスラム教そのものと同じくらい古い歴史を持つ。スンナ派（スンニ派）とシーア派だ。両派のあいだの亀裂は、預言者ムハンマドが亡くなった西暦六三二年にさかのぼり、彼の後継者をめぐる論争に端を発する。

アラブ社会ではスンナ派が大多数を占め、世界のイスラム教徒人口で見ても、おそらく八五パーセント近くがスンナ派である。ただし、アラブ諸国内の割合は正確にはわからない。

スンナとは「伝統の民」を意味する「アル・スンナ」が語源だ。預言者ムハンマドの死に際して、やがてスンナ派と呼ばれるようになる人々は、ムハンマドの後継者はアラブ民族の伝統に則《のっと》って選ばれるべきだと主張した。彼らは自らを保守的イスラム教徒とみなしている。

一方シーア派の名前は「シーア・アリー」に由来する。シーア・アリーとは「アリー派」を意味し、預言者ムハンマドの義理の息子を指す。アリーも、その息子ハサンとフセインも暗殺されたため、シーア派が継承するつもりだったイスラム社会の指導者への道は閉ざされた。

ここからイスラム教を大きくふたつの宗派に分けるさまざまな学術論争や伝統儀式が生まれた。スンナ派とシーア派が長らく平和に共存した時代もあったのだが、宗派対立が論争や戦争につながっているのも事実だ。

宗派のなかには、さらに細かなグループが存在する。たとえばスンナ派には多くの支流があり、それぞれが過去の偉大な学者の教えに倣《なら》っている。厳格なハンバル派もそのひとつだ。十九世紀のイラクのイスラム法学者アフマド・イブン・ハンバルの名にちなむ支流で、カタールやサウジアラビアの多くのスンナ派が属している。この影響を受けたのが、ジハード思想の主流派を占める超厳格主義のサラフィー派だ。

シーア派にはおもに三つの分派があり、なかでももっとも有名なのは十二イマーム派かもしれない。十二人のイマーム（導師）の教えを信奉する宗派で、そこにもさらに細かな分派が存在する。たとえば七代目イマームの血統に異を唱えるイスマイリ派や、五代目の血筋に異を唱えるザイド派だ。アラウィー派やドルーズ派も主流のシーア派から生まれたが、伝統的イスラム思想からかけ離れているため異端視するイスラム教徒も多く、とくにスンナ派はその傾向が強い。

ヨーロッパ人による植民地支配の結果、アラブの人々は国民国家を押しつけられ、自らが属するイスラムの分派（および部族）を身びいきする指導者に支配されることになった。こうした独裁者は国家という枠組みを逆手に取り、ヨーロッパ人が引いた人為的な線に囲まれた地域全体を自らの権限で支配しようと手を尽くした。勝手に引かれた線のなかに異なる部族や宗派に属する人々を寄せ集めて統治することが果たして公正と言えるのか、歴史を振り返って考慮されることは一切なかった。

そこから起こった内戦と混乱の最たる例が、イラクだ。シーア派内部のひときわ敬虔《けいけん》なグループは、スンナ派主導の政府が聖地ナジャフやカルバラを支配したことを決して受け入れようとしなかった。ナジャフにはシーア派の殉教者アリーの廟《びょう》が、そしてカルバラにはアリーの息子フセインの廟がある。同じ宗派の人々に共通するこうした感覚は、数世紀以上前から培《つちか》われてきたものなので、「イラク人」と呼ばれ始めてからの数十年程度で薄まることはなかったのだ。

地図から消えたイラクのクルド人村

オスマン帝国をトルコ人の君主が支配した時代、険しい山岳地帯にはクルド人が暮らしていた。山がなだらかになるあたり、ちょうどバグダッドや現在のシリアまで西に延びる平地では、住人の大半がスンナ派のアラブ人だった。チグリス川とユーフラテス川という二大河川が合流してシャトルアラブ川になり、湿地帯からバスラの町へと進んだあたりには、さらに多くのアラブ人が住みつき、その大部分がシーア派だった。そこでトルコ人君主は住人に配慮して、この地域をモスル、バグダッド、バスラという三つの行政区に分けて統治した。

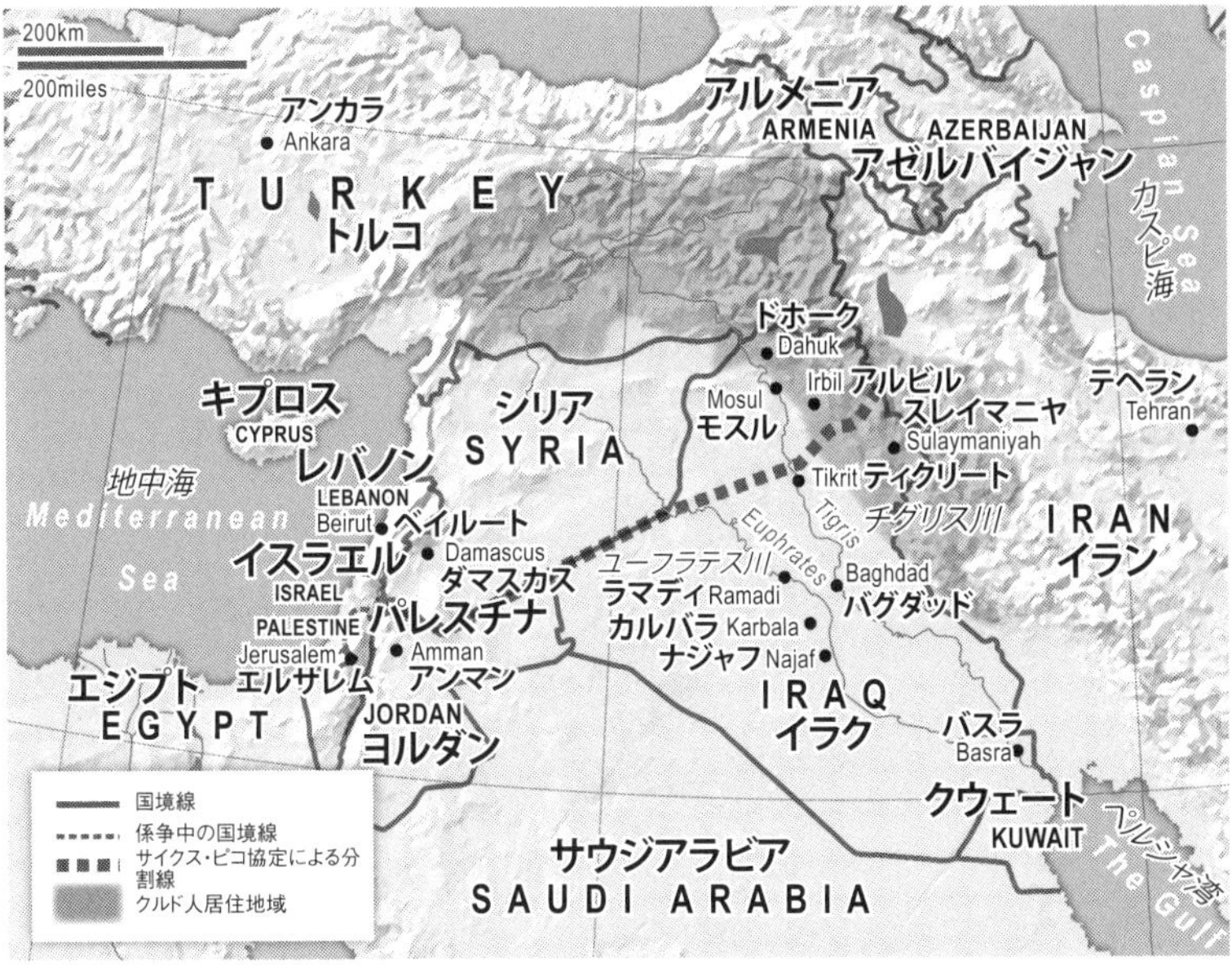

国際社会には国家として認められていないが、明らかに「クルディスタン」と認識できる地域がある。国境をまたいでいるため、クルド人地域がひとつの独立国家をつくろうとした場合、問題が起こりそうだ。

太古の時代、この地域とほぼ同じ範囲を支配していたのは、アッシリア、バビロニア、シュメールと呼ばれる古代帝国だ。古代ペルシャ人がここを支配したときは、民族や宗教に基づいて土地を分割した。アレクサンダー大王も、のちのウマイヤ王朝もそれに倣った。しかし同じ地域を目にしたイギリス人は、三つの異なるものを「ひとつに分けた」。論理的には不可能なことだが、キリスト教徒にとっては神聖なる三位一体論によって説明がつく（訳注：キリスト教で、父なる神とその子キリストと聖霊はひとつであり、それが神であるとする説）。しかしイラクでは、神聖とはほど遠い混乱を招いた。

多くの専門家は、この三つの地域をひとつの国にまとめられるのは独裁者だけだと述べている。実際イラクでは、つぎつぎと独裁者が現れた。しかし人々は決してまとまらず、恐怖で凍りついただけだった。独裁者たちには見えなかった場所、つまり人々の心のなかでは、誰も国のプロパガンダを受け入れていなかったのだ。

サダム・フセインがクルド人の大量虐殺を隠蔽《いんぺい》したことも、フセインと彼の故郷ティクリート出身のスンナ派一族が国を支配したことも、一九九一年に反乱に失敗したシーア派が弾圧され大量殺戮が行われたことについても、誰も納得していなかった。

国の枠組みから真っ先に逸脱したのはクルド人だ。独裁国では、マイノリティの少数民族には現実を変える力がない。そのため極力声をあげず、彼らの権利は守られるというプロパガンダを信じているふりをするものかもしれない。たとえば、イラクのキリスト教マイノリティやユダヤ人は、サダム・フセインのような独裁政権のもとでは、沈黙を守っているほうが安全だと感じていた。変化を求めて行動を起こせば、恐れていることが現実になるかもしれない。

そして実際、恐れていた迫害が現実になったのだ。しかしクルド人は、クルディスタン地域の住民という地理的なくくりであるうえに、非常に数も多いため、独裁に耐え難くなったときに蜂起《ほうき》することができたのである。

イラクの五百万人のクルド人は、イラク北部と北東部のエルビル、スレイマニア、ドホークの各県とその周辺に集中している。大部分が丘や山岳地帯が占める、巨大な三日月形の土地だ。クルド人は、度重なる文化的、軍事的攻撃にもかかわらず、自らの民族性を失わなかった。たとえば一九八八年のアル・アンファル作戦では、まるでアルマゲドンを思わせる激しい攻撃でクルド人が大量虐殺された。毒ガス弾が村々に投下されたほか、サダム・フセインの部隊は捕虜《ほりょ》を取らずに皆殺しにし、偶然出くわしただけの十五歳から五十歳の男性をひとり残らず殺したと言われている。十万人ものクルド人が殺害され、彼らの村の九〇パーセントが地図から消えた。

サダム・フセインがクウェートに侵攻した一九九〇年、クルド人は歴史を変えようと決意する。第一次大戦後のセーヴル条約（一九二〇年）で約束されたまま実現していないクルド人の国（クルディスタン）を手に入れようとしたのだ。湾岸戦争末期、クルド人は蜂起する。さらに多国籍軍がイラク軍の侵攻を禁じる「緩衝《かんしょう》地帯」を宣言したことで、事実上のクルディスタンが形になり始めた。二〇〇三年にアメリカ軍がイラクに侵攻すると、ひとつの事実が確定した。イラク政府がクルド人をふたたび支配することはない、という事実だ。

クルディスタンは公認された独立国家ではないが、独立国家のように飾り立てられている。現在の中東情勢を見ると、クルディスタンという国が名目上も国際法上も認められる可能性が大きくなりそうだ。問題は、それがどんな国になるか、である。シリア、トルコ、イランは、自国のクルド人地域がクルディスタンの一部になり、地中海に到達するひと続きのクルディスタンが形成されたら、どう反応するだろう？

問題はほかにもある。クルド人同士の結束だ。イラクのクルド人居住地は、長いあいだふたつの敵対する部族が分け合っていた。また、シリアのクルド人は、ロジャヴァという小国家をつくろうとしている。

彼らはそれを、未来に誕生するクルディスタンの一部と考えているが、そのクルディスタン建国の過程のなかで、誰がどれほどの権力を、どこで握るのかといった疑問も生じる。クルディスタンが国際的に認められる国家になれば、イラクの形は変わるだろう。形が変わるというのは、イラクという国が存在し続けることが前提だ。もちろんイラクが消滅する可能性もあるのだ。

砂だらけの小さな町

ハシミテ王国ことヨルダンも、イギリス人が砂漠を切り分けてつくった国だ。一九一九年、イギリス人はこの広大な土地の統治を始めると同時に、数々の未解決の問題も抱え込んだ。

第一次大戦中、オスマン帝国と戦うイギリスは、さまざまなアラブの部族に援助された。しかし、終戦時にイギリス政府がその報酬を与えると約束したのは、ふたつの部族、サウードとハシミテだけだった。しかもあろうことか、どちらの部族にもアラビア半島の支配を約束したのである。サウードとハシミテがしばしば戦っていたことを考えると、これは不手際と言わざるを得ない。

そのためイギリス政府は地図のほこりを払い、線を数本引き、サウードの族長がひとつの地域を、ハシミテの族長がもう一方の地域を支配するよう命じた。ただし、どちらにもイギリスの外交官を置いて物事を監視「しなければならない」と申し渡した。そこでサウード一族の族長は、与えられた土地に自らの名前をつけた。現在サウジアラビアと呼ばれる国の誕生である。「サウジアラビア」とは、「サウード家のアラビア王国」という意味だ。

管理にやかましいイギリスは、ハシミテに与えたもう一方の地域に「ヨルダン川の対岸」を意味する「トランスヨルダン」と名付けた。首都に選ばれたのは、アンマンという砂だらけの小さな町だ。一九四八年にイギリスが撤退したとき、国名はヨルダンに変更された。しかし、ハシミテ一族はアンマン地域の出身ではなく、元はメッカ地方の有力者、クレシ一族の同族で、当初からアンマンで暮らしていたのは大半がベドウィン族だった。

　現在は住民の大部分がパレスチナ人である。一九六七年、イスラエル人がヨルダン川西岸地区を占領し、多くのパレスチナ人がヨルダンに流れ込んだためだ。ヨルダンは、彼らに市民権を与える唯一のアラブ国家だった。その結果、現在ヨルダンの六百七十万人の住民の大半がパレスチナ人という状況だが、彼らの多くはヨルダンの統治者、アブドゥラ国王に忠誠心を持っていない。この問題に加えて、ヨルダンは百万人のイラク人とシリア人の難民を受け入れたので、市民生活にも大きな負荷がかかっている。

幻想の国、レバノン

国の人口構成のこうした変化は、深刻な問題を起こし得る。レバノンがその典型だ。

二十世紀まで、レバノンのアラブ人は、レバノンの山岳地帯と海にはさまれた地域を単にシリアの一地方とみなしてきた。第一次大戦後、レバノンがフランス領になると、フランス人はその地域一帯を異なる視線で見始める。

　フランスは、その地域に暮らすキリスト教アラブ人と長いあいだ手を結んできた。その感謝のしるしに、一九二〇年代にはキリスト教アラブ人が主流派と思われる場所に、彼らの国をつくった。この国には明確な名前がなかったので、フランス人は近隣の山脈の名前にちなんでレバノンと名付けた。この幻想の国は、一九五〇年代後半まで続く。

　そのころには、レバノンのシーア派とスンナ派の出生率はキリスト教徒よりも上昇していた。しかも一九四八年に起こったアラブ・イスラエル戦争（第一次中東戦争）で、隣接するイスラエル／パレスチナから大挙して逃れてきたパレスチナ人によって、イスラム教徒の人口はすでにふくらんでいた。レバノンでは公式な国勢調査は一九三二年の一回しか行われていない。人口構成が非常にデリケートな問題で、民族の人口規模に政治体制が左右されるためである。

レバノンでは長期にわたり、さまざまな宗派間の戦いが続いてきた。そして一九五八年、マロン派キリスト教徒とイスラム教徒のあいだで、歴史家が第一次レバノン内戦と呼ぶ争いが勃発《ぼっぱつ》する。このときすでに、イスラム教徒はわずかながらキリスト教徒を数で上回っていたのだろう。現在はイスラム教徒が明らかに多数派だが、いまだに正確な数字はわかっていない。研究調査で引用される数字は、どれも激しい議論を呼ぶ。

レバノンの首都ベイルートの一部は、ほぼシーア派が占めている。レバノン南部も同じ状況で、シーア派の武装組織ヒズボラが（シーア派が大部分を占めるイランの支援を受けて）支配している。シーア派のもうひとつの拠点、ベッカー高原は、シリア政府軍を支援するヒズボラが進撃の準備地点として使ってきた。この他の町は、圧倒的にスンナ派が多い。レバノン北部の港町トリポリも人口の八〇パーセントがスンナ派と思われるが、かなりの数のアラウィー派も存在する。隣国シリアでスンナ派とアラウィー派が緊張関係にあるように、これは散発的な戦いにつながっている。

レバノンは、地図でみる限り統一国家のように思える。しかしベイルート空港に着いてからわずか数分で、じつはそうではないとわかるだろう。空港から市街地まで車を走らせると、シーア派が占める南部の町外れを通過する。治安を維持するヒズボラの民兵が目につく場所だ。彼らはレバノン国内で最も優秀な戦闘部隊と言っていい。レバノン軍も名目上は存在するが、一九七五〜一九九〇年にふたたび起こった内戦で崩壊している。大半の部隊の兵士が故郷の町や村に戻って地元の民兵組織に入ったためだ。

シリアもレバノンと同じ運命をたどるのか

似たようなことが、二〇一一年末に向かって内戦が激化した際のシリア軍にも起こった。シリアも多数の教義、多数の宗派、多数の民族からなる国で、初めて国民国家になった途端に崩壊した。この地域の典型でスンナ派が多く、人口の七〇パーセントを占めるが、数多くの少数派宗派も存在する。二〇一一年までは、多くのグループが町や村、山間部で共存していたものの、特定のグループの優位性がはっきりわかる地域もあった。

イラクと同様に、土地の住民は必ずこう主張する。「われわれはひとつの部族だ、われわれを分けるものは何もない」と。そしてやはりイラクと同じように、名前や出生地、住まいがわかれば、どの部族に属するかが容易に特定できる。そしてこれもイラクと同じように、「ひとつの部族」をばらばらにするのにあまり時間はかからなかった。

シリアを委任統治したフランスは、イギリスの例に倣って土地を分割して統治した。少数派部族や宗派間の対立をあおり、それを利用して支配を容易にするためだ。たとえば、当時ヌサイリー派と呼ばれていたアラウィー派の一件がある。多くのスンナ派は彼らを異端視し、イスラム教徒とみなしていない。激しい敵意にさらされたヌサイリー派はアラウィー派（「アリーの信奉者」という意味）と名前を改め、イスラム教徒の一員であることを強調した。へんぴな山岳地帯に暮らす彼らは、シリア社会の底辺にあった。そこでフランスはアラウィー派を選んで警察組織や軍隊に徴用する。そこから何年もかけて、彼らはその地の主勢力としての地歩を固めたのである。

民族にせよ宗派にせよ、少数派から指導者を選んで多数派を支配させれば緊張関係が生まれることは、当然誰もが知っていた。バッシャール・アル＝アサド大統領を輩出したアサド一族は、人口の約一二パーセントを構成するグループだ。一族は、バッシャールの父親ハーフィズが一九七〇年のクーデターで政権を握った時代からシリアを統治してきた。一九八二年、ハーフィズはシリア西部の都市ハマーでムスリム同胞団のスンナ派の暴動を鎮圧し、数日間で推定三万人を虐殺する。同胞団はこれを許すことも忘れることもなかったので、憎悪が渦巻くなか、二〇一一年に国中で反乱が起こり始めた。その後の内戦は、第二のハマー虐殺の様相を呈した。

目下の問題は、シリアが最終的にどのような形に落ち着くのかということだ。たとえば、シリア政府が倒れたら（ほぼあり得ない仮定だが）、アラウィー派がかつての居住地だった沿岸部と山岳地帯に撤退し、一九二〇～三〇年代に存在した小国をつくるというシナリオがある。理論上は可能だが、実際は無数のスンナ派がシリアに残るだろう。スンナ派主導の新政府がダマスカスにつくられれば、その最優先事項は、シリア沿岸へ出るルートの安全確保と、抵抗組織の最後の拠点の破壊になるはずだ。

近い将来シリアは、権力を握った多数の司令官のいる多数の領地に分裂する運命にあるようだ。これを書いている時点でアサド大統領は、多数の力のある司令官のなかのひとりにすぎない。近年レバノンで起こった内戦は十五年間続いた。しかも、いつまたつぎの内戦が起こっても不思議ではない。シリアもレバノンと同じ運命をたどるかもしれないのだ。

シリアもレバノンのように、国外勢力が自らの目的のために利用する場所になった。シリア政府軍を支援しているのは、ロシア、イラン、そしてレバノンだ。アラブ諸国は反政府軍側だが、それぞれが異なるグループを支援している。たとえばサウジアラビアとカタールは覇権《はけん》争いをしているので、目的達成のために別々のグループに手を貸している。

このような地域をひとつにまとめて統治するためには、外交技術や度胸、そして欠けることの多い「妥協」という要素が必要になるだろう。スンナ派のジハーディストが「カリフによる統治」を広めるためにこの地域をばらばらにしようとしているのだから、なおさらだ。

アルカイダや、近年出現したイスラミックステート（ＩＳ）といったグループが現在支持されている原因は、植民地政策によって受けた屈辱《くつじょく》や、その後の汎アラブ主義（アラブ諸国の国家を越えた政治的団結）という名のナショナリズムの失敗、そしてアラブの国民国家にあると言える。

アラブ諸国の指導者たちは、繁栄や自由をもたらすことに失敗した。そこにあらゆる問題を解決すると誘惑するイスラミスト（イスラム教原理主義者）が登場し、信仰心、失業、弾圧が混ざった毒物に苦しむ人々を惹《ひ》きつけたのだ。

イスラミストは、イスラム教が帝国を統治し、科学や芸術、医学、政治の分野で最先端にいた時代を思い出している。彼らは、「よそ者」に対する太古の不信感を中東全土で表面化させたのだ。

心理的空間を掌握した「ジャッカス・ジハーディ世代」

イスラミックステートは、二〇〇〇年代後半に「イラクの聖戦アルカイダ組織」から派生し、名目上はアルカイダ指導者の残党が率いていた。シリア内戦がいよいよ激化するころには、グループはすでにアルカイダから分かれ、名前を変えていた。当初、外の世界では「イラクとレバントのイスラミックステート」の頭文字でＩＳＩＬ（アイシル）と呼ばれたが、レバントを意味するアラビア語がAl Sham（アル・シャーム）なので、徐々にＩＳＩＳ（アイシス、イシス）に変化した。二〇一四年夏にイスラミックステートと称するようになってからは、イラクとシリアの広範囲で存在感を見せつけている。

ＩＳはすぐに「人気の」ジハーディストのグループになり、おびただしい数の外国人イスラム教徒をその大義に惹《ひ》きつけた。理由は、信仰心に基づいた理想主義が半分、無慈悲な残虐性が半分だろう。しかし、もっとも大きな魅力は、カリフの統治を成功させたことだ。アルカイダは人々を殺し、メディアに大きく取りあげられたが、ＩＳは人々を殺し、かつ領土を獲得したのである。

ＩＳは、インターネット世代で重要性を増している分野もうまく掌握した。それは心理的空間だ。ソーシャルメディアにおけるアルカイダの草分け的活動を土台にしつつ、さらに洗練された、暴力的な高みへと引き上げた。

大衆へのメッセージ伝達の観点で見ると、ジハーディストを利用したＩＳは、二〇一五年にはどこの政府をも上回ったと言える。彼らは、インターネットやそこにはびこる暴力やセックスがときにもたらす残忍な影響を受けて育った、いわゆる「ジャッカス・ジハーディ世代」（訳注：大人がばかばかしいことにあえて挑戦するアメリカのテレビ番組「ジャッカス」とイスラム教の聖戦「ジハード」を関連づけた著者の造語）で、命がけのゲームに突っ走っているのだ。

二〇一五年夏までに、中東各地の多数のアラブ人と多くの地域メディアがＩＳを別の名称で呼び始めた。一般市民がＩＳをいかに不快に思っているかがよくわかる「ダーイシュ（Daesh）」という呼称だ。

ダーイシュは、ＩＳの以前の名称「イラク・レバントのイスラム国」を意味するアラビア語「Dawlat al Islamiya Iraq Wa al Shams」からの造語だ。しかしこの呼称が使われるようになったのは、ＩＳのメンバーがこの言葉を嫌っているからにほかならない。「陰険で、不和を生む者」を意味するアラビア語daesと同じ発音で、罪人を意味するfahishといった否定的な言葉とも韻を踏んでいるためだ。

「大ばか者」という意味のjaheshとも韻を踏み、発音も似ているので、ＩＳのイスラム教色を忌み嫌う者にとってはこの点がもっとも重要かもしれない。アラブの文化では「大ばか者」は相手に対する深刻な侮辱《ぶじょく》であり、名誉を傷つけ、恐怖を植えつける力を削《そ》ぐ言葉でもあるのだ。

二〇一五年、イラク国内のあちらこちらで戦闘が激しくなり、イラク政府軍はＩＳからティクリートを奪還した。しかしラマーディーはＩＳが制圧した。アメリカ空軍は、突然偵察飛行を行うはめになり、イラク共和国防衛隊を援助するために空爆も行った。

ＩＳがティクリートを狙ったのは、イラク政府が北部のモスルをふたたび手中にするのを防ぐというのも理由のひとつだが、ＩＳにとってはラマーディーのほうがはるかに重要だった。ラマーディーはイラクでも圧倒的にスンナ派の多いアンバール県にあり、シリアとの国境へも抜けられる。この地域を手中にすれば、ＩＳは「国」であるとの彼らの主張が説得力を持つわけだ。

二〇一五年八月、アメリカによるイラクとシリアのＩＳへの攻撃から一年を迎えた。ペルシャ湾の空母ジョージ・Ｈ・Ｗ・ブッシュとカール・ヴィンソンから飛びたった多くの戦闘機による空爆は数千回に及んでいる。クウェートや、アラブ首長国連邦の基地からも多くの戦闘機が出撃し、なかでもＦ22ラプターステルス戦闘機は、ＩＳの油田施設の攻撃にも使われた。

作戦の大半を担当したアメリカ軍パイロットは、攻撃座標を指示する特殊部隊の前線航空管制官の不在が響いて苦労した。標的が都市部にあることがしばしばで、「交戦規定」により多くの戦闘機が攻撃することなく基地へ戻った。

二〇一五年晩夏以降、ＩＳは支配地域を立て続けに失っている。シリアのコバニがクルド人兵士に奪い返されたのはかなりの痛手だろう。そして二〇一六年一月、イラクの主要都市ラマーディーもイラク軍に奪還された。同時にＩＳは度重なる空爆にさらされ、大きな圧力をかけられている。

ロシアも深く関与するようになり、シリアの自由シリア軍とＩＳを標的に攻撃している。ＩＳの犯行と思われるテロにより、エジプトでロシアの航空機が墜落したためだ。二〇一五年十一月にパリで同時多発テロが発生したフランスは、ＩＳへの大規模な空爆を行い、イギリスへ協力を要請した。イギリス内閣は、ＩＳへの空爆をイラクからシリアへ拡大することを決定した。

その結果、ＩＳの「統治領」は縮小し、数名の指導者や多くの市民が殺害された。しかし、数百人の兵士はリビアを目指して新たな拠点をつくった。おそらく、シリアやイラクで総崩れになっている状況を立て直すためだろう。二〇一六年春には、リビアは長期化する戦いの最前線になっている。

ドローンと現代地政学

ロシア、イギリス、アメリカ、フランス等、いまや多くの国々に重い責任がのしかかり、数千機の無人偵察機が飛ばされている。アメリカ大陸から飛びたったものもある。ドローンと呼ばれる無人機は、地理的制限を克服する現代の最新技術の一例であるが、それと同時に、地理学の重要性を強調する存在でもある。

アメリカが保有する無人機はどんどん増え、世界中で最低でも十ヵ所の基地に配備されている。これにより、ネバダ州の空調のきいたオフィスに座ったまま、操縦スティックでターゲットを攻撃したり、ターゲット近くの工作員に指示を転送したりできる。しかしそのためにアメリカは、無人機基地を置く国々との関係を良好に保たなければならない。たとえば、ネバダから送られる信号は、ドイツまで海底ケーブルを通過し、その後アメリカ国防総省に帯域幅を販売する第三国の衛星に送られるということもあり得るだろう。これはアメリカの力を示す概念上の地図を暗示する。現代の地政学を完全に理解するためには欠かせない地図だ。

無人機攻撃は、当然のように個々のターゲットに壊滅的な被害を与えてきた。二〇一五〜二〇一六年にかけて、無人機はＩＳが占拠していた数千平方キロにおよぶイラクの領土の奪還に大きく貢献した。とはいえ、ＩＳはいまだにイラクでスンナ派が支配する広大な土地を掌握していた。

地理的に有利なシーア派

まばゆい光に集まる蛾《が》のごとく、世界中からスンナ派のイスラミスト兵士が集結し、イラクのクルド人、スンナ派、シーア派の分裂をたくみに利用した。スンナ派アラブ人に、「正当な権利のある」場所を取りもどして彼らをその地の支配者にするという無謀な話を持ちかけ、さらにカリフ統治の復活まで約束したのだ。そこでイスラム教の真の信奉者であるスンナ派が、絶対的な指導者のもとで暮らすという計画だ。

しかし、彼らの教義や実践は非常に狂信的で、ユートピア思想を達成できない理由もそこにある。

第一に、ジハーディストの目的に同意するのは、イラクのスンナ派部族のごく一部だけと思われる。たとえ同意しても、彼ら自身の目的を達するためであり、預言者ムハンマドの時代に戻ることは考えていないはずだ。望むものを手に入れてしまえば、イラクのスンナ派は、ジハードディストに、とくに外国人に反撃するだろう。

第二に、ジハードディストは彼らに刃向かう者は容赦せず、スンナ派以外の者は死刑に値するとの思想を見せつけてきた。そのため、イラクのスンナ派以外のイスラム教徒や少数部族、キリスト教徒、カルデア人、ヤジーディー族は、みな彼らに敵対している。西欧やイスラム諸国でも同じ状況だ。

ジハードディストではないイラクのスンナ派は、難しい立場にある。イラクが分裂するか、法的に連邦化された場合、国土の真ん中で身動きできなくなるかもしれない。彼らが拠点にするスンニー・トライアングルと呼ばれる三角地帯が砂漠に取り囲まれているためだ。三角地帯の頂点はそれぞれ、バグダッドのすぐ東側、ラマディの西側、そしてティクリートの北側だ。ここに暮らすスンナ派は、北部のクルド人や南部のシーア派よりも、シリアにいる同族との共通点のほうが多い。

トライアングル内には、スンナ派の国を維持できるほど多様な経済活動は存在しない。歴史は「イラク」に原油を残したが、イラクの事実上の分割で、クルド人とシーア派が占めるエリアが油田の大半を抱えることになった。盤石な統一イラクが実現しなければ、オイルマネーは産油地であるクルド人とシーア派の土地へ戻ってしまうだろう。しかし、クルド人の土地をスンナ派の管理下に置くことは不可能だ。また、バグダッドの南側のナジャフやカルバラといった町は圧倒的にシーア派が多く、バスラやウムカスラの港町はスンナ派が支配する土地のはるか彼方である。このジレンマから、スンナ派はかつて彼らが統治していた土地で公平な分け前を求めて戦うことを選んだ。ときおり独立を夢想することもあるが、せいぜい小さな自治領が現実的だろうことも充分理解している。

万が一イラクが分割された場合、地理的に非常に有利で理想的な場所を占めているのはシーア派だ。彼らが支配する土地には油田、五キロにおよぶ海岸線、シャトルアラブ川、豊富な港、外界と結ばれたルート、そして宗教的、経済的、軍事的同盟国である隣国イランまでそろっている。

甘く見てはいけないジハーディストの夢

ジハーディストの夢は、サラフィー主義（イスラム純化主義）による世界支配だ。もっと無謀で具体的な夢もあり、彼らはそれを目標に掲げて戦っている。その目標とは、中東全域をカリフが統治することだ。「モスルからエルサレムへ」というジハーディストのスローガンからも、彼らがイラクのモスルからレバノンのベイルート、ヨルダンのアンマン、イスラエルのエルサレムに至るまで、この地域すべての統治を目論《もくろ》んでいることがわかるというものだ。しかし、イスラミックステートが実際に支配する土地の範囲は、その能力によって限定される。

この問題を甘く見てはいけない。プロテスタントとカトリックの衝突が発端となったヨーロッパの三十年戦争（一六一八～一六四八年）のように、アラブ版三十年戦争にもなりかねないからだ。中東だけの問題ではないのである。

生き残った世界中のジハーディストは、それぞれの故郷であるヨーロッパや北アメリカ、インドネシア、コーカサス地方、バングラデシュに戻るだろう。しかしそこに定住して穏やかな生活を送るとは思えない。ロンドンの諜報機関は、中東でジハーディストグループとともに戦っているイギリス人イスラム教徒のほうが、イギリス陸軍のイギリス人イスラム教徒よりもはるかに多いと考えている。イスラム教徒による急進主義教育は、ヨーロッパ諸国で進行中の穏健派主導の政治の数十年前から始まっている。

中東の多くの国が、程度の差こそあれ、この時代特有の苦悩に直面している。たとえばサウジアラビアは、ここ十年にわたってアルカイダ分子を受け入れてきた。その大半は解体できたが、いまは次世代のジハーディストとの新たな事態に対峙している。イエメンとの国境に接する南側も、過激な分離主義運動や色濃いジハード主義の影響で荒廃している。

ヨルダンでも、イスラム教徒の運動が爆発寸前だ。とくに、北東にシリアとイラクの国境をのぞむ町ザルカは、アルカイダやイスラミックステートといった過激派の支持者が根城《ねじろ》にしている。当局はイラクやシリアのジハーディストが無防備な国境を突破し、ヨルダンになだれ込むことを恐れている。

イギリスで訓練を受けたヨルダン軍は、中東でもっとも強いとみなされているが、地元のイスラム教徒や外国人兵士がゲリラ戦で町に攻め入れば反撃は難しいだろう。パレスチナ系ヨルダン人が国を守ることを拒《こば》んだら、ヨルダンが現在シリアで目にしているような混乱に陥ることも、非現実的とは言えなくなる。ヨルダン・ハシミテ王国の統治者も、イスラエル人も、そのようなことは決して望んでいない。

いまも続くイスラエル／パレスチナの悲劇

中東アラブの未来をかけた戦いは、イスラエルとアラブのパレスチナ問題に注がれていた世界の視線を逸らすことになった。

イスラエル／パレスチナ問題では、イスラエル側の攻撃が一方的に非難されることが多い。しかし現在世界のいたるところで起こっている重大な事態がきっかけで、この地域の問題はイスラエルの存在が原因ではないとようやく理解する第三者が多少なりとも現れた。アラブの独裁者たちが、彼らの残虐な行いから世界の目を逸らすためにイスラエルに責任をなすりつける嘘《うそ》を広めていたのだ。中東の人々も、独裁者に利用された愚かな西欧の人々も、その嘘を鵜呑《うの》みにしていた。

ただ、イスラエル人／パレスチナ人共通の悲劇はいまも続いている。この狭い土地への執着も続いているので、ここがふたたび世界でもっとも激しい内戦地とみなされる日が来るかもしれない。

オスマン帝国は、ヨルダン川の西から地中海沿岸までの地域をシリアの一部とみなし、フィリスティアと呼んだ。第一次世界大戦後はイギリス統治下になり、パレスチナが誕生した。

ユダヤ人は、イスラエルと呼ばれていたこの土地に数千年にわたって住み続けていた。しかし、破壊と略奪の歴史によって世界中に追われてちりぢりになった。それでもユダヤ人にとってイスラエルは神に与えられた「約束の地」であり、エルサレムは聖地であり続けた。しかし、イスラム教アラブ人（パレスチナ人）とキリスト教徒が千年以上にわたって住み続けた結果、一九四八年にはアラブ人とキリスト教徒が多数派になっていた。

二十世紀に入り、イギリスによるパレスチナ委任統治が始まると、ユダヤ人の少数派信徒の協力運動が高まった。東ヨーロッパの組織的大虐殺（ポグロム）の影響もあり、パレスチナに定住するユダヤ人は徐々に増えていった。イギリスは「ユダヤ人の祖国」がパレスチナにできたことを好意的にとらえ、ユダヤ人移住者がアラブ人から土地を買うことを許可する。

第二次世界大戦のホロコースト後、パレスチナを目指すユダヤ人の数はいっそう増えた。同時にユダヤ人と非ユダヤ人のあいだの緊張は沸点に達した。疲れ果てたイギリスは、一九四八年に問題を国連に託し、国連の票決で、その地域はふたつの国に分割されることとなる。ユダヤ人は同意したが、アラブ人は拒絶した。その結果、パレスチナ戦争（第一次中東戦争）が勃発、大勢のパレスチナ人が難民になってパレスチナから逃れる一方、ユダヤ人難民が中東各地からパレスチナに流入したのである。

ヨルダンは、東エルサレムも含むヨルダン川西岸地区を占拠した。エジプトは、自国の領土の一部と考えてガザ地区を手に入れた。どちらの国も、そこに暮らす人々にパレスチナ人としての市民権を与えることもなければ、パレスチナ国民と認めることもなかった。住民がパレスチナ国家をつくろうと動くこともなかった。一方シリアは、この地域全体を大シリアの一部と考え、住民をシリア人とみなした。

現在にいたるまで、エジプト、シリア、ヨルダンはパレスチナの独立を認めていない。イスラエルが消滅してパレスチナが取って代わったら、この三ヵ国は自国の領土を主張するだろう。しかし今世紀、パレスチナ人のあいだには非常に強い国家意識が芽生えているので、どんな姿であれパレスチナ国家ができたら私腹を肥やそうと目論むアラブの独裁国は、激しい抵抗にあうはずだ。

二十世紀にアラブ諸国に多数のパレスチナ人が流れ込んだとき、大半の国が彼らに市民権を与えなかったことを、パレスチナ人はよく覚えている。そうした国々は、パレスチナ人のこどもも孫も身分は「難民」のままだと主張し、自国民にならないように手を尽くしているのだ。

エルサレム、ガザ、ヨルダン川西岸

一九六七年の六日間戦争（第三次中東戦争）で、イスラエルはエルサレム、ヨルダン川西岸地区、ガザ地区すべての支配権を勝ち取った。二〇〇五年にはガザ地区から撤退したが、西岸地区には無数の定住者が残っている。

イスラエルはエルサレムを分割することのできない不変の都と考えている。ユダヤ教では、エルサレムには預言者アブラハムが息子イサクをいけにえとして神に捧げようとした聖なる岩があり、その場所は「至聖所」ことソロモン王の神殿の真上とされる。

一方パレスチナ人にとってのエルサレムは、イスラム教世界に深くこだまする宗教的響きを持つ。エルサレムの町は、イスラム教で三番目の聖地なのだ。預言者ムハンマドが同じ聖なる岩から天へ召されたと言われているためだ。現在その聖なる岩は、アル・アクサー・モスク（遠隔のモスク）の敷地内の、岩のドームに置かれている。

軍事的に見たエルサレムの地理的重要性は平凡なものだ。とりたてて言うほどの産業もなければ、川も空港もない。しかし、文化的、宗教的視点に立つと圧倒的な重要性を帯びる。エルサレムは観念的に必要な場所であり、立地条件以上の意味を持つのだ。エルサレムは、支配はおろか、接近することでさえ、譲歩や妥協で簡単に解決できる問題ではないのである。

翻《ひるがえ》ってガザ地区を手放すことは、イスラエルにとってもっと楽な選択だった（難しいことは確かだったが）。しかし、イスラエルから離脱したことによってガザ地区の住人が得をしたかどうかは、議論の余地がある。

ガザ地区は、現在のふたつのパレスチナ「国家」より危機的な状況だ。南北の距離はわずか四十キロ、東西は十二キロしかない。そこに百八十万人ものパレスチナ人が詰め込まれて暮らしている。事実上は「都市国家」だが、恐ろしく困窮した都市国家だ。イスラエルとの衝突が原因でイスラエルとエジプトが防護壁を建てたため、住人は三方向を封鎖されて閉じ込められている。おまけに西側には海が迫っている。

壁は、イスラエルとの国境線から一定の距離を取ってガザ側寄りにつくられた。ガザ地区から飛んでくるロケット弾が内陸部まで届かないように、イスラエル側があれこれ手をつくしているためだ。ここ十年間、軍事拡張競争がペースを上げ、両者の戦力は開くばかりだ。ガザの兵士は長距離ロケット弾を求め、

ゴラン高原、ヨルダン川西岸地区、ガザ地区は、1967年の六日戦争（第三次中東戦争）以来紛争の絶えない地域である。

イスラエルはミサイル迎撃システムを開発している。

　都市部の人口密度が高いので、ガザは防御側にとっては理想的な戦闘地だが、一般市民にとっては悪夢そのものだ。戦闘が始まれば逃げ場がほとんどないうえ、西岸地区へ出る手段もない。ガザ地区と西岸地区の距離は、もっとも近い地点でわずか四十キロだというのに。和平協定が結ばれるまで、ガザの人々は留まるしかなく、留まったところでできることもほとんどないだろう。

　ヨルダン川西岸地区の広さはガザ地区のほぼ七倍だが、陸地に囲まれ、大部分は北から南へ走る山の尾根から成っている。軍事的に見ると、指揮官が誰であれ、山の西側の海岸平野と、東側に位置するヨルダン地溝帯を支配するには有利な場所だ。

　ユダヤ人は、彼らがユダヤ・サマリアと呼ぶ土地に住む権利が聖書に明記されていると主張するが、ユダヤ人定住者のイデオロギーは脇《わき》に置いて軍事的に見ると、他国の軍隊がこの高地を支配することは、イスラエルが決して許さないとわかる。イスラエルの人口の七〇パーセントが暮らす海岸平野が攻撃される可能性があるからだ。この平野には幹線道路、業績のいいハイテク企業、国際空港もあり、重工業の中心地でもある。

　イスラエル側が「安全」を要求するのは、これが理由だろう。たとえ独立したパレスチナ国家ができたとしても、山頂に兵器を配備してはならないと主張したり、イスラエルはヨルダンとの国境線を支配し続けると強調したりするのも同じ理由だ。イスラエルは小国なので、現実的な「戦略的深み」がまったくなく、防御が破られたときに後退する場所もない。そのため誰も接近しないように、戦略的に先手を打つことに専念している。さらに、西岸地区の境界からテルアビブまでは、最短距離で十六キロほどしかない。西岸地区の山脈から攻撃すれば、それなりの軍ならイスラエルを真っ二つにできるだろう。同じように、西岸地区でも、イスラエルはどんなグループであれ自国の存在を脅かす力を持つことを防ごうとするはずだ。

イスラエルにとっての脅威

現在イスラエルは、テロリストと、隣国からのロケット弾の攻撃のために、国の安全と市民の生命が脅かされる事態に直面している。しかし、国の根幹を揺るがすほどの脅威ではない。

南西側のエジプトは、脅威とは言えない。目下のところ双方納得の平和条約があり、緩衝地帯としてシナイ半島の一部を非武装化する法令もあるためだ。シナイ半島の東側、紅海を渡ったヨルダンの港町アカバのあたりは、やはり砂漠がイスラエルを守っているうえに、ヨルダン政府とも平和条約が結ばれている。北側には、レバノンという潜在的脅威が存在するが、比較的小さな脅威で、国境を越えた襲撃や限定的な爆撃がせいぜいだろう。しかし、レバノンのヒズボラがより大きく射程距離の長いロケット弾をイスラエル領土内まで飛ばすようなら、激しく応戦するはずだ。

将来深刻な脅威になりそうなのは、レバノンの隣国シリアだ。シリアは歴史的にダマスカスから海岸線へ直接出るルートを必要としてきたため、つねにレバノンを自国の一部とみなしてきた（実際そうだった時代もある）。二〇〇五年、イスラエルとの紛争解決を口実に長らくレバノンに駐留していたシリア軍が国際社会の批判に押される形で撤退せざるを得なかったことを、いまだに苦々しく思っている。

レバノン経由の海へのルートが封鎖されれば、ゴラン高原を越えてガリラヤ湖周辺の丘陵地帯へ下り、地中海に出るしか選択肢はない。しかし高原地帯は、シリアが一九七三年に攻撃して以降イスラエルが牛耳っているので、シリア軍がイスラエルの人口密集地帯へ続く海岸平野を突破するにはかなりの猛攻撃を強いられるだろう。

いつか遠い将来という話なら、無視できない問題かもしれない。しかし中期的に見るとまったくあり得ない状況だ。シリアの内戦が続く限り不可能だろう。

これで残ったのはイランの問題だ。核兵器が絡むので、より深刻である。

イランはアラビア語圏ではなく、大半の住民は現代ペルシャ語を母語とする。フランス、ドイツ、イギリスを合わせた面積よりも広いが、これらの国の人口が合計二億人であるのに対し、イランはわずか七千八百万人だ。そのほとんどが山岳地帯で暮らしている。というのも、内陸部は巨大な砂漠と塩の平原が広がるばかりで、とても人が住める場所ではないためだ。内陸部を車で走り抜けるだけで、人間の精神は圧倒される。そこで暮らすことは苦行に近い。ほとんど住人がいないのも当然だろう。

イランには、ザグロスとエルブルズという、ふたつの大きな山脈がある。ザグロス山脈は北部に始まり、トルコ、イラクとの国境沿いに千五百キロほど南下し、ペルシャ湾のホルムズ海峡近くまで達している。山脈の南半分の西側には平野があり、シャトルアラブ川がイランとイラクを分けている。イランの主要油田もこの平野にあり、ほかの油田は北部と中心部に位置する。すべて合わせると、世界第三位の原油埋蔵量と考えられている。それにもかかわらず、イランは比較的貧しい国だ。不適切な統治方法、不正行為、物資の輸送路を寸断する山の多い地形、産業の近代化を遅らせる経済制裁が原因である。

エルブルズ山脈も北部に始まるが、アルメニアとの国境沿いが出発地点だ。そこからカスピ海の南岸いっぱいに延び、トルクメニスタンとの国境に達し、アフガニスタンまで南下する。山々は首都テヘランからも望め、町の北側にそびえたつ姿は雄大だ。しかしイランの核兵器計画並みの機密事項なのか、一年のうち数ヵ月間すばらしいスキー場になることはほとんど知られていない。

イランは三方向を山に囲まれ、残る一方向には湿地と海が横たわるこの地形に守られている。その領土に攻め入ったのは、一二一九～二一年のモンゴル人が最後で、それ以降の襲撃者は山岳地帯を越えて進軍するだけで自滅した。二〇〇三年の第二次湾岸戦争（イラク戦争）では、世界一の軍事力を誇るアメリカでさえ、南部からイラクに侵攻しても結局は引き返すしかないだろうと考えた。卓越した武器をもってしても、イランには侵入できないとわかったのだろう。実際、当時のアメリカ軍は「われわれは山ではなく、砂漠で戦う」とのキャッチフレーズを掲げていた。

一九八〇年、イラン・イラク戦争が勃発したとき、イラクは六師団を使ってシャトルアラブ川を越え、イランのフゼスタン州を併合しようとした。しかし湿地が占める平地から離れられず、ましてやザグロス山脈の山麓《さんろく》に入ることなどできなかった。

核武装すればイランは超大国に

イランの山岳地帯を見るだけで、ひとまとまりの経済圏をつくることは至難の業《わざ》だとわかる。そこには特徴がはっきりと異なる多くの少数民族グループが暮らしている。たとえばフゼスタンの住人は大半がアラブ人だが、別の場所ではクルド人、アゼリー人、トルクメン人、ジョージア人等が暮らしている。住民の大半はペルシャ人なので、人口の六〇パーセントが現代ペルシャ語を母語とする。

こうした多様性が理由で、イランは昔から中央集権国家だった。権力と驚くほどの諜報網《ちょうほう》を利用して国内の安定を維持している。イラン政府は、イランに侵攻する者はいないと考えているが、敵対勢力が少数民族を利用して不満をあおり、イスラムによる大改革を危険にさらそうとする可能性も認識している。

イランは原子力産業も展開している。その技術が核兵器開発に利用されていると考える国は多い。なかでもイスラエルは懸念を強め、この地域の緊張が高まっている。

イスラエルは、いずれイランが核兵器を保有する可能性に脅威を感じている。そうなれば、イランがイスラエルの兵器庫にも劣らない武器を持ち、爆弾ひとつでイスラエルを消してしまうだけではすまない。イランが核爆弾を手に入れれば、アラブ諸国はおそらくパニック状態に陥り、我先にと核武装に走るだろう。たとえばサウジアラビアは、アヤトラと呼ばれるシーア派の宗教指導者たちがイランを統治し、シーア派アラブ人を指揮下に置くことを、そして聖地であるメッカとメディナまで支配しようと目論むことを恐れている。

イランが核武装すれば、この地域ではずば抜けた超大国になる。この危機を阻止するために、おそらくサウジアラビアはパキスタンから核兵器を入手しようとするだろう（両国のあいだには密接なつながりがある）。エジプトとトルコもあとに続くはずだ。

言い換えれば、イスラエルがイランの核施設をいつ空爆してもおかしくないということだ。しかし、それを抑制する要因も数多い。

ひとつは、イスラエルからイランへは直線距離にして千六百キロ以上あることだ。イスラエル空軍は、二つの主権国、ヨルダンとイラクの国境を越えなければならない。そうなれば、イスラエルが攻撃に向かっていることを、イラクがイランに間違いなく伝えるだろう。

もうひとつ、別ルートを取るためには、空中給油の能力が必要で、これはイスラエルには不可能と思われる。いずれにせよ、北側のルートを選べば、また主権国上空を飛ぶことになる。最後の理由は、ペルシャ湾のホルムズ海峡封鎖という決定的な切り札をイランが握っていることだ。ホルムズ海峡は毎日、取引状況にもよるが世界の原油需要の約二〇パーセントが行き来している。海峡の最も狭い場所は、世界で最も戦略的に重要な地点で、わずか三十五キロ弱しかない。工業国はホルムズ海峡が一ヵ月間連続で封鎖される可能性と、その後の原油価格の上昇を恐れている。イスラエルが行動を起こさないように多くの国が圧力をかけているのは、このためなのだ。

ペルシャ湾を挟んだ隣人同士の緊張

二〇〇〇年代、イランはアメリカに包囲されることを恐れていた。その矢先、アメリカ海軍がペルシャ湾に展開し、部隊がイラクとアフガニスタンに侵攻した。これでイラクとアフガニスタンの軍事力が弱まったため、イランの恐れはすっかり消えて、シーア派支配下のイラクの協力者たちと直接手を結ぶ優位な立場を保っている。イラク南部も、ダマスカスのアラウィー派の協力者とイランを結ぶ架《か》け橋《はし》だ。そこから地中海沿岸のレバノンのシーア派、ヒズボラへもつながる。

紀元前六～四世紀、ペルシャ帝国はエジプトからインドまで領土を拡大した。現代のイランにはそのような帝国を築く意図はないが、支配力を広めようとしている。その向かう先は西側の平地、つまりアラブ諸国とシーア派マイノリティへの勢力拡大だ。

アメリカ軍の侵攻でイラクにシーア派主導の政府ができて以来、イランはイラクに拠点をつくっていた。これでスンナ派が多数を占めるサウジアラビアは警戒し、中東における冷戦とも言えるイランとの関係が悪化する。

サウジアラビアはイランに比べると国土も大きく、石油・ガス産業の発展のおかげではるかに豊かな国だが、人口はイランよりかなり少ない（サウジアラビアの二千八百万人に対し、イランは七千八百万人）。軍事的に見ても、この冷戦が激しくなり武力対決になった場合、サウジアラビアがペルシャ湾をはさんだ隣人と互角に戦えるかどうかはわからない。どちらもこの地域の覇権《はけん》を握ろうという野心を持ち、どちらも自らをイスラムの王だと考えている。

イラクがサダム・フセインに支配されていた時代は、強力な緩衝材であるイラクがサウジアラビアとイランを隔てていた。その緩衝材がなくなったいま、両国はペルシャ湾越しににらみあっている。

二〇一五年夏、イランの核開発問題にかんするアメリカ主導の協議が合意に達したが、それによりイランの脅威が小さくなるとペルシャ湾岸諸国が安心することはなかった。西側メディアはこの合意に対するイスラエルの反応ばかりを報じたが、アラビア半島をはさんで反対側のアラブのメディアは真っ向から非難し、ナチス・ドイツに妥協した一九三八年のミュンヘン会議にたとえる新聞もあったほどだ。サウジアラビアの一流コラムニストは、イランの核爆弾製造に備えて、サウジも爆弾を製造すべきと訴えた。

これが背景になり、二〇一六年初頭、驚くべき状況が発生した。サウジアラビアで（スンナ派が多数を占める）、一日で四十七人の囚人が処刑されたのだ。サウジで最高齢のシーア派指導者シェイク・ニムル・アル・ニムルも含まれていた。この国を支配するスンナ派の王家による計算された動きだ。

核協議が成立しようがしまいが、サウジアラビアはイランに立ち向かうということをアメリカをはじめ世界の国々に見せつけたのだ。シーア派世界でつぎつぎとデモが勃発し、テヘランのサウジアラビア大使館も襲撃を受け、放火された。国交が断絶し、こうしてスンナ派とシーア派の内戦継続の舞台ができあがった。

トルコはヨーロッパか中東か

イランの西側には、ヨーロッパにもアジアにも属する国がある。トルコだ。トルコはアラブ諸国の境界線上に位置するが、アラビア語圏ではない。国土の大部分が広い意味での中東に含まれるものの、中東の紛争からは距離を置こうとしている。

トルコは、その北側と北西側で接するヨーロッパ諸国に、完全なヨーロッパの国と認められたことはない。トルコをヨーロッパとみなすなら、ヨーロッパの境界は巨大なアナトリア半島を越え、シリア、イラク、イランまで迫るということだ。この概念を受け入れられる人はほとんどいないだろう。

トルコがヨーロッパの一部ではないとしたら、ではトルコはどこの国なのか？

トルコ最大の都市イスタンブールは、二〇一〇年の欧州文化首都（訳注：一年間にわたり文化行事を行う都市。欧州連合が指定する）に選ばれた。ユーロビジョン・ソング・コンテスト（訳注：欧州放送連合が開催する音楽コンテスト）や、UEFA（欧州サッカー連盟）ヨーロッパ・チャンピオンシップにも参戦している。一九七〇年代には現在の欧州連合の前身に加盟志願した。それにもかかわらず、ヨーロッパ内とみなされる領土は全体の五パーセント以下だ。大半の地理学者も、ボスポラス海峡の西側の狭い地域をヨーロッパとみなし、ボスポラス海峡の南部と南東部は広い意味での中東と考えている。

トルコがEUに受け入れられてこなかったのは、この地形も理由のひとつだ。ほかの要因は過去の人権問題、とくにクルド人に対する迫害と、もうひとつは経済状況である。EU加盟を許すと、七千五百万人の人口を抱えるトルコから、生活水準の格差が理由で労働者が大量に流入することをヨーロッパ諸国は懸念している。

EU内で語られることはないが、もうひとつの要因と思われるのが、イスラム教徒が多い点だ（人口の九八パーセント）。EUは非宗教的でもなければ、キリスト教主体の組織でもない。しかし「価値観」をめぐる難しい議論が絶えず存在した。トルコのEU加盟に賛成する意見ひとつひとつに反論があり、ここ十年間で、トルコがEUに加盟できる見込みはかなり薄くなったようだ。これでトルコはほかの選択肢を探ろうとしている。

一九二〇年代、少なくともひとりの男にとっては選択の余地はなかった。彼の名は、ムスタファ・ケマル・アタテュルク。第一次世界大戦で高く評価された唯一のトルコ人将軍だ。

勝利を収めた連合国側がオスマン帝国を分割した際、ケマルは提示された条件はのまないと声明を出し、大統領に立候補した。同時にトルコの近代化と欧米化にも着手する。そのために西欧の法典とグレゴリオ暦が導入され、アラビア文字はアルファベットに取って代わられた。イスラムの慣習は禁じられ、フェズと呼ばれるトルコ帽の着用も禁止された。さらに、女性には参政権が与えられた（スペインより二年、フランスより十五年早い）。

一九三四年、法的に全国民に名字を与えることになり、ケマルは「トルコの父」という意味の「アタテュルク」という名字を手にする。一九三八年にアタテュルクが亡くなってからも、後継者たちはトルコを西欧諸国に仲間入りさせようと働きかけを続けた。そして軍部によるクーデターで勝利した者たちも、アタテュルクの遺志を継ごうと決めた。

しかし一九八〇年代後半には、相変わらずトルコのEU加盟を認めないヨーロッパのかたくなな態度と、宗教色が薄れることに対する多くの国民の拒絶反応が、驚くべき考えを持つ政治家の世代を生み出した。トルコには別の道が必要だ、という考えだ。

トルコ大統領トゥルグト・オザルは信心深い人物で、一九八九年に大統領に就任すると変革を開始した。オザルは人々を鼓舞し、トルコはヨーロッパ、アジア、中東の架け橋となる偉大な国であり、ふたたびこの三地域を支配する大国になるだろう、と呼びかけた。現在の大統領レジェップ・タイイップ・エルドアンも同じ大きな野望を持っているが、達成する前にまたしても同じ障害に直面している。地形の問題だ。

チャンスとリスクの交差点

政治的に見ると、エルドアン大統領が本気でトルコ経済を再生させるつもりなのか、アラブ諸国は疑問視しているので親密な関係を結ぼうとしない。イランはトルコを強力な軍事的、経済的ライバルとみなしている。一度も友好的だったことのない両国間の関係は、近年いっそう冷え込んできた。シリア内戦に関与した党派の支持をめぐって、正反対の立場をとったためだ。トルコは、ムバラク大統領の独裁が崩壊したエジプトで、ムスリム同胞団政府を強く支持したが、エジプト軍が二度目のクーデターを起こして政権を奪取したため何も得るものはなかった。エジプトとトルコの関係も、いまやすっかり冷え込んでいる。

トルコとロシアの関係はさらに悪い。この二ヵ国は五百年間反目しあってきたが、二十世紀は激しく衝突することなくどうにかやっていくことを学んだ。しかしシリア内戦がこの状況を変えた。ロシアがアサド大統領を支援しているのに対し、トルコはアサド政権の転覆とスンナ派政府樹立のために全力を尽くしている。

二〇一五年後半、ロシアがシリアに軍事介入すると、ついに緊張が頂点に達した。トルコがロシアのSu24戦闘機を領空侵犯を理由に撃墜したのだ。その後は互いに非難の応酬になり、このまま戦争に発展するおそれもあったが、痛烈な批判と経済制裁で決着した。

この激烈な争いは、シリアとロシア戦闘機だけが原因ではない。黒海とカスピ海の覇権、およびトルクメニスタン等に暮らすトルコ人への影響力をめぐる争いも関係している。どちらの国も、トルコが成長し続けていることも、トルコがいわゆる「スタン」がつく国々への影響力ではロシアに肩を並べようとしていることも理解している。そしてどちらも、主権と「名誉」の問題を引っ込めるつもりはないはずだ。

トルコの指導者層は、これまで良好だったイスラエルとの関係を見直した結果、イスラエルがキプロスやギリシャと協力してエネルギー同盟を結び、各国の海岸沖でガス田を発見するのを目の当たりにした。エジプト政府はトルコを快く思っていないので、この新しい天然ガスの得意先になりたいと考えている。

一方トルコは、イスラエルのガス田で利益を得る可能性があったにもかかわらずみすみすチャンスを逃したために、相変わらず宿敵ロシアにエネルギー源を頼らざるを得ない状況だ。同時にEU諸国に天然ガスを送るための新たなパイプラインをロシアと協力して開発している。

アメリカは、トルコ、イスラエルという両同盟国間で新たな冷戦が始まることを危惧《きぐ》し、両国がふたたび友好関係を結ぶよう働きかけている。トルコとイスラエルが良好な関係にある限り、地中海東側におけるNATOの立場も安泰との思惑《おもわく》だ。

黒海への出入り口であるボスポラス海峡を支配するトルコは、NATOにとって不可欠な存在だ。もしトルコがボスポラス海峡でもっとも狭い二キロにも満たない部分を封鎖したら、ロシアの黒海艦隊は地中海へ出ることができず、そうなると大西洋にも出られない。ボスポラス海峡を通過しただけでは、まだそこはマルマラ海だ。そこからダーダネルス海峡を通り、エーゲ海に到達して、ようやく地中海へ出ることができる。

広大な国土を持つトルコが海軍国と考えられることはあまりない。しかし、トルコは三方の国境が海であり、そこを支配することでつねに一目置かれる存在だった。中東やコーカサス地方、そして中央アジアの国々とヨーロッパを結ぶ交易や輸送の架け橋でもあった。トルコはそうした地域と歴史や民族的つながりを共有している。

トルコが歴史の交差点であることは抗えない運命と言えるだろう。ときにその交差点で危険な事故が起こることもある。トルコ外務省のウェブページは、これを「外交政策の概要」項目で強調している。「トルコを中心とするアフロ・ユーラシアの地形は、チャンスとリスクがもっとも激しく相互作用する場所だ」。こういう一文もある。「トルコは、同時代で最高レベルの文明に到達するための二百年にわたる努力の一環として、EUの正式メンバーを目指している」

短中期的に見ると、これは実現しそうもない。数年前まで、トルコはイスラエル以外の中東の国で民主主義を受け入れた好例として挙げられていた。その優等生が、ここ最近打撃を受けている。進展しないクルド人問題や、少数派のキリスト教徒との難しい対話、そしてシリア政府と戦うイスラム教徒グループへの暗黙の支援が原因だ。

エルドアン大統領のユダヤ人非難、人種差別、女性軽視の発言は、ぞっとするほどイスラム色が濃く、世界に警鐘《けいしょう》を鳴らした。しかし、大部分のアラブ諸国に比べると、トルコははるかに発展した民主主義国家と言える。エルドアンはアタテュルクの功績を台無しにしようとしているのかもしれないが、トルコの父の末裔《まつえい》は中東アラブ諸国の誰よりもはるかに自由に生きている。

銃身から生まれる権力

アラブ諸国はトルコのような建国を経験せず、植民地政策に苦しんできたため、アラブの春（二〇一〇年に始まった大規模な反政府民主化運動）を新たな社会の開花へつなげる準備ができていなかった。そのため、事態はこじれて終わりの見えない暴動と内戦へ突入した。

「アラブの春」は、メディアがつくった、実体とはかけ離れた呼称だ。この呼称にだまされると、実際に起こっていることが見えなくなる。多くの記者が、英語のプラカードを持って街頭に立つ若き自由主義者のインタビューに走り、彼らの言葉こそ市民の声であり歴史が動く方向だと誤解した。イランの「緑の革命」（訳注：二〇〇九年の大統領戦で、事前予想に反して現職候補が当選したことに対する抗議運動）の際にも同じ過ちを犯したジャーナリストがいた。テヘラン北部の学生を「若きイラン」と呼び、保守的な民兵部隊バスィージや革命防衛隊に加わっていた若者を無視したのだ。

一九八九年、東ヨーロッパでは、全体主義の一形態が存在した。共産主義である。人々の心はただひとつの方向へ、民主主義へ向かっていた。鉄のカーテンの向こう側では、民主主義国家が繁栄を謳歌していたからだ。こうして東側と西側は、民主主義と市民社会の時代の記憶を歴史的に共有した。

一方、二〇一一年のアラブ世界は、こうしたことをまったく経験せず、多くの異なる方向を目指した。その方向とは、民主主義、自由民主主義（民主主義とは異なる）、民族主義、カリスマ指導者待望論等々だ。

多くの人々がずっと目の当たりにしてきた方向もある。過激派も含めさまざまに姿を変えたイスラム教という隠《かく》れ蓑《みの》だ。

じつのところ中東では、権力は銃身から生まれる。リビア北部の都市ミスラタの模範市民のなかには、自由民主主義政党の結成を望む者もいれば、同性愛者の権利を求めて運動を起こしたい者もいるだろう。しかし彼らの活動は、地元の事実上の権力者が自由民主主義者と同性愛者を銃撃すれば、制限されるはずだ。イラクはその典型例と言える。民主主義は名ばかりで、自由主義は自由とはほど遠く、ホモセクシャルという理由で人々が当たり前のように殺される場所なのだ。

アラブ蜂起の第二段階は、たしかに一歩を踏み出している。これは宗教的信条、社会道徳、部族のつながり、そして銃が、「西欧の」平等や表現の自由、普通選挙権といった理想よりもはるかに強い力を持つ社会における複雑な内面葛藤《かっとう》だ。

アラブ諸国は悪意に、いや、憎悪に満ちている。平均的な西欧人にはわからない、目の前に印刷物として置かれたとしても信じたくないほどの憎しみだ。わたしたちは、自分自身が持つ悪意を、ありあまるほどの悪意を自覚している。それなのに、中東の悪意は見て見ぬふりをしようとしているのだ。

アラブ世界では、他者への憎悪が日常的に口にされるので、それについてあえて意見を述べるのは、西欧教育を受けて時事報道はほとんど見ない少数派リベラルくらいなものだ。町にはナチスのシュテュルマー紙のプロパガンダを真似《まね》たユダヤ人排斥主義の風刺漫画があふれている。毎週毎週ゴールデンタイムになると、わざと冒瀆《ぼうとく》的な言葉を使うイスラム教指導者がテレビ番組に登場する。

この手の行動を擁護する西欧人は、パレスチナ系アメリカ人の文学研究者、エドワード・サイードが言う「オリエンタリスト」（訳注：東洋を西洋的価値観で支配しようとする者）と評されることを恐れて挫《ざ》折《せつ》することが多い。彼らは自分自身のリベラル的価値観を、その普遍性を否定することによって裏切っているのだ。

リベラル以外の者は、無邪気にも、殺人の煽動《せんどう》は広まっているわけではなく、アラブ言語のコンテクストで見られるに過ぎないと述べているが、ただの美辞麗句《びじれいく》だ。これは、彼らが「アラブの世論」を理解していないことの表れだ。主流派のアラブのメディアの役割もわかっていなければ、憎しみに満ちた人々が発する言葉は本心の表れだということを理解しようともしていない。

エジプト大統領ホスニー・ムバラクが辞任に追い込まれたとき、彼をひきずりおろしたのはまさに民衆の力だった。しかし、世界が見落としたことがある。軍部が長年ムバラクと息子のガマルを追いやる機会を狙《ねら》っていたこと、そして人があふれかえる街頭という劇場が彼らに必要な格好の目くらましになったことだ。

ムスリム同胞団の政権が支援者を集めたとき、ようやく充分な隠れ蓑ができた。エジプトには三つの組織しかなかった。ムバラクの国民民主党、軍事政権、そしてムスリム同胞団である。後者ふたつが国民民主党を打倒し、ムスリム同胞団が選挙に勝ち、エジプトをイスラミストの国へ変え始めた。しかし真の権力者である軍部に転覆させられ、代償を払ったのだ。

イスラム保守派は第二勢力として残っているが、現在は地下に潜伏している。反ムバラク派のデモが最高潮に達したとき、カイロの集会に集まったのは数万人の人々だった。一方、ムバラク政権崩壊後、ムスリム同胞団の過激派でイスラム法学者のユスフ・アル＝カラダウィが追放先のカタールから帰国したときは、少なくとも百万人の人々が出迎えた。しかし西欧のメディアでこれを「民衆の声」と呼んだところはほとんどなかった。

リベラル派にはまったくチャンスがなかったし、現在もない。これはエジプトの人々が急進的だからというわけではなく、人が空腹で何かに怯えているときに、パンと身の安全か、または民主主義の概念か、どちらかを選べと言われたら、選択は難しくないというのがその理由だ。

人々や社会に責任を負う組織がほとんどない貧困世界では、権力は「民兵」や「政党」の姿を借りたならず者に託される。彼らが権力を求めて戦い、純真無垢《むく》な西欧の賛同者がそれを支援する一方で、多くの無実の市民が亡くなっている。今後数年で、リビアやシリア、イエメン、イラクをはじめとする国々も同じ状況になりそうだ。

アメリカは、エネルギー輸入量が要求よりも削減されたため、中東に向けた政治的、軍事的投資を抜け目なく減らすだろう。アメリカが実際に撤退したら、中国と、小規模ながらインドが、アメリカが開けた投資の穴を埋めることになるかもしれない。中国はすでにサウジアラビア、イラク、イランで事業を展開し、存在感を高めている。このシナリオは世界的レベルで広がり、列強の首相の決断にまで影響が及ぶことは間違いない。今後も人々の想像力、欲望、希望、欲求、そして命を賭《か》けた駆け引きが繰り広げられるだろう。

サイクス・ピコ協定は、破られつつある。中東を以前の姿に戻し、なおかつ新たな形を生むことは、血にまみれた長い道のりになるに違いない。

第八章　インドとパキスタン——三千キロにおよぶ国境線と永遠に続く敵意

「インドは国家でもなければ、国土でもない。
多民族からなる亜大陸である」
インドのイスラム教指導者
ムハンマド・アリ・ジンナー

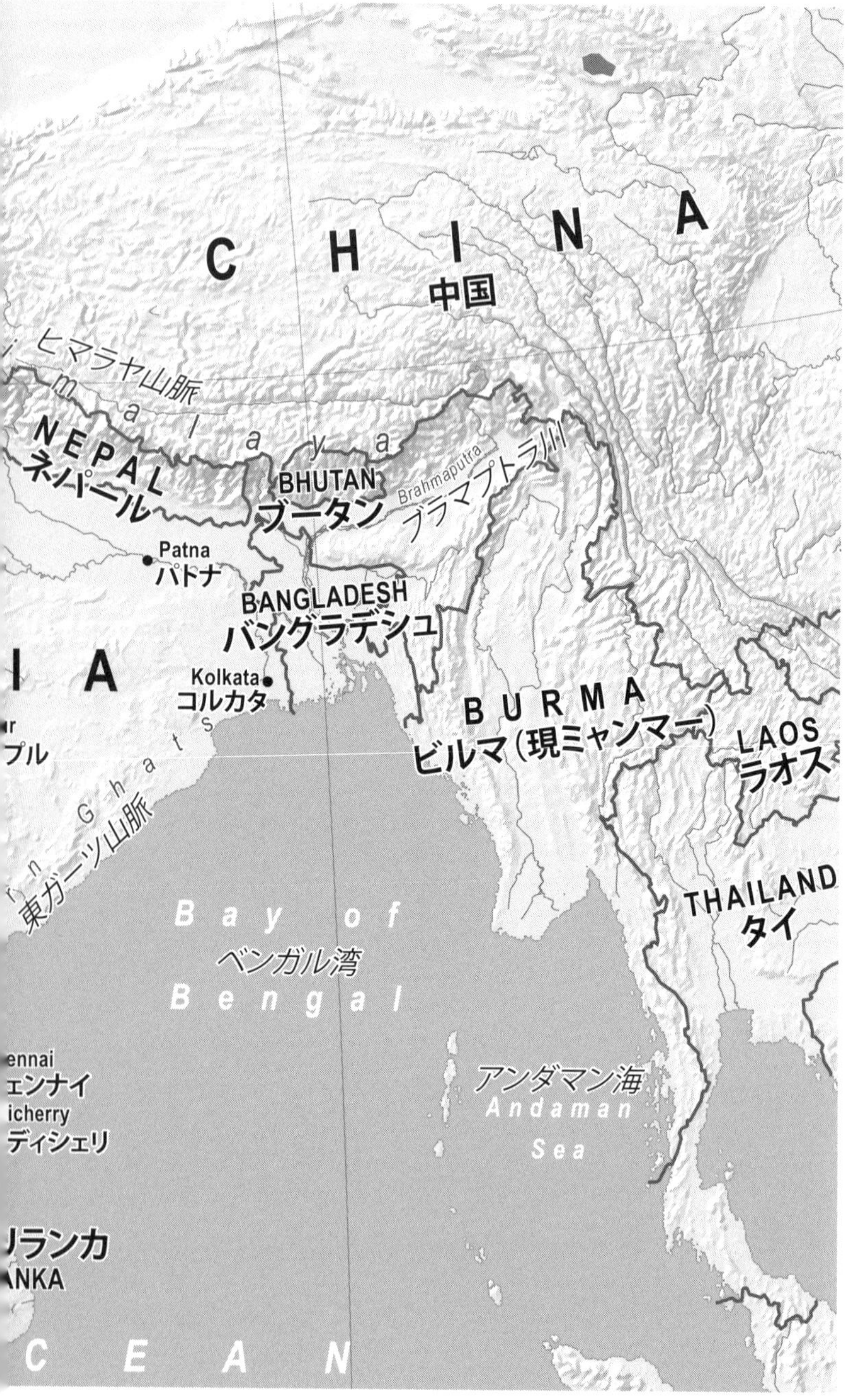
C H I N A
中国
ヒマラヤ山脈
m a l a y a
NEPAL
ネパール
BHUTAN
ブータン
Brahmaputra
ブラマプトラ川
Patna
パトナ
BANGLADESH
バングラデシュ
I A
Kolkata
コルカタ
ar
プル
t s
G h a
東ガーツ山脈
BURMA
ビルマ（現ミャンマー）
LAOS
ラオス
THAILAND
タイ
Bay of
ベンガル湾
Bengal
ennai
ェンナイ
icherry
ディシェリ
アンダマン海
Andaman
Sea
リランカ
ANKA
C E A N

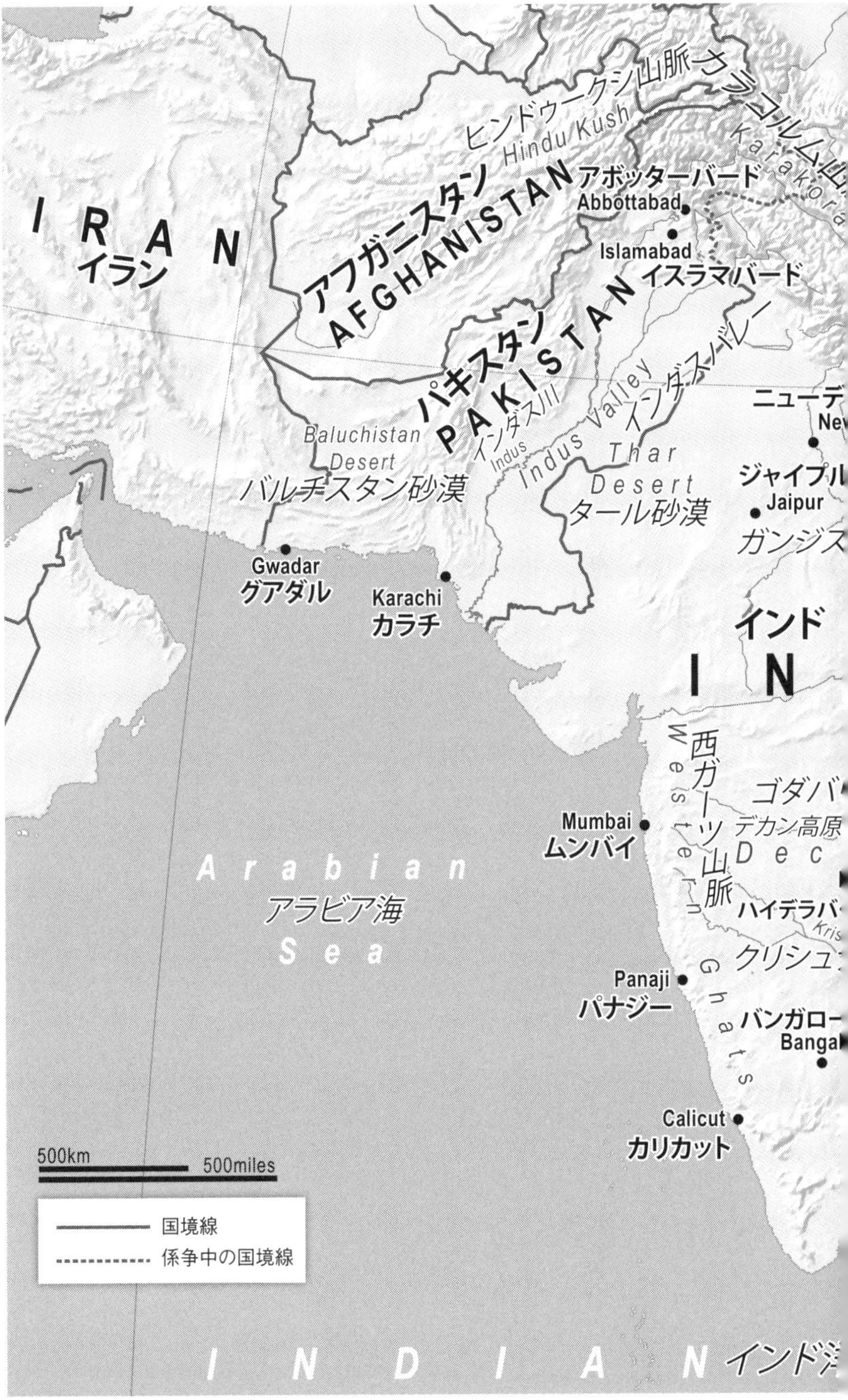

IRAN
イラン
AFGHANISTAN
アフガニスタン
PAKISTAN
パキスタン
ヒンドゥークシ山脈
Hindu Kush
カラコルム山
Karakora
アボッターバード
Abbottabad
Islamabad
イスラマバード
インダスバレー
Indus Valley
インダス川
Indus
Baluchistan Desert
バルチスタン砂漠
Thar Desert
タール砂漠
ニューデ
New
ジャイプル
Jaipur
ガンジス
Gwadar
グアダル
Karachi
カラチ
インド
IN
西ガーツ山脈
Western Ghats
ゴダバ
デカン高原
Dec
Mumbai
ムンバイ
ハイデラバ
Kris
クリシュ
Arabian Sea
アラビア海
Panaji
パナジー
バンガロー
Bangal
Calicut
カリカット
500km
500miles
国境線
係争中の国境線
INDIAN
インド洋

嫌悪の炎

ひとつだけ、インドとパキスタンの意見が一致することがある。どちらも相手が隣国であることがおもしろくないのだ。この二ヵ国が三千キロにも及ぶ国境を接していることを考えると、これは少々やっかいである。申し合わせたように、どちらも敵意と核兵器を持っているので、この望まれない関係の先行きは、数千万人の人々の生死にかかわる問題なのだ。

インドの人口は十三億人に迫っているが、パキスタンの人口は一億八千二百万人だ。貧困にあえぎ、社会情勢が不安定で内部分裂しているパキスタンは、自らの特徴をインドの正反対と決めつけているかのようだ。一方インドは、パキスタンのことがつねに頭にあるものの、さまざまな特徴を打ち出している。急成長する経済と拡大する中産階級をひっさげて現れた新興大国というのもそのひとつだ。インドはこの優位な立場からパキスタンを睥睨《へいげい》し、経済指標でも民主主義指標でも相手より優れていることを確認している。

この二ヵ国には、四つの大きな戦争と無数の小競《こぜ》り合《あ》いの歴史がある。どちらも感情が高ぶりやすいのだろう。パキスタンの将校がしばしば口にする「パキスタンはインドを八つ裂きにして血祭りに上げてやる」という言葉は、二〇一四年末にインディアン・デフェンス・レビュー誌に掲載された軍事評論家ドクター・アマルジート・シンの記事の引用だ。「他国がどう思おうと、わたしの見解はこうだ。インドは、無数の切り傷によって来る日も来る日も屈辱《くつじょく》を味わい痛みに苦しみ、いまだ開発されてもいない技術に無駄なエネルギーを費やすくらいなら、パキスタンによる手痛い核攻撃に勇敢に立ち向かうほうがいい。そして何千万人もの死者という代償を払ってけりをつけるのだ」

これがパキスタン政府の公式な政策ではないにしても、両国の人々が心の奥底に抱えている感情の代弁ではあるのだろう。現代のパキスタンとインドは、嫌悪の炎のなかに生まれたようなものだ。また戦争が起こったら、今度こそその炎が両国を焼きつくすかもしれない。

言語や文化の多様性をもたらした川と宗教

インドとパキスタンをしっかり結びつけているのは、インド亜大陸の地形だ。この亜大陸が自然の額縁をつくっている。南東にはベンガル湾、南にはインド洋、そして南西にはアラビア海があり、北西にはヒンドゥークシ山脈、北側にはヒマラヤ山脈が横たわる。時計回りに見ていくと、バルチスタン砂漠が徐々に高くなり北西辺境州の山岳地帯に到達し、さらに高いヒンドゥークシ山脈につながる。右を向いて東へ移動すると、カラコルム山脈にぶつかり、その先のヒマラヤ山脈が中国との国境沿いにビルマ（現ミャンマー）まで延びる。そこでインドがバングラデシュを取り囲み、ベンガル湾へ南下する。

この額縁に囲まれているのが、現在のインド、パキスタン、バングラデシュ、ネパール、ブータンだ。ネパールとブータンは陸地に囲まれた貧しい国で、中国とインドという巨大な隣国に威圧されている。バングラデシュの問題は、海へのルートがないことではなく、海からのルートが多過ぎることだ。低地の地域はベンガル湾からの洪水に絶えず脅かされている。もうひとつの地形の問題は、国土のほぼ全体がインドに取り囲まれている点だ。一九七四年に合意した四千キロもの国境によって、インドがバングラデシュをぐるりと囲み、外界へつながるもうひとつの陸路であるビルマとの国境は、ほんのわずかな距離しかない。

バングラデシュ社会は混乱続きのうえに、イスラミスト兵士もいるので、インドにとっては悩みの種だ。しかし、ネパール、ブータン、バングラデシュが台頭してインド亜大陸の誰もが認める支配者を脅かすことはないだろう。一九四七年にイギリス領インド帝国がインドとパキスタンに分割されてからわずか数十年で、核兵器を持つほどの技術を開発しなければ、パキスタンもインドにとっては脅威ではなかったはずだ。

西欧人の額縁にこの地域を収めようとしても、比較的平坦ではあるもののあまりに広大で、文化や言語の多様性も高いため、強い中央集権政府をつくることができなかった。植民地支配したイギリスでさえ、かの有名な官僚制と鉄道網もむなしく自治を許した。実際はそれを利用して部族同士を対立させ、漁夫の利を得たわけだが。

言語や文化の多様性は、凍《こご》える寒さのヒマラヤ山脈と南部のジャングルを比較すれば気候の違いが原因にも思えるが、川や宗教が原因でもある。

ガンジス川、ブラマプトラ川、インダス川流域では、多くの文明が誕生した。現在も人口密集地はこれらの河岸沿いに点在している。行政区は地形によって分けられ、それぞれ特徴がまったく異なる。たとえばパンジャブ州はシーク教徒が多数派を占め、タミール・ナドゥ州にはタミール語を母語とする人々が暮らす。

分離独立でパキスタンが得たもの

数世紀にわたり、多くの大国がインド亜大陸に侵攻したが、真の意味で征服できた国は皆無だ。現在のインド政府でさえ、インドを完全に統治しているわけではない。これから触れるように、パキスタン政府もパキスタンを統治できていないが、インドの状況はそれに輪を掛けている。かつてイスラム教徒はインド亜大陸をひとりの指導者の下でまとめることに見事に成功したが、そのイスラム教も言語や宗教、文化的相違は克服できなかった。

最初のイスラム教徒の侵略は、ウマイヤ朝のアラブ人が現在のパキスタンのパンジャブ州まで領土を広げた西暦八世紀に始まる。それ以来十八世紀まで、さまざまな外国勢がインド亜大陸に侵攻し、イスラム教徒が入り込んだ。しかし、インダス川の東側で多数派を占めるヒンドゥー教徒が改宗に抵抗したため、結果的にインド分割の種がまかれた。

やがてイギリスに植民地化され、その後独立を果たすが、中央政府が統治に失敗し、すべてが崩壊する。そもそも「中央」などなかったのだ。この亜大陸は太古の昔から、パンジャブ語とグジャラート語、山と砂漠、イスラム教とヒンドゥー教といった、互いに相容《あいい》れないものによって分断されていたのだから。

一九四七年には、植民地からの独立によって高まったナショナリズムと、イスラム教徒とヒンドゥー教徒の分離主義の波が、亜大陸をふたつに、後に大きく三つに分裂させた。インド、パキスタン、バングラデシュである。ふたつの世界大戦で疲弊した大英帝国の時代は終わりに近づいていたので、植民地から手を引く際も栄光の撤退とは言えなかった。

一九四七年六月三日、イギリス下院でインド独立が宣言され、イギリス領インド帝国は、ヒンドゥー教徒が多数を占めるインドと、イスラム教徒が多数を占めるパキスタンというふたつの国に分割された。そしてわずか七十三日後の八月十五日、イギリス人は亜大陸から姿を消し、インドとパキスタンは独立した。

すると驚くべき規模で、人々の移動が始まった。イスラム教徒とヒンドゥー教徒の溝を埋められないまま分離独立したため、インドにいた何百万ものイスラム教徒が西のパキスタンを目指してインドとの新たな国境にあふれ、パキスタンにいた何百万ものヒンドゥー教徒とシーク教徒が東のインドを目指して反対方向へ移動した。村や町ぐるみで移動したため、三万人強の人の列で道が埋めつくされたという。あふれんばかりの難民を乗せた列車が亜大陸を縦横に走って人々を町へ送り届け、帰りは反対方向を目指す人々をいっぱいに乗せて戻ってきた。

こうした大混乱の末に、大量殺戮《さつりく》も起こった。両国で立て続けに暴動が発生し、恐慌状態に陥ったイスラム教徒、ヒンドゥー教徒、シーク教徒、その他の信者が、互いに襲いかかったのだ。イギリス政府は傍観を決め込み、インドとパキスタンの新たな指導者が治安維持のために求めた駐留イギリス軍の出動要請も拒んだ。死者数の推定はさまざまだが、少なくとも百万人が亡くなり、千五百万人が故郷を追われ難民になったと言われている。イスラム教徒が多数派を占める西側地域（タール砂漠の西側のインダス川流域とガンジス川流域）は西パキスタンに、カルカッタ（現コルカタ）の東側は東パキスタンになった。

この分離独立で、パキスタンは何を得たのだろう？　インドよりもはるかに少ないことは確かだ。パキスタンは、もっとも問題の多いアフガニスタンとの国境である北西辺境州をインドから引き継いだ。しかも国土は千六百キロにおよぶインドの領土によって西パキスタンと東パキスタンに分断され、隣接していないふたつの地域に分かれたので、それをひとつの国としてまとめることさえ困難だった。

アメリカは、隣接していないアラスカ州との距離の問題を難なく解決したが、それはアラスカ州とアメリカ本土が文化的にも言語的にも、そして経済的にもつながりがあり、安定した環境で対処できたためだ。パキスタンの場合、ふたつの地域をつなぐのはイスラム教だけだった。そのため、東と西が一度も団結することなく分裂したのも当然だろう。

ひとつの国に五つの言語

一九七一年、西パキスタンが政策的に優遇されることに不満を抱いた東パキスタンが、独立を求めて蜂《ほう》起《き》した。インドが仲裁に乗り出し、幾多の流血の惨事のすえに、東パキスタンはバングラデシュとして独立を果たす。

しかし、一九四七年に立ち返ってみると、オスマン帝国崩壊から二十五年、ジンナーをはじめとするパキスタンの新たな指導者たちは明るい未来の約束を大袈裟《おおげさ》に振りかざし、パキスタンはイスラム教徒の故

インドとパキスタンを形成する地域。多くが独自の民族性と言語を持つ。

国として結束するだろうと宣言していた。

パキスタンは、地理的にも経済的にも、人口統計的にも、そして軍事的にも、インドには及ばない。国家のアイデンティティも明確ではない。インドはその広さや文化的多様性、分離主義運動にもかかわらず、国民性を統一することによって揺るぎない民主主義を確立した。一方パキスタンは独裁の歴史を持つイスラム教徒の国であり、住民は国家よりも自身が属する文化や地域への忠誠心が強い。

世俗的民主主義は、インドではうまく機能している。しかしそれは一九四七年の分裂でインドが幸先《さいさき》のよいスタートを切ったためでもある。インドの新たな国境線の内側には、亜大陸の主要産業や、課税対象の企業、そして大都市が多数存在した。たとえば、港湾施設と金融部門があるカルカッタ（現コルカタ）はインド側に渡った。東パキスタンは大きな収入源と外界との連絡地を奪われたのだ。

パキスタンには、分割前の政府が管理してきた資金のわずか一七パーセントしか与えられなかった。農業基盤はあったが開発資金はゼロ、さらに一触即発にある北西辺境州を押しつけられ、国内は複雑に内部分裂していた。

パキスタン（Pakistan）という呼称が、この分裂のヒントだ。ウルドゥー語でpakは「純粋」を、stanは「土地、国」を意味する。つまりパキスタンとは純粋な国という意味だが、スペルの一文字一文字にも意味がある。Pはパンジャブ（Punjab）、Aはパシュトゥーン族が暮らすアフガニスタン国境付近のアフガニア（Afghania）、Kはカシミール地方（Kashmir）、Sはシンド（Sindh）、Tはバルチスタン（Baluchistan）等の地名にも見られるtanを表している。

それぞれ独自の言語があるこの五つの地域から、ひとつの国が形成されたわけだ。しかし、文化や民族のつながりのある共同体という意味での国家ではなかった。パキスタンは懸命に結束しようと努めているが、パンジャブ族がバルーチー族と結婚することも、シンド族がパシュトゥーン族と結婚することも、ごくまれだ。

人口比率を見ると、パンジャブ族は人口の六〇パーセント、シンド族は一四パーセント、パシュトゥーン族は一三・五パーセント、バルーチー族は四・五パーセントである。宗教間の緊張も残ったままで、時折起こる少数派キリスト教徒と少数派ヒンドゥー教徒の対立だけではなく、イスラム教徒の多数派のスンナ派と少数派シーア派にも対立が見られる。パキスタンでは、ひとつの国家の中に多くの国が存在するのだ。

公用語のウルドゥー語は、一九四七年にインドから逃れて大半がパンジャブ州に定住したイスラム教徒の母語である。そのため、他の地域ではウルドゥー語をよく思っていない。

シンド語を母語とする地域は、パンジャブ州が支配的なことに長らくいらだってきた。シンド族は、自分たちが二流扱いされていると考えている。北西辺境州のパシュトゥーン族は、よそ者の統治を決して受け入れてこなかった。辺境州の一部は、連邦直轄部族地帯と呼ばれるが、実際にパキスタン政府に直接管理されたことはない。インドとパキスタンにまたがったまま係争地になったカシミールの住人の大半は、独立を望んでいる。しかしインドとパキスタンで唯一意見の一致を見るのは、カシミール地方の独立は許さないという点だ。バルチスタン州でも独立を求めて定期的に反政府暴動が起こっている。

中国・パキスタン経済回廊

バルチスタンは非常に重要な地域だ。人口はパキスタン全体のごくわずかを占めるにすぎないが、バルチスタンがなければパキスタンは成立しない。

国土のほぼ四五パーセントを占め、パキスタンの収入源である天然ガスや鉱物資源の大半がそこに存在するからだ。もうひとつ収入源となりそうなのが、イランとカスピ海の原油をパキスタン経由で中国へ運ぶパイプライン計画である。この採算性が高い計画の要所となるのが、バルチスタン州沿岸部のグワダルだ。

戦略的に重要な町なので、一九七九年にアフガニスタンに侵攻したソ連も長期的な標的にしていたと考える専門家も多い。グワダルはソ連政府が長いあいだ夢見てきた不凍港の夢をかなえていたかもしれないのだ。中国もこの宝石に魅了され、数十億ドルの投資をしてきた。二〇〇七年に深水港の運用が始まり、現在中国とパキスタンは港と中国を結ぶルートを開発している。

長い目で見ると、中国はパキスタンをエネルギー供給用の陸路として利用するつもりなのだろう。そうすればマラッカ海峡を通過する必要がなくなる。中国の章でも触れたように、マラッカ海峡は中国の経済成長を止めかねない難所なのだ。

二〇一五年春、パキスタンと中国は、グワダルから中国の新疆《しんきょう》ウイグル自治区へ到達する三千キロ近い道路、鉄道、パイプラインを敷設する四百六十億ドルにのぼる契約を交わした。中国・パキスタン経済回廊だ。

これで中国はインド洋に直接出るルートを確保することになる。二〇一五年後半、中国はさらに港湾地区と空港の約十平方キロメートルの四十三年間にわたる租借権契約を結んだ。すべては中国・パキスタン経済回廊の一部だ。どちらの国も、バルチスタンは今後も不安定な情勢が続くと認識しているので、二万五千人もの治安部隊員を安全確保のために配置した。

このような陸路の整備に中国が巨額の投資をするのは、パキスタンにとっても都合がいい。これが理由で、パキスタンは今後もバルチスタン州の分離主義運動を確実に抑え込むだろう。しかし、バルチスタンから生まれた富が還元され地元の開発に使われるようになるまでは、ときに暴動が起こる不安定な状態が続くことは間違いない。

巨大な隣国との無謀な戦い

パキスタンをひとつにまとめているのは、イスラム教、国民に大人気のクリケットという球技、諜報《ちょうほう》機関、軍部、そしてインドへの恐怖だ。分離主義運動がいっそう激しくなれば、どれひとつとしてパキスタンの分裂を防ぐことはできないだろう。事実、パキスタンは十年以上にわたる内戦状態にある。それ以前は、巨大な隣国インドとの無謀とも言える戦いを周期的に繰り返していた。

最初の戦争は分離独立直後の一九四七年、カシミール地方をめぐる戦いだった。一九四八年に管理ライン（別名アジアのベルリンの壁）沿いにカシミール地方を分断することで決着したが、インドもパキスタンもいまだに支配権を主張して譲らない。

その約二十年後、パキスタンはインドの軍事力を見誤る。一九六二年の中国・インド国境紛争でインドが負けるのを目の当たりにしたためだ。そもそもインドと中国のあいだでは、中国がチベットに侵攻したことが原因で緊張が高まっていた。インドが亡命を余儀なくされたチベット仏教の最高位ダライ・ラマを受け入れたのは、そのためだ。この短期間の国境紛争で中国軍は力の差を見せつけ、インドの中核地であるアッサム州近辺まで侵攻した。パキスタン軍は喜々としてこれを見守り、自らの力量を過大評価する。そして一九六五年にふたたびカシミールをめぐってインドとの戦争に突入し、敗戦したのである。

一九八四年、パキスタンとインドは、標高六千七百メートルのシアチェン氷河で小規模な衝突を繰り返した。史上最も標高の高い地点での戦闘と考えられている。その後一九八五年、一九八七年、一九九五年にも紛争が起こる。パキスタンは戦闘員の訓練をなおも続けて管理ラインを破ったので、一九九九年にもカシミールをめぐる戦いが起こった（カルギル紛争）。その頃には両国とも核兵器を保持していたので、戦闘開始後数週間で、核戦争への拡大という暗黙の脅威が垂れ込めた。そこでアメリカが外交手腕を発揮し、停戦に導いた。しかし二〇〇一年にはふたたび緊張が増し、両国の国境付近では相変わらず散発的な発砲が続いている。

インドとパキスタンは軍事的に張り合っている。どちらも防衛措置だと主張するが、どちらも相手の言葉を信じていない。そのため国境線に部隊を集め、手を取り合って互いを墓場へ導こうとしているのだ。

今後もインドとパキスタンが友好関係を結ぶことはないだろう。両者にとって悩みの種であるカシミール問題さえなければ、好転する可能性はある。しかし実際は、インドはパキスタンの内部分裂を望み、その状況が続くように画策しそうだ。一方パキスタンはインドの不安材料を利用して揺さぶりをかけるかもしれない。二〇〇八年のムンバイ同時多発テロのようなインド国内のテロ攻撃があれば、支援する可能性すら考えられる。

カシミール問題は国の威信の問題だが、軍事戦略でもある。インドがカシミールを完全支配すれば、インドからは中央アジアとアフガニスタン国境への道が開ける。パキスタンと中国の国境は消滅し、その二ヵ国の関係の有益性も失われるだろう。パキスタン政府は、中国との友情は「山よりも高く、海よりも深い」と吹聴するのが好きだ。これは真実ではないが、アメリカ政府は神経をとがらせ、パキスタンへの巨額の経済援助を凍結することも視野に入れている。

それとは反対にパキスタンがカシミールを完全支配した場合、パキスタン政府の外交政策は強化され、インドのチャンスはつぶれるだろう。パキスタンの水源の安全も確保される。インダス川の源流はヒマラヤ山脈のチベット側にあるが、カシミールのインド支配下地域を通過してパキスタンに流れ込み、かなりの距離を下ってカラチでアラビア海に注ぐ。

インダス川とその支流は、パキスタンの三分の二に水を供給する。インダス川がなければ、綿花産業をはじめ、パキスタンの苦しい経済の屋台骨が崩壊するだろう。幾多の戦争によって交わされた協定で、インドとパキスタンは水源を共有することで合意した。しかし両国の人口は驚くべき速さで増加しつつあり、地球温暖化が水量を減少させる可能性もある。

カシミール全域を併合すれば、パキスタンへの水の供給は確保される。利害関係を考えると、どちらもカシミール地方を手放すことはない。この問題について合意するまで、両国間の敵意を取り除く鍵をみつけることは不可能だ。カシミールではパキスタン兵士とインド軍のあいだの代理戦争が今後も散発的に続きそうだ。その小競り合いが、全面的な核戦争に拡大しないとも限らない。両国のもうひとつの代理戦争であるアフガニスタンでの戦いも続くだろう。いまやＮＡＴＯ軍も大半が撤収しているためだ。

アフガニスタンを「敵の敵」に

パキスタンには「戦略的深み」と呼ばれる地理的要素が欠けている。東側のインドに侵略された場合の防御地点が皆無なのだ。パキスタンとインドの国境の南部には湿地帯、北部にはタール砂漠と山岳地帯が構える。いずれも軍隊が越えるには非常に難しい場所だ。しかし、そうした場所を避ければ国境越えは可能なので、両国とも戦略を練っている。インド軍の戦略は、パキスタンの燃料補給基地であるカラチ港を陸上と海上から封鎖することだが、より容易な侵略ルートが南部と北部にはさまれた中央部にある。パキスタンの首都イスラマバードが位置する穏健なパンジャブ州だ。

インドの国境線からイスラマバードまでは四百キロほどで、その大半は平地だ。大規模で圧倒的な通常兵器による攻撃なら、インド軍は数日でイスラマバードに突入できるだろう。そのような意思はないとインド軍が明言しても、意味はない。パキスタンから見れば、インド軍に攻撃される可能性はゼロではないのだ。地理的要因を考慮すると、パキスタンが対抗措置としてＡプランとＢプランを用意するのも無理はない。

Aプランは、パンジャブでインドの侵攻を食い止め、可能であれば国境越しに反撃し、インド軍の生命線とも言える補給路のインドのハイウェイ1A線を寸断することだ。インド軍はパキスタン軍の二倍の百万人強だが、兵站《へいたん》が滞ると戦うことはできない。

Bプランは、状況に応じてアフガニスタンとの国境越しに撤退することだが、そのためにはアフガニスタン政府との友好関係が不可欠だ。したがって、パキスタンとアフガニスタンが密接な関係を結ぶことは、地形による必然なのだ。インドも同じ道をたどるだろう。

互いの作戦を妨害するために、インドもパキスタンもアフガニスタン政府を思い通りに操ろうとしている。言い換えるなら、どちらもアフガニスタン政府を敵の敵に仕立てようとしている。

ソ連がアフガニスタンに侵攻した一九七九年、インドはソ連を支援したが、パキスタンはすぐさまアメリカとサウジアラビア側に回った。そしてソ連赤軍と戦うイスラム教徒ゲリラ、ムジャヒディンを支援し、武器や資金を提供した。ソビエトが敗北すると、パキスタン軍統合情報部（ISI）はアフガニスタンのタリバンを援助したため、当然のようにタリバンがアフガニスタンを支配した。

パキスタンはアフガン・タリバンと「親密な」関係だった。アフガニスタンのタリバンの大半はパシュトゥーン族で、北西辺境州（現カイバル・パクトゥンクワ州）に暮らすパキスタン人と同じ民族だ。彼らは住む国が違っても自らを二つの民族と考えたことはなく、彼らを分かつ国境を西欧からの押しつけとみなしている。それはある意味では事実だ。

アフガニスタンとパキスタンの国境は、デュアランド線と呼ばれる。一八九三年、イギリス領インド帝国の外相だったサー・モーティマー・デュアランドが定め、当時のアフガニスタンの支配者がそれに同意した。しかし、一九四九年、アフガニスタン政府はこの合意を植民地時代の人為的遺物とみなし「破棄」した。それ以来パキスタンは、アフガニスタンを説得し翻意を促《うなが》しているが、アフガニスタンは拒《こば》み続けている。山の両側のパシュトゥーン族は、数世紀にわたる習慣通り国境を無視し、大昔からの結びつきを維持するつもりだ。

「パキスタンがテロリスト側を選んだら」

パシュトゥニスタンとも呼ばれるこの地域の中心地は、パキスタンのペシャワルである。ここはタリバンの都市型軍需産業複合体のような場所だ。この町からは模造カラシニコフ（旧ソ連製の軽機関銃）、爆弾製造技術、そして兵士が送り出され、パキスタン国内のさまざまな組織からの支援が流れ込む。

ペシャワルは、タリバンに資金を提供し軍事訓練を施すＩＳＩの士官が国境を越えてアフガニスタンへ向かう際の中継地点でもある。パキスタンがアフガニスタンに軍事的にかかわるようになってすでに数十年が経過している。しかし深入りしすぎて、しかも飼い犬に手を噛《か》まれる状況が生まれた。

二〇〇一年、パキスタンが育てたタリバンは、数年にわたってアルカイダの異民族戦士を受け入れてきた。そして9・11の同時多発テロで、アルカイダはアフガニスタンで構想を練った作戦に基づきアメリカ本土を攻撃する。対するアメリカ軍はアフガニスタンを空爆、タリバンとアルカイダを掃討した。北部同盟と呼ばれる反タリバン勢力がアフガニスタンを支配するために南下し、ＮＡＴＯの平和安定化部隊がそれに続いた。

9・11の翌日、アメリカはパキスタンに厳しい外交策を見せ始めていた。「テロとの戦い」に参加を要請し、テロリストへの支援を断つよう迫ったのだ。当時の国務長官コリン・パウエルは、パキスタンのムシャラフ大統領に会議を中座して電話口に出るよう求めてこう迫った。「あなたはわれわれの側につくのか、それとも敵対するのか」

アメリカ側は認めていないが、ムシャラフ大統領によると、パウエルの電話のあと国務副長官リチャード・アーミテージがＩＳＩ司令官に電話をかけ、「パキスタンがテロリスト側を選んだら、爆撃されて石器時代に逆戻りだと思え」と告げたそうだ。パキスタンはアメリカに協力し、これですべて丸く収まったかに見えた。しかし、パキスタンは全面協力したわけではなく、事態が丸く収まることもなかった。

行動を迫られたパキスタン政府は、実際行動を起こした。しかしパキスタンの人々全員がそれに賛同したわけではない。政府が取った行動とは、過激派組織の取り締まりと、過激派とみなした宗教グループの抑え込みだった。二〇〇四年には、北西辺境州の抵抗グループと衝突が起こっていたため、表向きはアメリカを非難しつつアメリカの無人機による攻撃作戦を受け入れた形だ。

これは難しい決断だった。パキスタン軍とＩＳＩは、一九九〇年代に自ら訓練し友情を結んだタリバンの指導者を攻撃することになったからだ。激怒したタリバン側は、部族地帯（訳注：トライバルエリアとも呼ばれる、部族統治の強い地域）の一部を完全に掌握した。ムシャラフ大統領の暗殺も三回試みられた。いずれも失敗したが、彼の後継者と目されていたベーナズィール・ブットが暗殺された。こうして爆弾事件や軍事攻撃の混乱が続くなか、最大五万人におよぶパキスタンの人々が殺害されたのである。

アフガニスタンでのアメリカとＮＡＴＯ軍の軍事作戦や、パキスタンの国境線対策によって、アラブやチェチェン、その他異民族のアルカイダ兵士は世界各地へ四散していた。そしてアルカイダの指導者ウサマ・ビン・ラディンがついにアメリカ軍によって発見され、殺害された。

しかしアフガニスタン人とパキスタン人のタリバン兵は、どこにも行くあてはなく、アフガニスタンとパキスタンに留まった。彼らは圧倒的技術を持つアメリカやヨーロッパの侵略者にこう言った。「おまえたちは時計を持っているが、われわれは時間を支配している」。彼らは何を投げつけられようと、侵略者が去るのを待つだろう。そのあいだに、パキスタンの情勢に助けられることになるかもしれない。

その後二、三年で明らかになったことがある。タリバンは敗北してはいなかったのだ。彼らは生まれ故

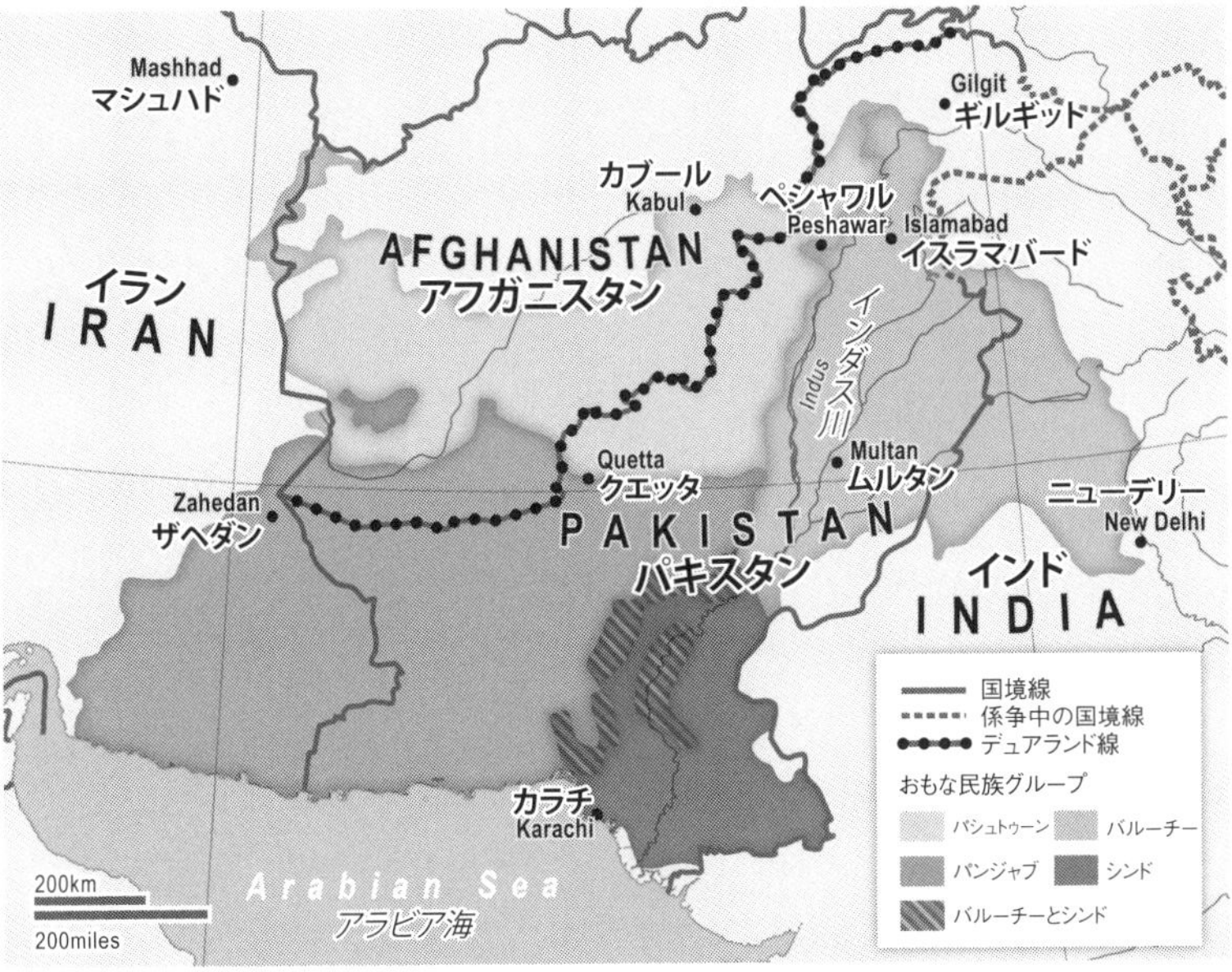

アフガニスタン・パキスタン地域の主な民族グループは、1983年に引かれたデュアランド線による国境になじまなかった。多くのグループは、国家ではなく国境をまたいだ民族のつながりで自らのアイデンティティを保ち続けている。

郷でパシュトゥーン人のなかに紛れ込み、いまや望み通りのタイミングで望んだ場所に姿を現しつつある。

アメリカは「金槌《かなづち》と金床《かなとこ》」作戦に出た。アフガニスタンのタリバンという金槌を、国境の反対側のパキスタンという金床に打ちつけたのだ。しかし部族地帯の金床は、何が投げつけられようと吸収するスポンジに変貌《へんぼう》し、アメリカの金槌から逃れたアフガニスタンのタリバンをも吸収した。

露見した背信行為

二〇〇六年、大統領選の妨害といった過激な活動を続けるタリバンを封じ込めるため、イギリスはアフガニスタン南部のヘルマンド州の安定化を決断する。州都ラシュカルガーを離れると、そこはアフガニスタン政府の支配がまったく及ばない地域で、アフガンのパシュトゥーン族の心臓部だ。

イギリスは治安回復が目的のいわば善意の介入で、その地域の歴史も熟知していた。しかしそれをいっさい無視したかのような激しい戦闘に陥る。理由はいまだに謎《なぞ》である。当時のイギリスの国防大臣ジョン・リードは、その夏「一発の銃弾も撃たれることはないだろう」と語ったと言われ、非難されているが、これは誤りだ。彼の実際の言葉はこうだ。「われわれがアフガニスタン南部に侵攻するのは、経済活動と民主主義を再構築できるように人々の手助けをするためだ。一発の銃弾も撃つことなく、三年以内に撤収できるだろう」

なんともすばらしい抱負ではあるが、そもそも実現可能だったのだろうか？　二〇〇六年の夏、ロンドンの外務省で開かれたブリーフィングののち、わたしはジョン・リードとつぎのようなやりとりをした。

「心配ない、ティム。われわれはタリバンを探しているのではない。目的は人々を守ることなのだ」

「心配ありません、大臣。タリバンのほうがあなたを探し出すでしょうから」

これは穏やかなやりとりだった。四百五十人以上のイギリス人兵士が殺される前の会話だったためだ。しかし、部隊の派遣に先立ち、イギリス政府が非公式には難局を予測していたのに世論を軟化させようとしたのか、あるいは前途についてあまりにも楽観的だったのか、現在に至るまでわたしにはわからない。

こうしてタリバンは大勢のイギリス人、アメリカ人、NATO軍兵士を殺害し、NATO軍が撤収するのを待った。十三年間にわたったアフガニスタンにおけるNATO軍の任務は、二〇一五年に終了する。

その間パキスタンの最高指導者たちは、裏表のある行動を取っていた。アメリカにはアメリカ独自の戦略があったのだろうが、パキスタン政府もタリバンも、いつかアメリカ軍は撤収すると踏んでいた。彼らが手を引いた後、パキスタンは外交政策としてアフガニスタンと友好関係を結ぶ必要がある。そのためパキスタン軍や政府内の一部のグループは、タリバン支援を継続していた。NATO軍の撤収後、最低でもアフガニスタン南半分はタリバン支配が復活することに賭《か》けていたのだ。こうしてアフガニスタン政府がパキスタン政府と対話しなければならない状況をつくりあげた。

パキスタンの背信行為があらわになったのは、アメリカがついにアルカイダの指導者ウサマ・ビン・ラディンを発見したときだ。潜伏していたのが、パキスタン北部の軍駐屯地アボッターバードだったのだ。アメリカでは、パキスタンとの「同盟関係」への信頼はすでに失われていたので、特殊部隊がビン・ラディン殺害のために突入することはパキスタン政府に事前に通達されなかった。パキスタン政府と軍にとっては屈辱的な主権侵害だ。それに対するアメリカの反論もまた、パキスタンにとっては恥辱だっただろう。「彼がそこにいるのを知らなかったのなら、パキスタンが無能だということだ。知っていたのなら、政府も共犯者だ」

パキスタン政府はつねに、アフガニスタンやパキスタンの人々はもちろん、たとえわずかでもアメリカ人の死を招くような裏切り行為はしていないと主張し続けていた。アボッターバードの作戦後もパキスタン政府は裏切りを否定し続けたが、いまやその言葉を信じる者はほとんどいなかった。パキスタン政府や軍内部の派閥がアメリカの最重要手配犯であるビン・ラディンに手を貸していたのなら（彼らにとってビン・ラディンの価値はすでに限定的だったとはいえ）、アフガニスタン支配という野望を実現するために利用できそうなグループをふたたび援助することは明らかだ。問題は、そうしたグループがいまやパキスタンに活動拠点を持ち、パキスタンの支配権を狙っている点である。嚙《か》みついていた者が、逆に嚙みつかれたのだ。

タリバンとパキスタンをめぐる三つのシナリオ

パキスタン・タリバンは、アフガン・タリバンから自然発生した。どちらもパシュトゥーン族が主体なので、パシュトゥーン族以外の権力支配を受け入れないだろう。相手が十九世紀のイギリス軍であれ、パンジャブ州を支配する二十一世紀のパキスタン軍であれ、その姿勢は変わらない。

パキスタンはこうした事情を理解し、受け入れてきた。政府は国全体を統治しているふりをした。北西辺境州のパシュトゥーン族はパキスタンという国に忠実なふりをした。この関係は二〇〇一年九月十一日までは問題なく続く。

それ以降の歳月は、パキスタンにとってまさに苦難続きだった。タリバンとの戦闘で膨大な数の一般市民が亡くなり、国外からの投資はみるみる減少し、市民の暮らしは厳しくなる一方だった。軍は、事実上の同盟側への攻撃を強いられ、五千人の兵を失い、内戦は国の脆弱な土台を危険にさらした。

状況は悪化の一途をたどったので、パキスタン軍と政府は、北西辺境州のパキスタン・タリバンを無人機で攻撃するために必要な情報をアメリカ軍情報部に与えざるを得なくなった。それにもかかわらず、攻撃が実行されるとパキスタン政府はアメリカを責め、パキスタンの主権侵害を非難するかのように振る舞った。アメリカ軍の誤爆が原因で数百人もの市民が巻き添えになったためである。

無人機は大半がアフガニスタンの基地から飛ばされたが、なかにはパキスタン国内の秘密基地から送り込まれたものもあると考えられている。どこから飛来しようと、無数の爆撃が繰り返されたことは間違いない。アフガニスタンやパキスタンへの無人機攻撃は、オバマ大統領就任以降、ジョージ・ブッシュ前大統領の在任期間中の攻撃に比較しても格段に増加した。

二〇一五年春には、事態はますます深刻化していた。アフガニスタンでは、NATO軍が撤収し、アメリカが戦闘任務終了を宣言して残留部隊のみを残すことになった。残留部隊の表向きの任務は、特殊部隊作戦と訓練任務の指揮だが、非公式にはアフガニスタンの首都カブールがタリバンの手に落ちるのを阻止することだ。アフガン側の国境でタリバンを攻撃していたNATO軍が撤収したいま、パキスタン・タリバンを壊滅するというパキスタンの任務はいっそう困難になった。一方アメリカ政府はパキスタン政府に圧力をかけ続けているため、いくつかのシナリオが生まれた。

- パキスタン軍が北西辺境州を全面攻撃し、タリバンを壊滅させる。
- タリバン側の襲撃が続き、その結果パキスタンが崩壊して機能不全国家になるのが早まる。
- アメリカが興味を失い、パキスタン政府への圧力を弱める。パキスタンとタリバンは和解する。事態は以前の状態に戻り、北西辺境州は見て見ぬふりをされ、パキスタンはアフガニスタンでの政策を押し通す。

このなかでもっとも現実離れしているのは、最初のシナリオだ。北西辺境州の部族を破った外国部隊はひとつもない。パンジャブ族、シンド族、バルーチー族、カシミール族（そして少数のパシュトゥーン族）から成るパキスタン軍が部族地帯へ侵攻すれば、たちまち異民族勢力とみなされるだろう。

二番目のシナリオは、実現する可能性はある。しかしタリバン勢力との戦いが激しさを増すなかで、二〇一四年にタリバンがペシャワルの軍事学校で生徒を百三十二人殺害した学校襲撃事件が起こり、パキスタン政府は大きな衝撃を受けた。政府は、自ら協力して誕生させた勢力が牙をむいてパキスタンを破滅させる可能性があることを身をもって理解したのだ。

これで第三のシナリオの実現がもっとも濃厚になった。タリバンが国際的なテロリストグループをふたたび組織することはないと秘密裏に約束しさえすれば、アメリカのアフガニスタンへの関心はかなり薄れる。パキスタンはアフガン・タリバンと密接な関係を保ち、アフガニスタン政府がインドに取り入ることがないように万全の手を打つだろう。こうして各方面の圧力がなくなれば、パキスタン政府はパキスタン・タリバンと取引できるのだ。

パキスタンのＩＳＩによってつくられたとも言えるアフガン・タリバンが、愚かにもビン・ラディン率いるアルカイダのアラブ人を庇護下においたりしなければ、そして９・11以降は客人をもてなすパシュトゥーン族の文化に立ち返ることなく、おとなしくアメリカに彼らを引き渡していれば、このようなシナリオが必要になることはなかっただろう。結果的に戦闘は十五年間続き、泥沼の状況に変化が見られないため、アメリカ政府は方針転換を余儀なくされ、以前の計画より数千も多い部隊をアフガニスタンに駐留させ続けている。

ヒマラヤ山脈がなければ

インドに関しては、同時に複数の問題に対処することができる。いや、対処しなければならないと言ったほうがいいだろう。パキスタン以外にも懸案事項が山のようにあるためだ。とはいえ、インド政府が最優先すべきは、やはり対パキスタン政策だ。隣国が敵意むき出しの核保有国なのだから、そこに軸足を置かざるを得ない。しかも十三億人の国民生活の切り盛りや、新興の経済大国としての地位の確立にも神経を注がなければならないのだ。

ヒマラヤ山脈がなければ、インドの外交政策の中心は中国だっただろう。両国のあいだに世界一の山岳地帯がなかったら、いまは生ぬるい両国の関係がすっかり冷え切っていたかもしれない。地図をひと目見れば、ふたつの大国がぴたりと接していることがわかる。しかしさらによく観察すると、世界年鑑『CIAワールドファクトブック』で二千六百五十八キロとされている国境によって、互いから遮断されているのだ。

両国には摩擦が多い。その最たるものが、地上もっとも標高の高い地域にあるチベットだ。先に触れたように、中国はチベットの統治を望んでいた。ひとつはインドが手に入れるのを防ぐため、もうひとつは、中国政府にとって都合の悪い事態、すなわち独立したチベットがインドの軍事拠点になり、インドが管制高地を握るのを防ぐためだ。

中国がチベットを併合すると、インドはダライ・ラマの亡命を受け入れ、インドのヒマーチャル・プラデーシュ州のダラムサラに亡命先とチベット独立運動の拠点を用意した。この政策はいわば長期的な保険なので、インドが保険金を支払っても成功する保証はない。現状ではチベットの独立は不可能に思える。しかし、たとえ数十年かかろうと独立が実現すれば、不遇の時代に友人だったのは誰か、インドはチベットに思い出させるだろう。

中国は、チベット独立はほぼ実現不可能だと考えているが、ダラムサラの現状にはいらだっている。その反応はネパールにも影響し、中国政府はネパールの絶対君主制を崩壊させた毛沢東《もうたくとう》主義ゲリラとの結びつきを強めている。

インドは、ネパールが毛沢東主義に支配されたあげく中国に統治されることは望んでいない。しかし北京の資金と交易がネパールでものを言っていることは理解している。近頃中国は毛沢東主義には素知らぬ様子だが、チベットへの関心は高いままだ。いずれチベットに恩を着せられるように、中国も長期保険の保険金を支払う準備があるということをインドに無言で示している。どんな形であれ、チベットで「衝突」が起これば、ネパールでも「衝突」が起こるかもしれない。インドが隣国の小さな国々に集中せざるを得ない状況が続けば続くほど、中国に集中できなくなるのだ。

インド・中国間のもうひとつの問題は、インド北東部のアルナーチャル・プラデーシュ州だ。中国は「南チベット」だと主張している。中国の厚かましさに比例するように、中国が領土と主張する地域も拡大していくようだ。

当初は中国が同州で自国の土地だと主張するのは西端のタワング地域だけだった。しかし二〇〇〇年代初頭、中国政府はアルナーチャル・プラデーシュ州全域が中国領だと言い始めた。一九五五年以来主権統治してきたインドにとっては寝耳に水だ。

中国の主張は、一部は地理的、一部は心理的な理由による。アルナーチャル・プラデーシュ州は中国、ブータン、ビルマ（現ミャンマー）と国境を接し、戦術的に重要な立地にある。しかもやっかいなことに、チベットに独立の見込みはないと知らしめる道具として、中国にとっても利用価値があるのだ。

インドも同じメッセージを定期的に国中に発信しなければならない。いまやおびただしい数の分離主義運動が起こっているからだ。非常に活発な運動もあれば、休止状態のグループもある。しかし独立という目標を確実に達成できそうな運動はひとつもない。たとえば、シーク教徒の国をインドとパキスタンのパンジャブ州の一画につくろうとする運動は、ここしばらくなりを潜めている。それでも激しくなる可能性は充分ある。アッサム州ではいくつもの運動が競い合うように展開している。独立国家樹立を目指すボド語を母語とする人々の運動や、アッサム州にイスラム教徒の独立国を求めるアッサム解放の虎（MULTA）がその例だ。

インド東部のナーガランド州にキリスト教徒の独立国をつくろうとする動きまである。ナーガランド州は人口の七五パーセントがバプテスト派信者だ。しかし、ナーガランド州国民会議が目的を果たす見込みはきわめて薄い。どの分離主義運動も、それが現実だろう。

こうした独立を求めるグループはあるものの、二千百万人のシーク教徒とおよそ一億七千万人の少数派イスラム教徒を抱えるインドは、アイデンティティを失わず、多様性のなかの結束を維持している。これは今後インドが世界を舞台にいっそう華々しく活躍する助けになるだろう。

海上でぶつかるインドと中国

世界は、中国が予想外の強国にのしあがったことに驚嘆するあまり、ついその隣国を見過ごしてきた。しかし今世紀、インドが経済大国として中国の好敵手になるかもしれない。インドは世界で七番目に大きな国で、人口は二番目に多い。六ヵ国と国境を接する（アフガニスタンを入れれば七ヵ国）。国内には千五百キロ近い航行可能な河川と、充分な飲料水、広大な耕作可能地がある。たとえこの先、石炭、石油、天然ガスを輸入し続け、燃料と暖房費の助成金が財政に重くのしかかるとしても、石炭産地でもあり、原油と天然ガスの埋蔵量も大きい。

こうした天然資源を持ちながら、インドは中国の成長に追いついていなかった。だが中国が世界に目を向け始めたいま、インドは中国とぶつかるかもしれない。その場所は、国境線沿いではなく海上だ。

数千年ものあいだ、現在中国とインドと呼ばれる地域は、地形が理由で互いに無視することができた。

ヒマラヤ山脈を越えて相手側へ領土を拡大することは不可能で、さらに、どちらも十二分な耕作地があったためだ。

しかし現在、技術の進歩により、両国はかつてないほど膨大なエネルギーを必要とするようになった。どちらの国も、地形からそのような恩恵を受けることはできないので、境界線を広げ、海へ繰り出すことを強いられた。そこで衝突が起こっているのだ。

二十五年前、インドは「東方政策（ルック・イースト）」に着手し、アジア諸国との関係を強化し始めた。中国の急速な発展を阻止するのが理由のひとつだ。インドも中国との交易を劇的に増やし（大半は輸入で）「やるべきことをやって」きたが、同時に、中国の裏庭でも外交政策を進めてきた。

ビルマ（現ミャンマー）、フィリピン、タイとの関係を深めたのもその政策のひとつだ。しかしそれ以上に重要なのは、ベトナムや日本と手を組んで、中国の南シナ海への進出と領有権の主張を食い止めようとしていることである。

インドはこの件で、かなり遠方ではあるが、新たな同盟国を得た。アメリカである。数十年のあいだインドは、同じ英語でもアクセントが違い資金も多いアメリカが、つぎなるイギリスになるのではないかと懐疑的だった。

二十一世紀、自信に満ちたインドは、ますます多極化の強まる世界でアメリカと協力する理由を発見した。二〇一五年、オバマ大統領がインド共和国記念日の軍事パレードに列席したとき、インド政府はロシア製の戦車のみならず、アメリカから購入した光り輝く長距離輸送機C１３０ハーキュリーズとC17グローブマスターを誇らしげに並べることを忘れなかった。ふたつの巨大な民主主義国家は、ゆっくりと近づきつつある。

インドは大規模で装備も充分な近代海軍を持ち、航空母艦も保有している。しかし中国が計画している巨大な外洋海軍には太刀打《たちう》ちできないだろう。そのためインドは別の利害関係者である国々と歩調を合わせるはずだ。そうすれば、中国海軍の動きを制御することは無理でも、牽制することはできる。中国海軍は東シナ海、南シナ海を通り、マラッカ海峡を通過し、ベンガル湾を越え、インド先端を回ってアラビア海に入ると、パキスタンのグワダルに建築した友好港を目指すはずだ。

　インドには必ずパキスタンが、パキスタンには必ずインドが立ちはだかるのである。

第九章　ラテンアメリカ——北アメリカと対照的な地形の不運

「ここを『希望の大陸』と呼んでほしい。この希望は天国の約束のようなものだ。返済期間がそのつど延期される略式の借用書なのだ」

チリのノーベル賞詩人、パブロ・ネルーダ

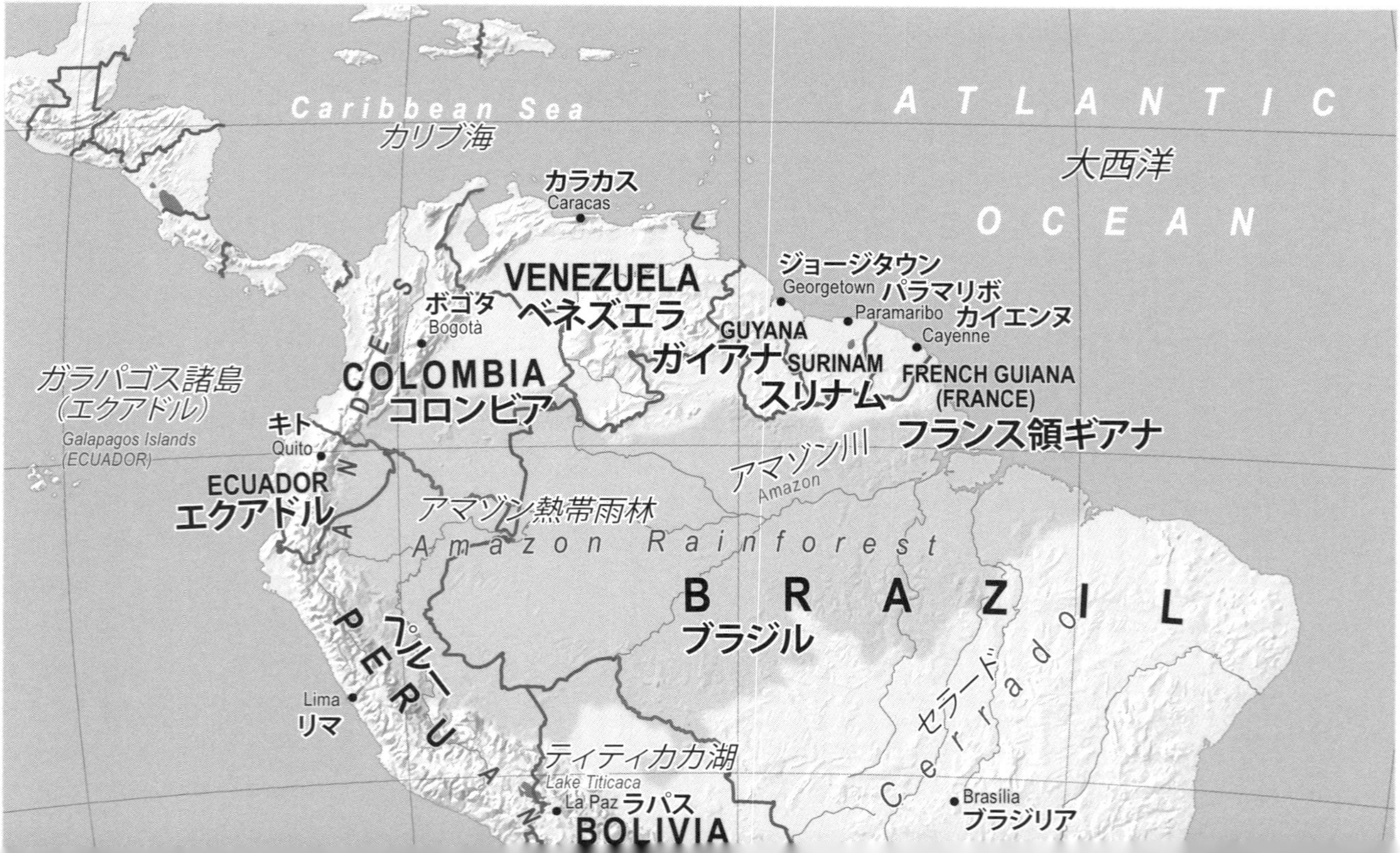
Caribbean Sea
カリブ海
ATLANTIC OCEAN
大西洋
カラカス
Caracas
VENEZUELA
ベネズエラ
ボゴタ
Bogotà
COLOMBIA
コロンビア
ジョージタウン
Georgetown
パラマリボ
Paramaribo
カイエンヌ
Cayenne
GUYANA
ガイアナ
SURINAM
スリナム
FRENCH GUIANA
(FRANCE)
フランス領ギアナ
ガラパゴス諸島
(エクアドル)
Galapagos Islands
(ECUADOR)
キト
Quito
ECUADOR
エクアドル
ANDES
アマゾン川
Amazon
アマゾン熱帯雨林
Amazon Rainforest
BRAZIL
ブラジル
PERU
ペルー
Lima
リマ
ティティカカ湖
Lake Titicaca
La Paz ラパス
BOLIVIA
セラード
Cerrado
Brasília
ブラジリア

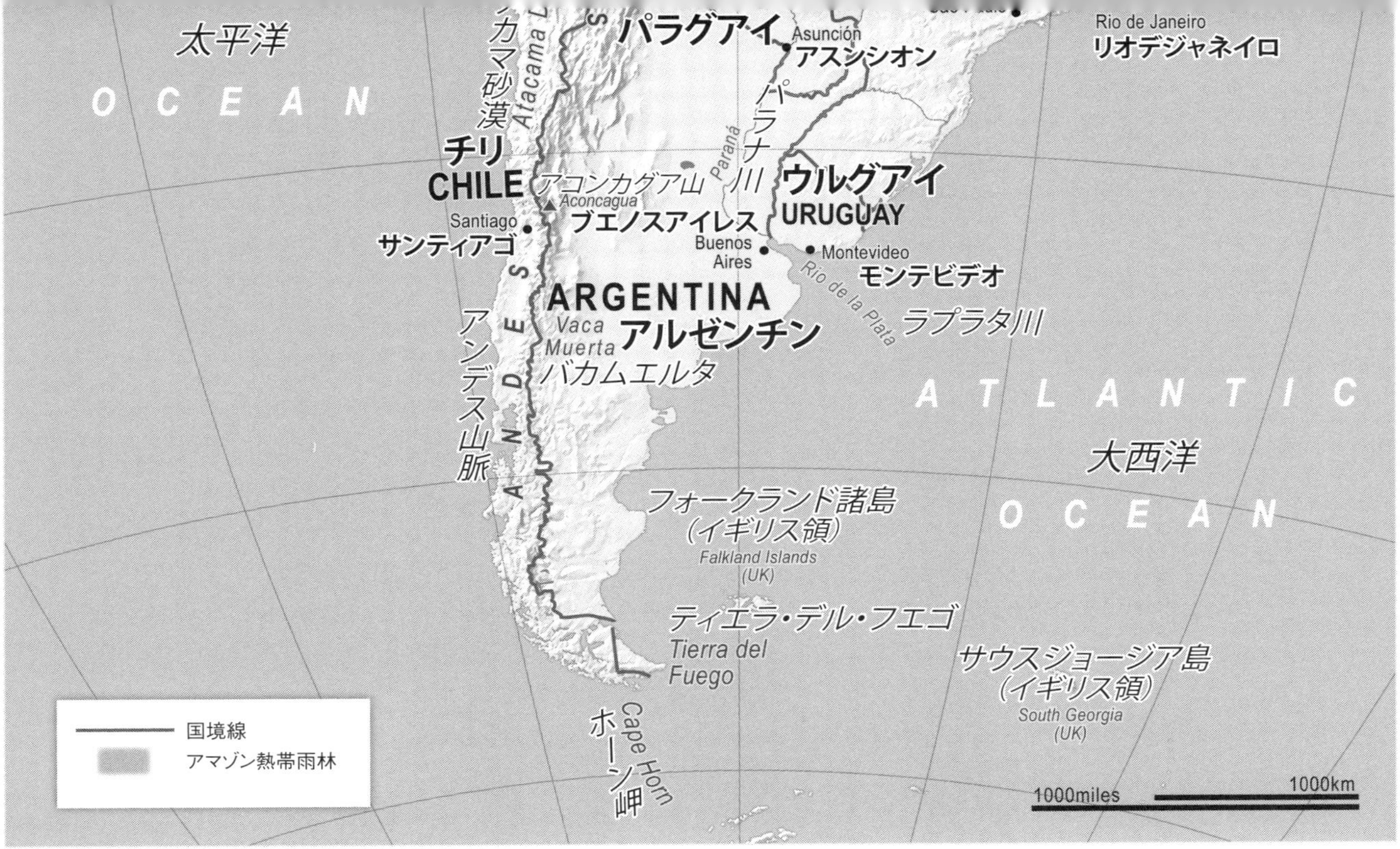
太平洋
OCEAN
カマ砂漠
Atacama
チリ
CHILE
アコンカグア山
Aconcagua
Santiago
サンティアゴ
ANDES
アンデス山脈
パラグアイ
Asunción
アスンシオン
パラナ川
Paraná
ウルグアイ
URUGUAY
ブエノスアイレス
Buenos Aires
Montevideo
モンテビデオ
Rio de la Plata
ラプラタ川
ARGENTINA
アルゼンチン
Vaca Muerta
バカムエルタ
Rio de Janeiro
リオデジャネイロ
ATLANTIC
大西洋
OCEAN
フォークランド諸島
(イギリス領)
Falkland Islands
(UK)
ティエラ・デル・フエゴ
Tierra del Fuego
サウスジョージア島
(イギリス領)
South Georgia
(UK)
Cape Horn
ホーン岬
国境線
アマゾン熱帯雨林
1000miles
1000km

沿岸部に集中する都市

ラテンアメリカ、なかでも南部は、旧世界の知識と技術が新世界でも通用することを証明する場所だ。しかし、地形に刃向かわれたら、充分な成功は収められないだろう。政治的手段を誤ったらなおさらだ。北アメリカは地形のおかげで超大国になったが、中南米の二十ヵ国は地形が原因で、今世紀中に頭角を現して北アメリカに比肩することもなければ、各国が協力しあって成功することもないだろう。

ラテンアメリカの地形の制約は、国民国家の成立当初から存在した。北アメリカでは、ひとたび先住民から土地が奪われてしまうと、その大半は個人の地主に細切《こまぎ》れに売られたり譲渡されたりした。対照的にラテンアメリカでは、旧世界の文化である大規模地主や農奴制が押しつけられ、それが不平等につながった。そのうえヨーロッパからの移住者は、地形的問題もあらわにした。ラテンアメリカ諸国が潜在能力を充分に発揮できないのは、その問題が現在も足かせとなっているためだ。

ヨーロッパ人が定住したのは海岸付近ばかりで、特に（アフリカの章でも触れたように）蚊や伝染病の巣窟《そうくつ》だった内陸部では定住が進まなかった。ラテンアメリカ各国の最大の都市（大半が首都）が沿岸部にあるのはそれが理由だ。内陸部からの道路はすべて首都と結ぶために開発され、首都同士を結ぶ道はつくられなかった。たとえばペルーやアルゼンチンの場合、首都を中心とする大都市圏に人口の三〇パーセント以上が集中する。ラテンアメリカを植民地支配したヨーロッパ人は、それぞれの地域で富を奪い、沿岸に運んで外国の市場へ送り出すことに没頭した。ラテンアメリカ各国の独立後でさえ、徹底的にヨーロッパ化された沿岸部のエリート国は内陸部への投資に失敗した。内陸部の人口集中地も、互いにほとんど接触がないままだ。

二〇一〇年代初頭、ビジネス界のリーダーや大学教授、メディア・アナリストのあいだで、いよいよ

「ラテンアメリカの十年」が到来したと熱心に論じるのが流行した。実際は、そんな時代は到来していない。ラテンアメリカはまだ持てる力を充分に発揮していないが、この先も地形と歴史によって配られた手持ちのカードに四苦八苦することになるだろう。

メキシコは地域大国に成長している。しかし北には不毛の砂漠、東と西には山岳地帯、南にはジャングルがあることは今後も変わりようがない。いずれも経済成長を物理的に妨げる地形だ。ブラジルは世界の舞台に躍り出た。しかし今後も内陸部は互いに隔絶されたままだろう。天然資源が豊富なアルゼンチンとチリも、ニューヨークやワシントンへの距離を考えるとパリやロンドンにはかなわない。

独立を求める戦いが始まって二百年後の現在、ラテンアメリカ諸国は北アメリカやヨーロッパよりはるかに遅れている。総人口は（カリブ諸国を合わせると）六億人以上にのぼるが、GDPは総人口が一億二千五百万人のフランスとイギリスの合計と同程度だ。ラテンアメリカは植民地支配と奴隷制度以来、長い歴史を歩んできた。この先も長い道のりが続きそうだ。

どこからも遠い大陸

ラテンアメリカは、メキシコとアメリカの国境線に始まり、中米へ南下して一万千三百キロ進み、南米大陸へ到達すると、世界の二大大洋、太平洋と大西洋が出会うホーン岬《みさき》のティエラ・デル・フエゴで終わる。最大距離は、ブラジルからペルーまで東西五千百五十キロに及ぶ。西側は太平洋、東側にはメキシコ湾とカリブ海、大西洋が広がる。どこの海岸線にも充分な深度の天然港はなく、交易には限界がある。

中米は丘陵と深い渓谷《けいこく》の多い地峡で、もっとも狭い部分で二百キロ弱しかない。その先に、七千二百キロにわたる世界最長の山岳地帯、アンデス山脈が太平洋に沿って走る。山頂部は北から南まで雪に覆われ、大部分が通行不能なので、南米大陸の西側の地域は東側から切り離されている。

西半球の最高地点はアンデス山脈のアコンカグア山で、標高六千九百六十メートルだ。山の峰《みね》から流れ落ちる水は、アンデス山脈に抱かれたチリ、ペルー、エクアドル、コロンビア、ベネズエラの水力発電に利用される。アンデス山脈を過ぎると土地は下り始め、森や氷河が現れてチリの群島にぶつかり、大陸の果てへ到達する。ラテンアメリカの東側を占めるのは、ブラジルと、ナイル川に次いで世界で二番目に長いアマゾン川だ。

ラテンアメリカ諸国の共通点のひとつは、ラテン語から派生した言語である。ほぼすべての国の公用語がスペイン語だが、ブラジルはポルトガル語、フランス領ギアナはフランス語だ。しかしこの言語という共通点が、五つの気候帯を持つ南米大陸の相違点を見えにくくしている。

アンデス山脈東側の比較的平坦な土地と、南側三分の一にあたるサザンコーンと呼ばれる南部円錐《えんすい》形（アルゼンチン、ウルグアイ、パラグアイ、チリ、ブラジル）の穏やかな気候は、北側の山間部やジャングルとはまったく対照的だ。農業でも建築でもコストを削減できるので、これらの地域は南米大陸でもっとも利益を生むようになった。一方、これから触れるブラジルは、国内市場で物資を動かすことさえ難しいのだ。

学者やジャーナリストは、南米大陸は輝かしい未来に乗り出すかどうかの「岐路に立っている」という表現を好んで使うが、わたしは異を唱えたい。地理的に言えば、南米は岐路ではなく世界の底に立っているからだ。この広大な大陸は、どこへ行くにも長距離移動になる。問題は、この大陸自体がどこから来ても遠いことだ。それを北半球中心の視点とみなすこともできるかもしれないが、経済、軍事、外交面の大国が位置するのは北半球なのである。

大半が殺された先住民

歴史上の人口集中地から遠く離れているにもかかわらず、現在のメキシコとアメリカの国境線の南側には一万五千年ほどのあいだ絶えず人が暮らしていた。彼らの起源はロシアで、ベーリング海峡がまだひと続きの土地だったときに歩いて渡ってきたと考えられている。現在の住民はヨーロッパ人、アフリカン、先住民族、ヨーロッパと先住民の混血であるメスティーソが入り交じっている。

住人のこうした多様性は、スペインとポルトガルがトルデシリャス条約を締結して新世界の分割方法を決めた一四九四年にさかのぼる。知識がほとんど、いや、この場合はまったくない遠隔地の地図に、ヨーロッパの植民地主義者が勝手に線を引いた初期の例だ。

ヨーロッパのふたつの海洋大国は、海の探検調査をするために西を目指した。そしてヨーロッパ以外で発見された土地を両国で分け合うことで合意し、ローマ法王もこれを承認した。その後の歴史は非常に不幸なもので、現在南アメリカと呼ばれる土地で暮らしていた先住民の大半が殺された。

独立運動は一八〇〇年代初頭に始まった。主導したのはベネズエラのシモン・ボリバルとアルゼンチンのホセ・デ・サン・マルティンだ。なかでもボリバルの名は、南米の人々の意識にくっきりと刻み込まれ受け継がれている。ボリビアはボリバルに敬意を表して国名にその名を冠し、政治的に左寄りの国々はアメリカに対抗する「ボリバル主義」のイデオロギーでゆるやかに結びついている。

「ボリバル主義」とは、反植民地主義と親社会主義のあいだを行き来する概念で、政治家が取り入れるとナショナリズムへ迷い込みがちだ。

十九世紀には、内戦や国境紛争によって多くの国が独立し、十九世紀末には大半の国境線が定着した。するとラテンアメリカでもっとも豊かな国であるブラジル、アルゼンチン、チリが、国家破綻《はたん》を招くほど費用のかかる海軍競争に乗り出し、その結果三ヵ国とも発展が遅れた。南米大陸にはいまだに国境紛争が残っているが、民主主義が成長するにつれて、大部分の問題が凍結されるか、外交的に解決されるだろう。

残る国境紛争

格段に厳しいのは、ボリビアとチリの関係だ。一八七九年の太平洋戦争に負けたボリビアは、四百キロにもおよぶ沿岸部を含む広大な領土をチリに奪われ、それ以来内陸に封じ込められている。いまだにボリビアはこの打撃から回復していない。これも一因となってラテンアメリカでもっとも貧しい国のひとつに数えられている。こうした状況が、ひいてはヨーロッパ人が大半を占める低地の住民と、地元民が大半の高地の住民の分裂を悪化させているのだ。

住民のあいだの溝も、この二ヵ国間のあいだの溝も、時間が解決することはなかった。ボリビアは南米第三位の天然ガス埋蔵量を誇るが、安定したエネルギー供給を必要としているチリには一切輸出しないはずだ。過去ふたりの大統領が天然ガスを安価で輸出しようとしたが、国内格差に不満を持つ国民の反発にあい失脚した。現在のエボ・モラレス大統領は「ガスと海岸線の取引」のために「チリへのガス輸出」政策を掲げるが、エネルギーが必要なはずのチリ側が拒絶している。どちらにとっても、外交上の妥協より、国の威信や地理的必然性が勝るのだ。

元イギリス植民地のベリーズと隣国のグアテマラの国境紛争の原因も、同じく十九世紀にさかのぼる。イギリスが引いたその国境線は、アフリカや中東と同じく直線だ。グアテマラはベリーズの領有権を主張するが、ボリビアとは違い、問題を大きくするつもりはないらしい。チリとアルゼンチンはビーグル水道をめぐって争い、ベネズエラはガイアナの領土の半分を要求し、エクアドルは長年ペルーを自国の領土だと公言している。このエクアドルとペルーの係争は南米大陸のなかでも非常に深刻だ。過去七十五年間で三回の戦争につながり、最近では一九九五年にも衝突した。しかし、民主主義の発達で現在は緊張が緩和されている。

二十世紀の後半は、中米と南米が米ソ冷戦の代理戦争の場になった。クーデターが頻発し、軍部による独裁政権が生まれ、重大な人権侵害が起こった。ニカラグアはその典型だ。冷戦が終結すると多くの国々が民主化に向かい、現在のエクアドルとペルーの関係も二十世紀に比べると比較的安定している。

砂漠の緩衝地帯

ラテンアメリカの、少なくともパナマ以南の国々では、人口の大半が西海岸や東海岸に集中し、内陸部やはるか南の寒冷地に暮らす人はほとんどいない。じつは南米は、人口統計的に見ると真ん中が空洞の大陸で、沿岸地域は「人口が密集する周縁」と称される。これは中米には当てはまらず、とくにメキシコは住民がほぼ均等に散っている。しかしとくに難しい地形を抱えるのもメキシコで、さまざまな計画や外交政策が阻《はば》まれている。

メキシコのはるか北には、三千二百キロにおよぶアメリカとの国境線があり、そのほぼ全域が砂漠である。荒涼とした土地で、ほとんどが無人だ。ここはメキシコとその北側の大国アメリカのあいだの緩衝地帯として機能する。しかし、技術力の差を考えると、メキシコよりアメリカ側にかなり有利な緩衝地帯だ。軍事的には、緩衝地帯を越えて侵攻できるのはアメリカ軍だけだ。メキシコ側から進軍すれば、どんな軍隊でも負けるだろう。アメリカへの不法入国を防ぐ障壁としても役立つが、抜け穴が非常に多い。アメリカ政府が引き続き対処しなければならない問題だ。

メキシコ人なら誰もが知っていることだが、一八四六〜一八四八年のアメリカ・メキシコ戦争まで、現在のテキサス、カリフォルニア、ニューメキシコ、アリゾナはメキシコの土地だった。戦争の結果、メキシコの領土の半分がアメリカに譲渡された。しかし、その土地を取り戻そうとする真剣な政治運動はなく、両国のあいだにくすぶる国境紛争もない。

一八五〇年代、蛇行するリオグランデ川が流れを変えて、それまでアメリカ側だった部分がメキシコ側に入りこんだ。二十世紀の大半のあいだ、アメリカとメキシコはそのごく狭い土地をめぐって論争を繰返してきたが、一九六七年、法的にメキシコ領とすることでどちらも合意している。

二十一世紀半ばには、前述の四州で最大の民族集団はヒスパニック系住民になりそうだ。なかでもメキシコ出身者が多くなるだろう。ゆくゆくはスペイン語を母語とする人々が四州の再統合を呼びかける政治運動を国境の両側で起こすかもしれない。しかし、アメリカ全体で見れば、ラテンアメリカ系住民の多くがやがてメキシコ出身ではなくなり、メキシコがアメリカの生活水準に近づくこともなさそうなので、そうした政治運動は鎮まるだろう。

メキシコ政府は、自国の土地を管理するだけで四苦八苦している。近い将来戦争を始める余裕ができるとは思えない。メキシコはアメリカに隠れて生きることが運命づけられているので、これからも屈従的な役割を演じ続けるだろう。メキシコは、メキシコ湾の安全を確保し大西洋まで乗り出す海軍を保有していないので、シーレーンの安全航行はアメリカ海軍頼みなのだ。

双方の民間企業が国境線のすぐ南側に工場を建設し、人件費と輸送費を削減している。しかしこの地域は自然環境が厳しいので、今後も緩衝地帯のまま残り、ラテンアメリカの貧困層は合法であろうと違法であろうと、これからもそこを通って北側の約束の地を目指すだろう。

メキシコの西側と東側にはシエラ・マドレ山脈という一大山岳地帯があり、それにはさまれて台地が広がっている。南側のメキシコ渓谷《けいこく》に首都メキシコシティがある。人口はおよそ二千万人、世界最大級の首都だ。

山地の西側の斜面と渓谷の土壌はやせていて、川は物資を市場に運ぶためにはほとんど使えない。東側の斜面のほうが土壌は肥沃《ひよく》だが、岩だらけの険しい土地がメキシコの発展を妨げている。南側にはベリーズとグアテマラとの国境が走る。メキシコは南側に領土を拡大する意図はほとんどないようだ。土地がすぐに隆起して山岳地帯になり、占拠することも管理することも難しいためだ。

　国土をどちらの国の方へ拡張しようと、現在のわずかばかりの有用な土地を広げることにはならない。イデオロギーに基づく国土拡大の野望もなく、細々とした石油産業を発展させ工場への投資を増やすことに集中している。それ以外にも対処しなければならない国内問題が山積しているため、メキシコが海を越えた冒険に飛び出すこともないだろう。アメリカの飽くことのない欲望を満たすために麻薬を供給する以上の役割は、今後も演じられないかもしれない。

アメリカへの麻薬供給ルート

　メキシコの国境は、昔から密入国者の安住の地だった。ここ二十年間はとくにそれが際立っている。直接的な原因は、アメリカ政府が二千四百キロも南のコロンビアに厳しい政策を取ったことだ。

　違法な麻薬取引撲滅を目指して初めて「麻薬との戦い」を宣言したのは、一九七〇年代のニクソン大統領である。それは「テロとの戦い」と同じく、どこか曖昧《あいまい》な概念で、勝利は見込めない戦いだ。それから二十年も経過した一九九〇年代初頭、アメリカ政府はコロンビア政府を公式に支援して、コロンビアの麻薬カルテルに直接戦争を仕掛けた。コロンビアからアメリカへ流れる麻薬の空路と海路を遮断することにも成功した。

　麻薬カルテルはそれに対抗して新たな陸路を開いた。中米からメキシコを通過し、そこからアメリカ南西部へつながるルートだ。このルートの一部は、パンアメリカンハイウェーをたどっている。パンアメリカンハイウェーは南北アメリカ大陸を結ぶ幹線道路で、そもそも各地の商品をさまざまな国へ輸送する目的で整備された。

現在は、アメリカへドラッグを運ぶためにも利用されている。その結果、メキシコの麻薬ギャングも一儲《ひともう》けしようと便乗した。輸送ルートを確立し、自らつくった麻薬を流し始める。数十億ドルのビジネスが縄張り争いに火をつけ、勝者は新たに手にした権力と金を利用してメキシコ警察や軍を買収し、政界やビジネス界の重鎮にも取り入った。

これにはアフガニスタンのヘロイン取引との類似点がある。アフガニスタン住民の伝統的な生活手段であるケシ栽培をNATO軍が破壊しようとしたとき、農民の多くは自ら武器を取って、あるいはタリバン側について応戦した。たとえ「麻薬との戦い」が政府の方針であったとしても、その指令が地方レベルで実行されるとは限らない。アフガニスタンでもメキシコでも、麻薬王はそれを見抜いていたのだ。

メキシコの歴史を紐解《ひもと》くと、どの時代の政府も国を完全に統治できたためしがなかった。現在は、政府に敵対する麻薬カルテルが政府軍に劣らず武装した民兵組織を持っている。政府軍よりも給料がよく、兵士の士気も高い。一部の地域ではよい働き口とみなす者もいるらしい。

いまやギャングが生む莫大な金が国中に流通し、その大半が表面上は合法的なビジネスを通じてロンダリングされている。

メキシコは現在、内戦と言ってもいい状態だ。麻薬カルテルは脅迫によって支配権を握ろうとし、政府は法による支配を装っている。その板挟みになった多数の一般市民が殺されている。なかでも二〇一四年に起こった事件は凄惨《せいさん》だった。教員を目指していた学生四十三人がカルテルによって殺害されたのだ。この事件は国民に大きな衝撃を与え、政府を奮い立たせた。しかし結局は、長く続く戦いのなかで発生した「ありふれた」恐ろしい事件のひとつになりそうである。

陸路の麻薬供給ルートはすっかり定着した。アメリカ国内の需要が減るようすもない。過去から現在にいたるまで、時のメキシコ政府は強力な隣国に気に入られようと努力し、自ら「麻薬との戦い」に参戦することでアメリカの圧力に応じた。ここで難問が生じる。

メキシコ経済はアメリカに商品を供給することで成り立っているので、アメリカが麻薬を消費する限り、メキシコも麻薬を供給するという事実だ。結局、安くつくれる商品を生産し、合法的な取引よりも高値で売るのが手っ取り早い方法なのである。麻薬取引がなければ莫大な外貨が獲得できなくなり、メキシコはいっそう貧しくなる。とはいえ麻薬取引が続けば、麻薬が根絶された場合よりも危険な場所になるだろう。メキシコの南側の国にも同じことが当てはまる。

中国のニカラグア運河建設計画

中米には地理的な特徴はほとんどないが、特筆すべき点がひとつある。土地がとても細長いのだ。いままでのところ、その細さから利益を得るのはパナマだけだったが、中国から新たな資金が流入したためこれも変化するかもしれない。

現代科学のおかげで、中国は衛星写真をちらりと見るだけで、この細く伸びた土地がもたらす貿易チャンスを見出した。

一五一三年、スペイン人探検家バスコ・ヌニェス・デ・バルボアは、大西洋を横断して現在のパナマに上陸した。それからジャングルを移動して山を越えると、目の前にまた広大な海が広がった。太平洋だ。このふたつの大洋をつなぐ利点は明らかだったが、技術が地形に追いついたのは四百一年後のことだった。一九一四年、アメリカが管理する八十キロに及ぶパナマ運河がついに開通する。こうして大西洋から太平洋へ抜ける航路は千三百キロも短縮され、近隣諸国の経済成長につながった。

一九九九年以来、運河はパナマによって管理されてきた。実際はアメリカとパナマの海軍が安全を確保する中立的な国際水路とみなされている。そこに中国の課題がひそんでいる。

パナマとアメリカは友好国だ。しかも非常に良好な関係なので、二〇一四年にパナマとの国交を一時的に断絶したベネズエラは、パナマを「アメリカの下僕」と呼んだほどである。徐々に追い詰められているベネズエラは、反米路線のボリバル主義の影響を抑えるしかないだろう。なにしろベネズエラにとってもっとも重要な経済パートナーはアメリカであり、アメリカの原油輸入の一〇パーセント近くをベネズエラが担っているのだ。

両国間のエネルギー交易は、アメリカのシェール革命が始まった影響で落ち込むかもしれない。しかし今後は中国がベネズエラの原油を積極的に輸入するようになるはずだ。パナマを経由せずに中国に原油を輸送する方法を検討しているのもそれが理由だ。

第一章で触れたように、中国は世界大国の地位を狙《ねら》っている。そのためには海軍と貿易のためのシーレーンを確保する必要に迫られるだろう。パナマ運河は中立的な水路ではあるが、結局のところ通行はアメリカの善意頼みだ。ならば、細長い中米のニカラグアに水路をつくればいいではないか。経済成長中の大国にとって五百億ドルの予算などなんでもない。これが中国が出した結論だ。

こうして生まれたニカラグア運河建設計画は、香港のワン・ジンというビジネスマンが資金援助している。ワン・ジン氏は電気通信で財を成したが、土木工学に関しては素人で、ましてや世界史上もっとも大がかりな建設計画を立案したり指揮したりするための経験は皆無だ。ワン氏は、この計画は中国政府とは無関係だと強調する。しかし、中国のビジネス風土や、生活のあらゆる面に政府が関与していることを考えると、ワン氏の主張は不自然だ。

運河は二〇二〇年代初頭に完成する予定で、建設費五百億ドルはニカラグア経済全体の四倍の規模だ。これも中国からラテンアメリカへの莫大な投資の一部である。中国はゆっくりと、しかし着実に、アメリカに代わってこの地域の主要貿易パートナーになりつつある。

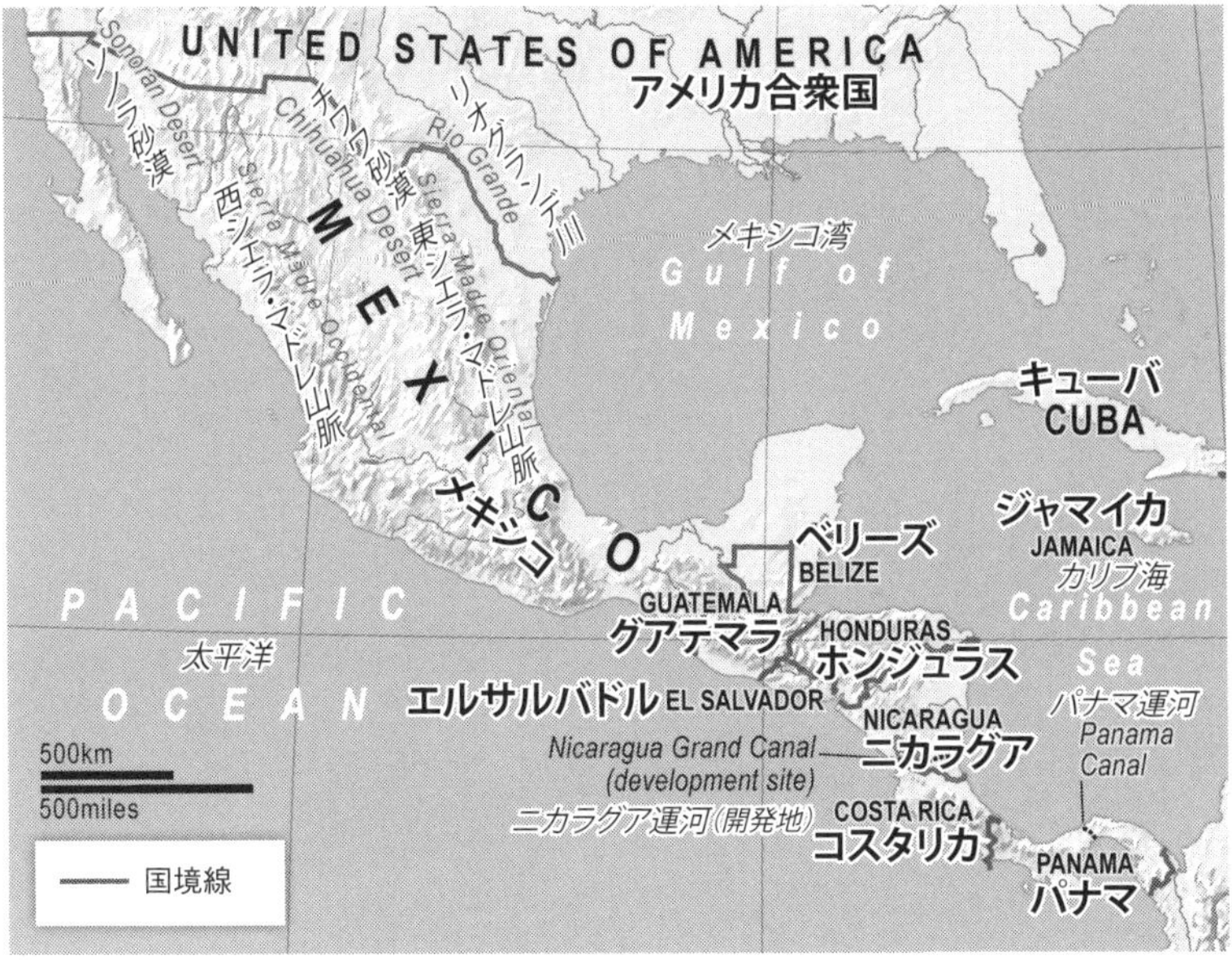

中米は中国の投資によって多くの変化が起こった。ニカラグア運河はその一例である。

誰がワン氏を経済的に支援しているかは不明だが、ニカラグア大統領ダニエル・オルテガはいそいそと事業計画にサインした。この計画のために立ち退きを迫られるかもしれない三万人強の住民のことは、ほとんど考慮しなかった。

かつてニカラグア革命を成功させた左翼組織サンディニスタの扇動家たちは、いまや大規模ビジネスを支持しているとして非難の的になった。運河は国をふたつに分裂させかねず、六つの地方自治体も分割されるかもしれない。長い運河にかけられる橋はたった一本になりそうだ。オルテガ大統領は、自ら反発の種をまいていることを充分承知しているに違いない。だがこの計画が西半球で二番目に貧しい国に無数の働き口と、是《ぜ》が非《ひ》でも必要な投資や歳入をもたらすのだと反論している。

二〇一六年初頭の時点で、計画は順調ではなくなっていた。二〇一五年六〜八月に中国の株式市場で株価が大暴落した影響で、ワン氏が資産の八五パーセントを失ったためだ。建設工事の大部分が遅れているが、関係者は運河は無事に完成すると強調している。

実際に完成すれば、ニカラグア運河はパナマ運河より長くなる予定だ。それ以上に重要なのは、幅も深さもパナマ運河をかなり上回るため、より大きなタンカーやコンテナ船はもちろん、中国海軍の巨大な軍艦も航行可能になる点だ。実際は南北に走るパナマ運河に対し、ニカラグア運河はまっすぐ東西に抜ける予定だ。中間部分はニカラグア湖を浚渫することになるだろう。これに関しては環境問題の専門家がラテンアメリカ最大の淡水湖が汚染されかねないと警告している。

数百キロ南のパナマ運河が拡張工事中なので、なぜニカラグアに運河が必要なのかと懐疑的に考える者もいる。中国は巨大船が通過できるこの運河の管理権を握るだろう。そうなれば中国にしかできない大規模な経済発展が約束されるはずだ。ニカラグア運河が将来利益を生むかについては疑問が残る。黒字になるまで数十年かかるかもしれない。だがこの計画には、商業的利益よりも中国の国益がからんでいるようだ。

ふたつの大洋を結ぶ運河をニカラグアに建造することは、中国がラテンアメリカで行っている投資のもっともわかりやすい例にすぎない。わたしたちはアフリカの主役が中国であることにはすっかり慣れた。そのあいだに二十年かけて、中国人ビジネスマンはリオグランデ川の南側にひそかに移動していたのだ。

建設計画への投資以外にも、中国はアルゼンチン、ベネズエラ、エクアドルをはじめとするラテンアメリカ諸国の政府に、膨大な額の融資をしている。見返りに中国が期待するのは、台湾を含む領地返還問題における国連での中国支持だ。

中国は、投資と同時にラテンアメリカを抱き込もうとしている。ラテンアメリカ諸国は、アメリカによって一ヵ国ずつ狙い撃ちされてきた。アメリカはラテンアメリカ全体ではなく二ヵ国間の貿易協定を好む傾向にある。ＥＵ諸国を相手にそうしなければならないからだ。中国政府も同じ方針だが、最低でもアメリカ以外の選択肢にはなるので、南米のアメリカ市場への依存は小さくなりつつある。たとえば、現在ブラジルの主要貿易相手国は、かつてのアメリカから中国に替わった。ラテンアメリカの他の国々でも同じことが起こるかもしれない。

北米に対する親近感の欠如

ラテンアメリカ諸国はアメリカに親近感を抱いていない。この関係は、最初からアメリカが支配していた。第四章で触れたように、一八二三年、モンロー大統領が一般教書演説で述べたモンロー主義がアメリカの最初の姿勢だ。モンローは、ヨーロッパ人に植民地からの退去を求め、ラテンアメリカはアメリカの裏庭であり勢力範囲だと明言したのだ。それ以来、アメリカはラテンアメリカ情勢をうまく調整し続けているが、多くのラテンアメリカの人々にとっては賛同できる結果ばかりではなかった。

モンロー主義から八十年、「モンロー主義ふたたび」を掲げた大統領が登場する。「テディ」ことセオドア・ルーズベルト大統領だ。彼は一九〇四年のスピーチでこう述べた。「西半球では、アメリカはモンロー主義を忠実に守るので、たとえしぶしぶであろうと、きわめて明らかな犯罪行為に対しては世界の警察として動かなければならない」。言い換えるとアメリカは、いつ西半球に軍事介入してもおかしくないということだ。革命運動への資金援助、武装グループへの武器提供、軍事訓練の準備を除外しても、一八九〇年から冷戦終結のあいだに、アメリカはラテンアメリカでほぼ五十回武力行使している。

その後、あからさまな介入は目に見えて減った。一九四九年、アメリカは米州機構によって起草された三十四ヵ国が加わる米州機構憲章（ボゴタ憲章）に署名した。それは「アメリカの人々には民主的社会を持つ権利があり、その政府は民主主義を促進し守る義務がある」と明言している。それ以来アメリカは、北米自由貿易協定や中米自由貿易協定を締結し、ラテンアメリカ諸国を経済的につなぎとめようと必死だ。

このように、歴史的、経済的関係が原因で北米と南米のあいだには親近感が欠如している。そこで中国にドアをノックされた南米は、素早く門戸を開いたのだ。中国政府は現在、ウルグアイ、コロンビア、チリ、メキシコ、ペルーに武器の売却や寄付をして、軍事交流を持ちかけている。

中国はベネズエラとも軍事関係を築こうとしている。中国の望みは、その関係がボリバル革命よりも長続きすることだ。ラテンアメリカへの武器供給は比較的小規模だが、中国のソフトパワーを駆使した努力を完全に補っている。

二〇一一年、中国の病院船「和平方舟」がラテンアメリカを訪れた。ベッド数は三百床で、同じく南米を訪れたアメリカの千床の船に比較すると小さいが、中国が今後ますますソフトパワーを「利用する」という意思表示と言えるだろう。

国土の三分の一はジャングル

しかし、中国との交易があろうとなかろうと、ラテンアメリカ諸国は否応なく地形に縛りつけられている。つまりこれからも南米の主役はアメリカであり続けるのだ。

典型例として、南米大陸の優に三分の一を占めるブラジルを見てみよう。ブラジルはアメリカ並みの広さで、二十七の州はEUの二十八ヵ国を合わせたよりも大きい。しかしブラジルには、EU諸国並みの豊かさを可能にするためのインフラが欠けている。

ブラジルの国土の三分の一はジャングルで、現代的な宅地開発には驚くほどのコストがかかり、開拓が違法な地域もある。アマゾンの熱帯多雨林の破壊は、世界規模で見れば長期的な生態系の問題だ。しかしブラジルにとっては中期的な問題でもある。政府は焼き畑農業の農家にジャングルを開墾して農地にすることを許可している。しかし土壌はやせているので、作物は数年で収穫できなくなる。そこでさらに森が切り開かれるが、いったん木々が倒されると森がふたたび蘇《よみがえ》ることはない。気候も土壌も農業には向いていないのだ。

アマゾン川にはところどころに航行可能な流域もあるが、その河岸はぬかるみなので水路として利用することは難しい。これも有効活用できる土地がごく限られる一因だ。一方、アマゾン川流域のすぐ下の高地はサバンナで、こちらは対照的に成功した地域だ。二十五年前、このあたり一帯は農業に向かないと考えられていた。しかしブラジルの技術によって世界屈指の大豆産地に生まれかわった。穀物生産の成長とあいまって、ブラジルが世界有数の農業国になりつつあることの証明だ。

サバンナの南側には伝統的なブラジルの農地が広がる。サザンコーンと呼ばれる南部円錐形地帯だ。ブラジルのほかにアルゼンチン、ウルグアイ、パラグアイ、チリが含まれ、ブラジルのエリアは比較的狭い。

最初のポルトガル人入植者が到着した場所でもあり、ここから人口が拡大して国中に広まるまで三百年ほどかかった。現在も人口の大半が沿岸部で暮らしている。一九五〇年代後半に、ブラジルの中核地を開拓する目的で、首都を当時のリオデジャネイロから数百キロ内陸のブラジリアという計画都市へ移すという大胆な決断が下されたが、それも効果はなかったようだ。

ブラジル南部の農業の中心地はスペイン、ポルトガル、イタリアを合わせたほどの面積で、他の地域よりも平坦な土地だ。水も充分にまかなえるが、大半の農地が内陸部なので、きちんと整備された輸送路はほとんどない。

じつはブラジルの大部分が輸送路の問題に悩まされている。海岸部の町を海上からながめると、驚くほど巨大な崖が都市部の横や真後ろにそびえ立っているのがわかる。内陸部を形成するブラジル楯状地《たてじょうち》という台地の末端で、ブラジルの海岸部の大半はこの大断崖と呼ばれる岸壁なのだ。

ブラジルには海岸平野がないので、沿岸部の主要都市同士を結ぶためには、この断崖を上り下りして隣の都市部に向かう道路を建設しなければならない。整備された近代的な道路がないうえに、同じ理由で鉄路もないため、不便さに拍車がかかる。これでは交易で利益を生むことも広大な国をひとつに統治することも無理というものだ。

さらに悪いことに、ブラジルはラプラタ川流域に直接陸路で行くことが困難だ。ラプラタ川自体は、アルゼンチンから大西洋に注いでいる。つまり数世紀ものあいだ商人は、ブラジルの断崖を上り下りして未開発の港へ商品を運ぶかわりに、ラプラタ川を使ってブエノスアイレスへ物資を移動させていたのである。「Stratfor.com」というサイトの見積もりによると、ブラジルの主要七港を合わせた一年間の取り扱い貨物量は、アメリカのニューオーリンズ港の一年分にも満たないらしい。

そのためブラジルは思ったような交易ができないばかりか、近年では商品の大半が水路ではなくいまだ未整備の道路で運ばれるため、輸送コストも跳ねあがっている。プラス面と言えるのは、ブラジルが輸送インフラ問題に真剣に取り組んでいることだ。沖合にガス田が発見されたので、インフラ整備のコストは補えるだろうし、ボリビアやベネズエラに依存しているエネルギー輸入も減るだろう。あらゆる国が苦しむ決定的な経済沈下も緩和されるかもしれない。それでも、不利な地形を克服するための超人的努力が求められるだろう。

四人にひとりがスラム暮らしの新興国

ブラジル人のおよそ二五パーセントは、都市近郊の悪名高いスラム街暮らしだと考えられている。国民の四人にひとりが絶望的な貧困状態にあるとしたら、国が豊かになるのは難しい。ブラジルが新興国であることは間違いないが、その成長には限界があると言わざるを得ない。

成長への近道は、ソフトパワーかもしれない。そのためブラジルは国連安全保障理事会の常任理事国の地位を獲得するために、そしてメルコスール（Mercosur）に続く地域経済同盟を結ぶために努力している。メルコスールはブラジル、アルゼンチン、パラグアイ、ウルグアイ、ベネズエラのゆるやかな同盟だ。南米諸国では数年ごとに、たいていはブラジル主導で、南米版ＥＵをつくろうという動きが起こる。

ごく最近具体化したのが南米の十二ヵ国が加盟する南米諸国連合（ＵＮＡＳＵＲ）だ。本部はエクアドルだが、ブラジルの発言力がもっとも大きい。本部がベルギーで主導権はドイツが握っているＥＵに似ているものの、類似点はそれだけだ。南米諸国連合は、インターネット上で印象的なサイトを展開している。経済同盟というよりむしろウェブサイト上だけの存在だ。

ＥＵ諸国はどこも同じような政治・経済システムを持ち、大半の加盟国が統一通貨を利用している。一方南米諸国は政治、経済、通貨、教育レベル、労働法、いずれも異なる。距離による制約も克服しなければならず、各国を隔てる高い山々やうっそうと茂る密林も越えなければならない。

しかしブラジルは、外交政策と成長経済の強みを利用して南米の強国を目指し続けるだろう。そもそもブラジルは対立を好まず、外交政策は他国への介入に否定的なので、隣国相手の戦争はほぼあり得ない。九ヵ国もの国と国境を接しながら、つねに南米の他の十一ヵ国と良好な関係を保とうと努力してきた。

ウルグアイとは国境線をめぐって係争中だが、紛争に発展することはなさそうだ。ライバル関係にあるアルゼンチンとも、サッカー場以外では、大きな問題は起こらないだろう。近年ブラジルは、アルゼンチンとの国境から軍を撤収し、アルゼンチンと意気投合した。ブラジルはアルゼンチンの軍艦をつねに自国の港に受け入れてきたが、数年前イギリス海軍の寄港を拒絶している。フォークランド諸島をめぐってイギリスとの外交問題を抱えるアルゼンチンが歓喜したのは言うまでもない。

ブラジルは、経済的にも政治的にも成長著しいと言われる主要国グループ「ブリックス（ＢＲＩＣＳ）」に加えられている。しかし、ブリックスのブラジル、ロシア、インド、中国、南アフリカはそれぞれに台頭しているものの、そのコンセプトは表層的で実体はないに等しい。この五ヵ国は、政治的にも地理的にも意味のあるグループではなく、共通点もほとんどないためだ。各国の頭文字を意味のある単語のように並べなければ、ブリックスの概念は定着しなかっただろう。ブリックスは年次総会を開催し、ブラジルは冷戦時代の非同盟運動のように、時折インドや南アフリカと国際問題に関して協議している。しかしアメリカに敵対的な態度を取るロシアや中国に同調することはない。

二〇一三年、アメリカとブラジルは、とある問題をめぐって決裂した。ブラジルはいまだにいらだっている。アメリカ国家安全保障局がブラジル大統領ジルマ・ルセフにスパイ行為を働いていたことが発覚したのだ。それが原因でルセフ大統領はワシントン訪問を取りやめた。オバマ政権からの謝罪がないということは、アメリカに代わって中国がブラジルの主要貿易相手国になったことをアメリカがおもしろく思っていない証拠だった。

それに続いてブラジルが空軍戦闘機をアメリカのボーイング社ではなくスウェーデンから購入すると決めたのは、スパイ騒動が原因との憶測がある。しかし両国の関係は、大統領同士のレベルではないものの一部修復されている。故チャベス大統領統治下のベネズエラとは違い、対立はブラジル流の手法ではないのだ。ブラジル国民は、世界から成長株とみなされていることを知っているが、自分たちの力がアメリカには及ばないことも自覚しているのである。

ブラジルより地理的に有利なアルゼンチン

アルゼンチンもアメリカの力には及ばないだろう。しかし、いくつかの点で、世界の先進国の仲間入りをするにはアルゼンチンのほうがブラジルよりも有利な立場にいる。ラテンアメリカの地域大国になるには、国土の大きさも人口も足りず、ブラジルにその座を譲っているように見えるが、アルゼンチンにはヨーロッパ諸国の生活水準に匹敵するものをつくる豊かな土壌がある。アルゼンチンがいずれこの潜在能力を発揮するという意味ではなく、経済さえ立ち直れば、地理的条件によってかつてないほど強力な国になれるという意味だ。

この潜在能力の土台は、十九世紀にブラジルとパラグアイ相手に勝利した際に築かれた。その結果アルゼンチンは、ラプラタ川流域の平坦な農地と船舶の航行可能な川を手に入れ、ラプラタ川からブエノスアイレス港へ続く商業圏を確立した。ここは南米大陸全体で見ても、非常に価値が高い地域だ。これによりアルゼンチンの経済と戦略は、ブラジル、パラグアイ、ウルグアイよりも優位に立ち、それが現在まで保たれている。

しかしアルゼンチンはその優位性を存分に利用してきたわけではない。百年前、アルゼンチンは世界でもっとも豊かな十ヵ国の一員で、フランス、イタリアよりも上位に位置していた。しかし経済の多角化の失敗、不公平な階級社会、不充分な教育制度、連続するクーデター、そして過去三十年間の民主主義時代に猫の目のように変わった経済政策によって、アルゼンチンの地位は急降下する。

ブラジルには、この気取った隣人にまつわる冗句《じょうく》があり、ブラジル人がアルゼンチンをどう見ているかがよくわかる。「これほどでかいへまをやらかすなんて、やっぱり都会の方々はやることが違う」。アルゼンチンはその大きなへまを正さなければならない。そのためにひと役買いそうなのが「死んだ牛」だ。「死んだ牛」を意味するバカムエルタ地区には、シェールガスが採取できるシェール層が広がっている。ほかのシェール層地帯と合わせると、アルゼンチンの今後百五十年分のエネルギー需要をまかない、さらに国外に輸出するだけの余力もあるらしい。

バカムエルタは、アルゼンチンを半分南下したパタゴニアに位置し、西側はチリとの国境に接している。ベルギーほどの広さで、国としては小さいがシェール層としては大きい。シェールガス採取がもたらすと言われる環境破壊等の問題はさておき、いまのところ万事順調だ。しかし、落とし穴もある。ガスとオイルをシェール層から取り出すためには、外国からの大規模投資が不可欠だが、アルゼンチンは投資にふさわしい国とはみなされていないのだ。

パタゴニアからさらに南下すると、そこにも豊富な石油とガスが眠っている。しかし南下した場所にあるのは、一八三三年以来イギリスが所有しているフォークランド諸島だ。その周辺には問題も、そして決して消えない歴史も横たわっている。

イギリス人がフォークランド諸島と呼ぶ群島を、アルゼンチン人はマルビナス諸島と呼ぶ。「フォークランド諸島」と聞くと、アルゼンチンの人々は誰しも悲痛な気持ちになる。その群島に「マルビナス諸島」以外の名前を冠した地図をつくることは、アルゼンチンでは犯罪だ。小学校ではこどもたち全員が東西にあるふたつの大きな島の輪郭の描き方を教わる。「迷子の妹」を取り戻すことは、次世代の人々にとって国の目的であり、隣国の大半も支援している。

フォークランド侵攻が起こり得ない理由

一九八二年四月、イギリスが警戒を緩めたすきをついて、アルゼンチンの軍事独裁政権を率いるガルチエリ大統領がマルビナス諸島への侵攻を命じた。上陸作戦は大成功とみなされたが、八週間後に到着したイギリスの特殊部隊がアルゼンチン軍を短期間で追い詰め、ふたたび領有権を主張した。この敗戦がアルゼンチンの独裁政権崩壊につながった。

アルゼンチンのフォークランド諸島侵攻がここ十年のあいだに起こっていたら、イギリスは島の奪還には乗り出さなかったかもしれない。目下イギリスには航行可能な空母がないからだ。この状況は二〇二〇年までに解決されるはずなので、そうなるとアルゼンチンの格好のチャンスも消えるだろう。しかし、石油と天然ガスの誘惑はあるものの、アルゼンチンのフォークランド諸島侵攻はふたつの理由で起こり得ない。

第一に、現在アルゼンチンは民主主義体制で、フォークランド諸島の住民の大半がイギリス統治下に残りたがっていることを把握している。第二に、イギリスは一度手を嚙まれているので、かつての二倍慎重になっている。イギリスには現在、南大西洋へ向けて一万三千キロ近く航海できる空母がない。しかし島には数百人規模の戦闘部隊が駐留し、最新式のレーダー装置、地対空ミサイル、ユーロファイター戦闘機四機も配備されている。おそらく攻撃型原子力潜水艦も付近の海域に潜んでいるだろう。イギリスは、島への攻撃は言うまでもなく、アルゼンチンが上陸を考えることさえ許さないつもりらしい。

アルゼンチン空軍の戦闘機は、ユーロファイターより数十年も旧式だ。イギリスは外交術を駆使して、アルゼンチンがスペインの最新式戦闘機を購入する計画が破綻するよう仕向けた。アメリカからの購入は成功の見込みがない。イギリスとアメリカが軍事同盟や共通の歴史によって「特別な関係」で結ばれていることが理由だ。実際、その関係は非常に特別で、非常に強いとも言える。そのため、アルゼンチンが二〇二〇年以前にふたたび攻撃を仕掛けるチャンスはごくわずかである。

しかし、それで外交上の戦争が鎮まることはないだろう。アルゼンチンも外交面の武器を洗練させている。アルゼンチン政府は、フォークランド諸島で掘削する石油会社には、パタゴニアのバカムエルタにおけるシェールガスやシェールオイルの開発許可を出さないと警告した。フォークランドの大陸棚を許可無く探査した個人には罰金を科すか、あるいは投獄すると宣告する法案も議会を通過した。これで多くの大手石油会社がフォークランド諸島から手を引いたが、もちろんイギリスの企業は例外だ。しかし、南大西洋の地下に眠る資源を探査する者は誰であれ、ビジネス上もっとも困難な環境で操業することになるだろう。そこは強風吹きすさぶ極寒の地で、海も荒れているからだ。

わたしたちの地図をめぐる旅は地の果てまで南下し、南極圏の凍てつく不毛の大陸に到着した。多くの国が南極圏の覇権《はけん》を狙《ねら》っているが、非常に厳しい環境、南極条約、価値のある天然資源の欠如が理由で、少なくともいまのところは、あからさまな競争は抑えられている。しかし反対側は事情が違う。南極からまっすぐ北上して地球の最北端を目指すと、二十一世紀の外交の戦場となることを運命づけられた場所に到達する。大国も小国も有利な立場を手に入れようと狙う場所、北極圏だ。

第十章　北極圏——新たな戦場となるか、強欲に打ち勝てるのか

「北極圏の問題には二種類ある。想像上の問題と現実の問題だ。
ふたつのうち、想像上の問題がもっとも現実的だ」
探検家ビルヤルマー・ステファンソン
"The Arctic in Fact and Fable"
（現実と夢想の北極圏）

S I A
Kara Sea
カラ海
アルハンゲリスク
Archangel
エストニア
ESTONIA
ラトビア
LATVIA
ノバヤゼムリャ
Novaya Zemlya
ムルマンスク
Murmansk
FINLAND
フィンランド
セベルナヤゼムリャ群島
Barents Sea
バレンツ海
フランツ ヨーゼフ諸島
Franz Josef Land
トロムセ
Tromsø
SWEDEN
スウェーデン
NORWAY
ノルウェー
スバールバル諸島
Svalbard
Gakkel Ridge
ガッケル海嶺
Longyearbyen
ロングイェルビン
Norwegian Sea
ノルウェー海
北極点
North Pole
Spitsbergen
スピッツベルゲン島
Greenland Sea
グリーンランド海
ネアズ海峡
Nares Strait
ンス島
Hans Island
グリーンランド（デンマーク領）
GREENLAND (Denmark)
アイスランド
ICELAND
Reykjavík
レイキャビク
エルズミア島
Ellesmere Island
テューレ
Thule
デンマーク海峡
Denmark Strait
デボン島
Devon Island
バフィン湾
Baffin Bay
Arctic Circle
大西洋
ATLANTIC OCEAN
キング
ィリアム島
バフィン島
Baffin Island
D A
1000miles
1000km

国境線
2012年8月26日現在の海氷範囲
ロシア
RUSSIA
シベリア
北極圏
Arctic Circle
ラプテフ海
Laptev Sea
ノボシビルスク諸島
Novosibirsk Islands
東シベリア海
East Siberian Sea
ロモノソフ海
ランゲル島
Wrangel Island
ベーリング海
Bering Sea
チュクチ海
Chukchi Sea
ARCTIC OCEAN
北極海
Bering Strait
ベーリング海峡
プルドー湾
Prudhoe Bay
ALASKA
アラスカ
(USA)
(アメリカ)
バンクス島
Banks Island
Queen
PACIFIC OCEAN
太平洋
CANADA
カナダ
Victo
ビクトリ

どの大洋よりも広い大陸棚

二十一世紀の現代に雪男が現れるとしたら、彼らは大挙して来るだろう。それほどの力を持つ雪男とは誰だろう？　ロシア人だ。それ以外に北極でこれほど強い存在感を放つ者はいないし、厳しい環境を相手にできる者もいない。ほかの国々はどこも後れをとり、アメリカの場合は追いつく努力さえしていないようだ。アメリカは、極北の国でありながら、競争が激化している北極で特別な戦略を持たない国なのだ。

北極圏のそこかしこで、地球温暖化の影響がかつてないほど見られる。氷が溶け、北極圏へ近づくのが容易になったところに、エネルギー鉱床《こうしょう》の発見とそれを採掘する技術開発が重なった。これらが理由で、北極圏の国々は、世界で最も厳しい環境がもたらす未来の損益に着目した。そして互いに意見をぶつけあってはいるが、無理に押し通そうとはしてこなかった――現在まででは。その主張は多岐にわたり、議論すべきことも山積している。

北極圏を意味するarcticという単語は、「熊《くま》に近い」という意味のギリシャ語artikosに由来する。熊とはおおぐま座のことで、その一部である北斗七星《ほくとしちせい》のうちふたつの星を結んだ先には北極星がある。

北極海は広さ千四百万平方キロで、世界一狭い大洋だ。それでもほぼロシア並みの大きさがあり、アメリカの一・五倍におよぶ。その海底の大陸棚は、どの大洋よりも広い。統治権の同意が難しいのは、これも理由のひとつである。

北極圏にはカナダ、フィンランド、グリーンランド、アイスランド、ノルウェー、ロシア、スウェーデン、アメリカ（アラスカ）の土地の一部が含まれる。

北極はまさに極限の地だ。短い夏の気温は、場所によっては十六度に達するが、長い冬期間はマイナス四十五度まで下がる。凍《こご》えるような風が吹き荒れる岩場、壮観なフィヨルド、極北の砂漠や川まである。ここは激しい敵意と、数千年ものあいだ人々を魅了してきたおおいなる美が共存する場所なのだ。

冒険家を魅了した過酷な地

記録上初めて北極を探検したのは、紀元前三百三十年、ギリシャの航海士マッシリアのピュテアスだ。彼は「テューレ」という奇妙な土地を発見した。地中海の故郷に戻ると、ピュテアスは見渡す限りの白い景色、凍った海、巨大な白い熊や奇妙な生き物について語ったが、その驚くべき話を信じる者はいなかった。しかしピュテアス同様に、その後も数世紀にわたって数多くの人々が北極圏のすばらしい自然を記録し、それが呼び起こす感情に揺り動かされたのだ。

人を寄せつけない過酷な地に魅了された者は多いが、なかでも際立っていたのが、北西航路を探して世界の果てを旅した人々だ。北西航路とは、北極海を通過して太平洋と大西洋を結ぶ航路である。かつては「神話上の」航路と言われ、不可能とみなされていた。

イギリスの探検家ヘンリー・ハドソンも航海したひとりだ。その名は、世界で二番目に大きいカナダ北部の湾の名前になって生き続けている。しかしもし彼が初めて航海に出た一六〇七年に戻れたなら、探検家として名を残すよりも長生きするほうを選んでいたかもしれない。彼の冒険の航海にほとほと愛想をつかした乗組員の反乱で船を追われ、小船で漂流して行方不明になり、おそらくそのまま亡くなったからだ。

「北極点」に最初に到達した人物を断定するには、慎重を要する。というのも、地球上には北極点という固定した場所はあるが、その下の氷は絶えず移動し、ＧＰＳ装置がなければ正確に現在地を知ることは困難だからだ。一八二七年、イギリスの北極探検家サー・エドワード・パリーは、ＧＰＳ装置なしで北極点を目指したが、彼が北へ移動するよりも速く氷が南へ移動したため、後退して終わった。それでも生還は果たしたのだから運がいい。

　同じくイギリスの海軍大佐サー・ジョン・フランクリンは運が悪かった。一八四五年、フランクリンは北西航路の未開拓海域を渡ろうとした。しかし彼の二隻の船は、北極諸島のひとつ、キングウィリアム島近くで氷に閉ざされ航行不能になった。探検に参加した乗組員百二十九人が、船上や、船を捨てて南を目指して氷上を歩いている途中で亡くなった。生存者捜索のために探検隊が送られたが、骨しか発見できなかったという。そしてイヌイット族のハンターから、凍てつく地表を歩いていた数十人の白人が亡くなったという話を聞かされた。船の行方はまったく手掛かりがなかった。しかし二〇一四年、技術が地形に追いつき、カナダの探索チームのソナーが船の一隻、エレバス号を北西航路の海底に発見し、船内鐘を引き揚げている。

　フランクリン探検隊がこのような運命をたどっても、探検家が島々のあいだを抜ける航路の発見を思い留まることはなかった。そしてついに一九〇五年、ノルウェーの偉大な探検家ロアルド・アムンゼンが、たった五人の乗組員で小さな船に乗り込んで北西航路を切り開いた。船はキングウィリアム島を通過し、ベーリング海峡を抜けて太平洋に出た。サンフランシスコを出港した捕鯨船が反対方向から来るのを発見した瞬間、彼は成功を確信した。日記では、こみ上げる感情をめずらしく抑えられなかったと告白している。「北西航路が開通した。わたしの少年時代の夢が、達成された瞬間だ。喉に不思議な感覚がこみ上げてきた。わたしは無理を重ね、疲弊していた。それがわたしのだめなところだ。そして目に涙があふれてくるのがわかった」

　二十年後、アムンゼンは史上初の飛行船による北極点到達を思いつく。徒歩よりも簡単だが、それでも至難の業《わざ》だ。イタリア人パイロット、ウンベルト・ノービレと十四人の乗組員とともに、アムンゼンは半硬式飛行船で氷の大陸上空を飛び、ノルウェー、イタリア、アメリカの国旗を高度九百メートルから投下した。なんとも英雄然とした試みだ。しかし二十一世紀の現在、この三ヵ国が北極の統治権を有するという主張になんらかの法的根拠を与える行為とはみなされていない。

日本の冒険家、風間深志《かざましんじ》の挑戦も印象的だが、領有権の主張にはならない。一九八七年、彼は史上初のバイクによる北極点到達に成功した。勇敢な風間氏は、極地の氷が小さくなるのを待ったりせず、歴史に名を残すためなら吹きすさぶブリザードの最中もバイクに乗り続けるたぐいの男だ。しかし、北極で横断できる氷が縮小していることは疑いようがない。

温暖化によるメリット

北極圏の海氷は確実に小さくなっている。過去数十年にわたる衛星写真を見れば一目瞭然《いちもくりょうぜん》だ。その原因は明確ではないが、大半の科学者は人間に責任があり、単なる自然の気象サイクルではないと確信している。そして新たな資源開発が始まれば、氷の融解ペースが早まると見ている。

すでにベーリング海やチュクチ海沿岸の村々は、海岸が浸食され狩猟の地が失われたために移転した。生物の世界でも異変が進行中だ。ホッキョクグマやホッキョクギツネの生息域が変化し、セイウチが縄張りを求めて争う。土地の境界線など知らない魚が北へ移動したために、ある国の資源は枯渇し、ある国は豊かになっている。サバやタラはいまや北極圏のトロール船の網にかかる。

海氷の融解の影響は、北極圏だけに留まらないだろう。モルジブ、バングラデシュ、オランダといった遠方の国々は、氷が溶けて海水面が上昇すると度重なる洪水の危機にさらされる。北極圏の問題が地域限定ではなく地球規模とみなされるのは、こういう連鎖反応があるためだ。

氷が融解し、ツンドラ（凍土帯）がむきだしになると、ふたつのことが起こり氷冠《ひょうかん》を灰色にする過程を早めるかもしれない。まず、確実に発生する工業生産の残留物が雪や氷に降り積もり、熱を照り返す領域がさらに減少する。黒っぽい大地と氷が張っていない海の開氷域は、氷や雪よりも多くの熱を吸収するため、雪のない黒っぽい領域がさらに増えていくのだ。これはアルベド効果と呼ばれ、マイナス面もあるがプラス面もある。たとえばツンドラの温暖化は自然界の植物や農作物の成長を促《うなが》し、新たな食糧源を求めている地元民の助けになるだろう。

しかし、手つかずの自然が残る地上最後の地域が変わりつつあるという現実から逃れることはできない。気候モデルのなかには、二十一世紀末には夏場に北極圏から氷がすっかり消えるとの予測もあるほどだ。もっと早い時期にそうなるという見方さえある。確実に言えるのは、いつそれが起こり、いかに劇的に氷が縮小しようと、その過程はすでに始まっているということだ。

氷冠の融解によって、夏のあいだの数週間は、砕氷船《さいひょうせん》ではない貨物船も北極諸島の北西航路を航行できるようになった。そのためヨーロッパから中国への輸送期間が少なくとも一週間は短縮された。砕氷船の先導なしに貨物船が初めて航行したのは、二〇一四年、ヌナビク号が二万三千トンのニッケル鉱石をカナダから中国へ運んだときだ。

北極圏のルートはパナマ運河を通過した場合に比較すると四〇パーセント短く、より深い海域を通過する。ヌナビク号はより多くの貨物を積載でき、燃料費を何万ドルも節約できたうえに、温室効果ガスの排出も千三百トンも削減できた計算だ。

二〇四〇年には、北西航路は長く見積もって毎年二ヵ月間開氷すると予想されている。「極北」を通過する航路が変貌《へんぼう》すると、連鎖反応が起こり、エジプトやパナマがスエズ運河とパナマ運河から享受した歳入も変化するだろう。

莫大な天然資源をめぐって始まった争い

ロシアが北極海航路と呼ぶ北東側のルートは、シベリア沿岸を走るが、それも現在は年に数ヵ月間航行可能で、海のハイウェイとして徐々に人気が高まっている。

融解する氷によって、隠れていた北極圏の資源もみつかった。莫大《ばくだい》な量の天然ガスと石油が、現在は到達可能な地域に眠っているかもしれないのだ。二〇〇八年、アメリカ地質調査書の見積もりによると、北極には一千六百七十兆立法フィートの天然ガス、四百四十億バレルの液体天然ガス、九百億バレルの原油が埋蔵されているらしい。その大半は沖合にある。さらに広い領域へのアクセスが可能になれば、北極に存在することがすでに判明している金や亜鉛、ニッケル、鉄もあらたに発見されるかもしれない。

巨大エネルギー企業のなかには、エクソンモービル、シェル、ロスネフチ（ロシア最大の国営石油会社）のように、掘削許可を申請して調査に着手した例もある。さまざまな国や企業が天然資源を手に入れる努力をしているが、そのためには厳しい気候に立ち向かわなければならない。北極圏は一年の大半のあいだ毎日夜が続き、海水が二メートル以上の厚さで凍り、開氷域でも波が十メートル以上に達するのだ。

年間通じての操業を希望するなら、荒れた天候相手のきつく危険な仕事になるだろう。かなりの投資も必要になる。ガスのパイプラインを敷設するのが不可能な場所も多そうだ。厳しい環境下で液化天然ガス用インフラを海上に建設するだけでも莫大なコストがかかる。

しかし、そこから得られる経済的、戦略的報酬を考えると、力のある企業や国が天然資源の眠る場所の領有権を主張し、掘削《くっさく》を開始することは明らかだ。それが結果的に環境にどのような影響を及ぼそうと、お構いなしだろう。

領有権は、初期の探検家が置いた旗ではなく、国連海洋法条約（ＵＮＣＬＯＳ）に基づいて決定される。

この条約の加盟国は、海岸から二百海里沖合までの経済的独占権を所有し（他国の境界と対立しない場合）、排他的経済水域（ＥＥＺ）を宣言することができる。そのため、ＥＥＺに原油とガスがある場合、その国に属するものとみなされる。ある特定の状況では、そして大陸棚に関する科学的証拠次第では、ＥＥＺを海岸から三百五十海里まで広げることもできる。

北極圏の氷の融解は、北極評議会の参加八ヵ国の態度を硬化させている。北極評議会とは、地政学が北極に直結する国の協議体だ。

北極海に国境を持つカナダ、ロシア、アメリカ、ノルウェー、デンマーク（グリーンランドがデンマーク王国の一部であるため）は、「沿岸五ヵ国」と呼ばれる。そこにアイスランド、フィンランド、スウェーデンを加えた八ヵ国が北極評議会だ。さらに、十二ヵ国が常任オブザーバーの立場で「北極諸国の北極圏における統治権、支配権、管轄権」を認めている。二〇一三年の会合では、北極の科学調査の資金援助をした日本とインドに加え、近代的な砕氷船やノルウェーの島に科学基地を持つ中国が、オブザーバーとして承認された。

しかし、評議会に参加せずに自国の北極における権利を主張する国もあれば、「人類共通の遺産」という理論をかかげて北極はあらゆる人間に門戸を開放するべきだと論じる国もある。

深海にマーカーを置いて領有権を主張

北極海の領有権をめぐっては、目下のところ少なくとも九件の法廷論争がある。いずれも法的に複雑な案件で、さまざまな国の関係に深刻な緊張をもたらしかねない争いもある。もっとも厚かましいのはロシアの言い分だろう。ロシア政府はすでに海底に、しかもかなりの深海にマーカーを置き、領有権を主張している。

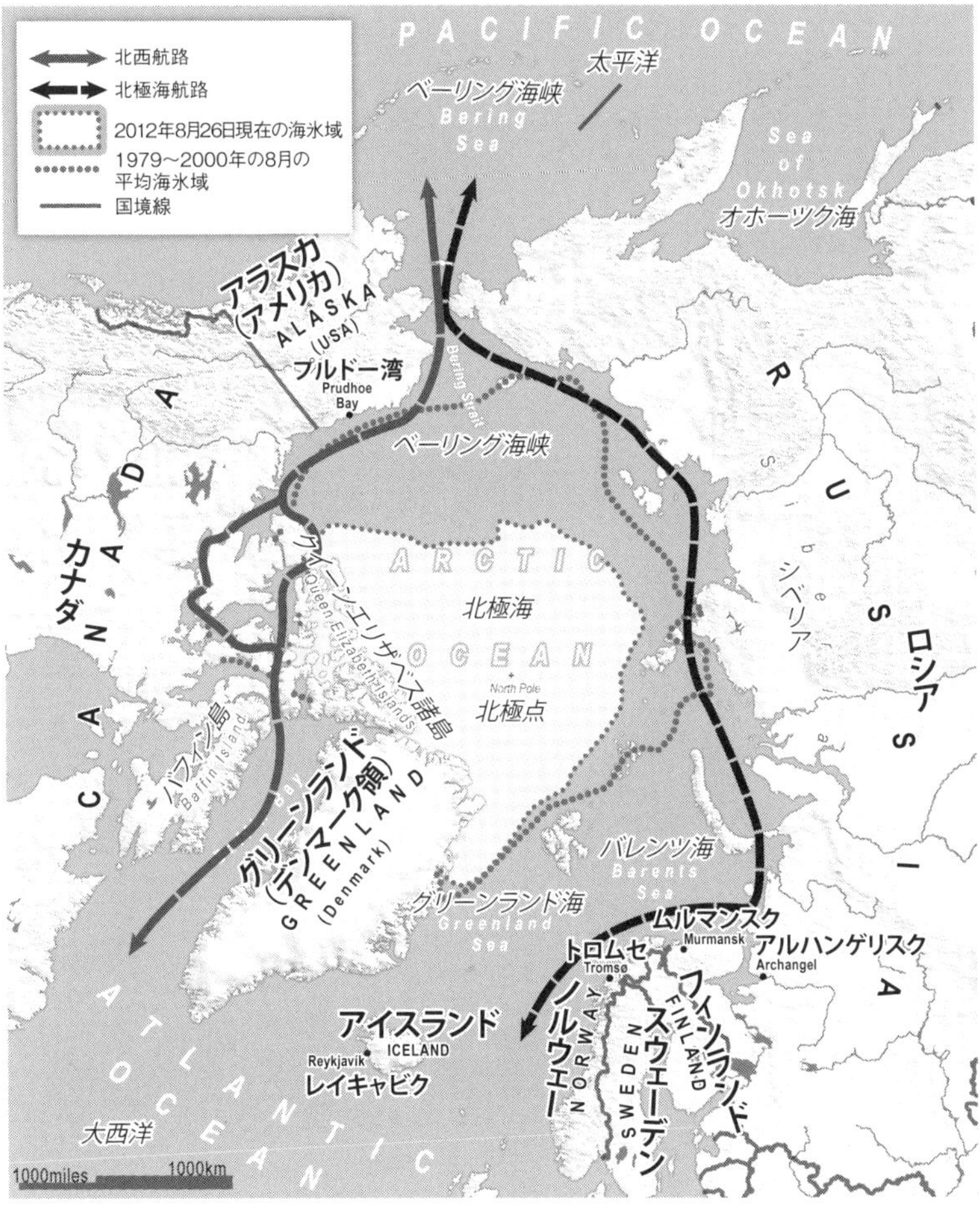

北極の氷が縮小していることは、衛星写真で一目瞭然だ。このため一帯のシーレーンが年間通して航行しやすくなった。

二〇〇七年、ロシアは二隻の有人潜水艦を北極の深海四千二百メートルへ送り込み、その野心を見せつけるかのように錆《さ》びないチタン製のロシア国旗を立てたのだ。わかっている限りでは、旗は現在も海底で「はためいて」いる。ロシアのシンクタンクは、これに続いて北極の改名を提案した。熟慮を重ねたとは思えないその名称は「ロシア海」だ。

ロシアはこれ以外にも、シベリア海岸沖のロモノソフ海嶺《かいれい》はシベリアの大陸棚の延長なのでロシア固有のものだと主張している。その海嶺ははるばる北極まで延びているため、他の国にとっては大問題だ。

ロシアとノルウェーは、バレンツ海をめぐる大きな難問を抱えている。ノルウェーは、バレンツ海のガッケル海嶺は排他的経済水域の範囲内にあると主張し、ロシアがそれに異を唱えているのだ。特に激しいのが、定住者のいる地上最北端の地、スバールバル諸島をめぐる争いだ。

大半の国と国際機関はこの諸島を（条件付きではあるが）ノルウェー領と認めている。しかし最大の島スピッツベルゲンでは、石炭鉱業を目当てに移住するロシア人が増えている。炭鉱自体は利益にならないが、島のロシア人コミュニティは、スバールバル諸島すべてを自国領と主張したいロシア政府にとって便利な道具だ。ロシアはその気になればいつでもノルウェーとの緊張を高め、地形とロシア人移住者の「既成事実」を楯《たて》に取って自らの行動を正当化することができるのだ。

NATO加盟国であるノルウェーは、どのような事態になるか理解しているので、極北を外交政策の最優先事項に置いた。空軍は、国境付近を飛行するロシア軍戦闘機を定期的に妨害している。ロシアとの緊張が高まったため、ノルウェーの軍事作戦の要所は国の南部から北部へ移動した。さらにノルウェーは北極部隊を組織した。カナダは軍の寒冷地耐性能力を増強し、デンマークもロシアの権力誇示に対抗して北極即応部隊を編成した。

一方ロシアは、北極軍を創設し、新たに六ヵ所の軍事基地を建設中だ。たとえばノボシビルスク諸島では、閉鎖されていた冷戦中の施設がいくつも再稼働し、小規模な飛行場も修繕整備されている。少なくとも六千人から成る戦闘部隊がムルマンスク地方へいつでも出動できる状態で、いずれそこにスノーモービルやホバークラフトを装備した歩兵旅団二個が加わるだろう。

ムルマンスクが現在「ロシアのエネルギーの北側玄関口」と呼ばれていることと、プーチン大統領がエネルギー供給に関して「海洋田、特に北極圏の海洋田は、誇張ではなく二十一世紀におけるわれわれの戦略的備蓄である」と述べたことは、決して偶然ではない。

ムルマンスク部隊は、ロシア軍のなかでは最小規模の北極常駐部隊になるだろう。それでも二〇一四年に行った軍事演習では、極寒の地における充分な戦闘能力を見せつけた。参加したのは十五万五千人の兵士、数千もの戦車、戦闘機、戦艦で、ロシア国防相は冷戦中に実施された演習よりも大規模だと述べた。

その軍事演習中、ロシア軍は「ミズーリ」という架空の外国勢力による侵略を防ぐ作戦を実施した。仮想敵がアメリカであることは明らかだ。作戦では「ミズーリ」部隊がチュクチ半島、カムチャツカ、千島列島、およびサハリンに上陸し、すでにロシアと衝突している無名のアジアの大国を支援するという筋書きだった。無名のアジアの大国とは日本である。専門家によると、シナリオの紛争は千島列島南部の北方四島をめぐる領土問題に基づいているようだ。この軍事力誇示による意思表示が政治的に強いメッセージを発信したのは、プーチン大統領が外交政策方針の中で初めて北極圏におけるロシアの権利を主張したためだ。

近年ロシア経済は減退し、多くの政府機関で予算が削減されたにもかかわらず、防衛予算は増加している。その一部は、これから二〇二〇年のあいだに実施される北極の軍事力増強に当てられる。ロシア政府は今後を見すえて、過去の軍事施設の補修や地理的優位性を活かす方法まで考慮しているはずだ。アメリカ沿岸警備隊のメリッサ・バート大佐は、ワシントンDCの戦略国際問題研究所でこう述べている。「彼らは北極に都市を持っているが、われわれには村しかない」

積極的なロシア、それほどでもないアメリカ

こうしたことからも、ロシアが冷戦時代の北極政策を継続する、少なくとも復活させるつもりであることは明らかだ。ロシアは、NATOがスカゲラク海峡を封鎖すれば、バルチック艦隊がバルト海に封じ込められ北海に出られなくなることを充分承知している。

一方北極では、北方艦隊の司令部があるムルマンスクのコラ半島沿岸から北極圏まで、開氷域はわずか二百九十キロしかないため、事態は複雑だ。北方艦隊が大西洋に出るには、その狭い海域からノルウェー海を通過し、集中攻撃の可能性があるGIUKギャップを抜けなければならない。冷戦中、このエリアはNATO軍に「攻撃ゾーン」と呼ばれていた。ここでNATO軍の戦闘機、戦艦、潜水艦がソ連の艦隊を待ちかまえ、攻撃する手はずになっていたためだ。

状況は新冷戦時代へ加速しているかのようだ。戦略も変わっていないように見える。しかし現在アメリカがNATO同盟国のアイスランドから戦力を撤収している。アイスランドには自国の軍隊がないため、アイスランド政府はアメリカ軍の撤退を「近視眼的だ」と非難した。

アイスランドの法務大臣ビョルン・ビャルナソンは、スウェーデンの大西洋理事会でこうスピーチした。「この地域では、特定の軍隊の駐留が継続されるべきである。北極圏に対する興味と野望を示す国に警報を送るためだ。軍事的真空地帯が生じれば、その国は北極圏に興味も優位性も持たないと誤解されかねない」

少なくとも過去十年間、ロシアにとって北極が優先事項だったことは明らかだ。しかしアメリカにとっては必ずしもそうではなかった。これは両国の北極圏への注目度の違いを反映している。アメリカの場合、

ソビエト連邦崩壊後は北極への関心は比較的薄れているのだ。

砕氷船の建造には最大十億ドルの費用と十年の歳月がかかる。世界最大の砕氷船艦隊を持つロシアは、北極における最強国と言っていい。二〇一三年のアメリカ沿岸警備隊レビューによると、ロシアは三十二隻の砕氷船を保有し、そのうち六隻はロシアにしかない原子力砕氷船だ。さらに、二〇一八年までに新たに一隻導入する計画らしい。三メートル以上の氷を割りながら、七万トンクラスまでの原油タンカーを曳航して氷原を航行することができる最強の砕氷船である。

それにひきかえアメリカは、充分に機能するのは重砕氷船ポーラースターの一艦隊のみである。一九六〇年に所有していた八隻から大幅に減り、新たに建造する計画もない。二〇一二年、南極大陸の研究基地に物資を補給する際は、ロシア船に頼らざるを得なかった。それは両大国の共同作業の勝利だったが、同時にアメリカの凋落ぶりを見せつけもした。他の国も似たり寄ったりで、ロシアの足下にも及ばない。カナダは六隻の砕氷船を持ち、新たに一隻建造している。フィンランドは八隻、スウェーデンは七隻、デンマークは四隻だ。中国とドイツ、ノルウェーはそれぞれ一隻保有している。

二〇一五年秋、現職大統領として初めてアラスカを訪問したオバマ大統領は、アメリカは砕氷船を建造すべきだと訴えた。しかし、これは気候変動問題に人々の関心を集めるための外遊中に思いついただけの発言だ。北極圏の安全とエネルギー問題にはほとんど言及していない。アメリカはすっかり時代遅れになってしまった。

アメリカには別の問題もある。国連海洋法条約を批准していないのだ。つまり排他的経済水域を主張してこなかったので、五十二万平方キロメートルもの北極の海底領域を事実上割譲しているに等しい。

それでいて、海底油田の権利と北極諸島海域へのアクセスをめぐってカナダと論争中だ。カナダは、北極諸島は「カナダ国内の水路」だと主張するが、アメリカは、国際航行の海峡でありカナダの法律で統治するべきではないと譲らない。一九八五年、アメリカはカナダへの事前通知なしに北極諸島へ砕氷船を送り込み、カナダの怒りを買って激しい論争を巻き起こした。現在も両国間の関係は友好的であると同時にとげとげしくもある。

アメリカは、ロシアともベーリング海、北極海、太平洋北部をめぐって係争中だ。一九九〇年、当時のソビエトが海上境界線協定に調印し、漁業水域を割譲した。しかし、ソ連崩壊後、ロシア議会は協定批准を拒否している。そのエリアは両陣営によってアメリカの統治下として扱われてはいるが、ロシアはこの問題を蒸し返すかもしれない。

これ以外にも領有権争いは存在する。ネアズ海峡のハンス島をめぐるカナダとデンマークもその一例だ。ハンス島は、グリーンランドとカナダのエルズミア島のあいだに位置する。グリーンランドは人口五万六千人、デンマーク統治下で自治政府を持つ。一九五三年、デンマークとカナダの合意によってグリーンランドは自治権を得たが、ハンス島の領有権は決着がつかなかった。それ以来、両国はわざわざ島へ出向いては国旗を立てている。

欲望と恐怖から生じる領有権問題

どのような領有権問題も、同じ欲望と恐怖から生じる。軍艦と商業船が安全に航行できるルートを確保したいという欲望、その地域の天然資源を手に入れたいという欲望、そして自分が手に入れそこねた土地を他者が手に入れるかもしれないという恐怖である。ごく最近まで、天然資源やそこから生じる利益は推測の域を出なかった。しかし融解する氷がその推測に現実味を与えた。なかには存在が確実視された資源もある。

氷が融解すると、地形も各国の利害関係も変わる。北極圏の国々と巨大なエネルギー企業は、こうした変化にいかに対処するか、北極の人々や環境にどれほど配慮するか、そろそろ決断しなければならない。今後も莫大なエネルギーが必要とされる限り、北極の専門家が「新グレートゲーム」と呼んできた北極での競争は避けられない。北極で船舶や石油掘削装置やガス・プラットフォームがますます増えることは確実だ。いや、なにもかもが増えると言っていいだろう。ロシア人は原子力砕氷船を保有するだけでは飽きたらず、三メートルの厚さの氷にも絶えられる海上原子力プラント建設も目論んでいる。

しかしこの「新グレートゲーム」と、十九世紀の「アフリカ分割」や、中東やインド、アフガニスタンの覇権を争って大国が策謀をめぐらせた最初の「グレートゲーム」のあいだには相違がある。現代の競争にはルールがあり、方針決定のための原則や討論の場が用意されている点だ。北極評議会を構成するのは成熟した国々で、その大半は程度の差こそあれ民主主義国家だ。領土紛争や環境汚染を規制する国際法もあれば、海洋法も、マイノリティの人々の処遇に関する法律も整っている。係争中の土地の大半は、十九世紀の帝国主義にも、戦争中の国にも征服されたことがなかった場所だ。

北極圏諸国は、厳しい環境に囲まれていることを理解している。原因は、敵対する意見ではなく、地形が生み出す難問だ。北極圏には約千四百万平方キロメートルの海が広がる。命も奪われかねない暗く危険な場所なので、友人がいなければ何もできないだろう。北極圏諸国は、ここで成功するためには、漁業資源や密入国、テロ、捜索救助、自然災害といった問題に協力して立ち向かわなければならないと知っているのだ。

なかでも漁業権をめぐる争いは、各国の協力がなければ深刻な事態になりかねない。一九五〇年代と一九七〇年代にイギリスとアイスランド間で起こったいわゆる「タラ紛争」も、漁業権争いが戦争に発展しそうになった。密入国は輸送路がある限りどこでも発生し、北極だけは例外だと信じる理由はない。

しかも、北極圏の厳しい自然を考えると、取り締まりは困難だろう。今後ますます多くの商業船やクルーズ船が北極海を目指すようになれば、北極圏諸国の捜索救助と対テロ対策の能力もそれに伴い増強することが求められる。いっそう混雑する海で自然災害に対応する能力も必要だ。一九六五年、原子力砕氷船レーニンが海上で原子炉事故を起こした。陸地へ戻ったのち原子炉は緊急停止され、ダメージを負った核燃料ともどもスチール張りのコンクリートコンテナに入れられ、海に投棄された。北極の開氷域が広がれば、今後そのような事故はもっと頻繁に起こるかもしれない。しかし対処は相変わらず難しいままだろう。

どうやら多くの国家にとって、北極は新たな戦場になりそうだ。つまるところ戦争は、他者への恐怖と欲望によって起こる。しかし北極圏は特別な場所なのだから、北極の扱いかたもほかの場所とは違って当然だ。

人類の歴史は、食うか食われるかのゼロサムゲームだった。地理的決定論と人間の本質を結びつけて考えると、ゼロサムゲーム以外の歴史が生まれることは難しかったと断言できる。しかし、科学技術が地形の牢獄からわたしたちを救い出した例がいくつもある。たとえば、わたしたちはかつては想像さえできなかったスピードで砂漠や海を横断することができる。地球の重力という足かせからも自由になった。新たに誕生したグローバル化した世界では、その技術を活かして誰もが北極圏でチャンスをつかむことができるだろう。

人は強欲な本質に打ち勝ち、プレーヤー全員に利益が行き渡るようにグレートゲームのルールを変更できるのである。

おわりに——地形という監獄

地図をめぐる旅は、地球の頂上で終わった。あとは上空へ上がるだけだ。最後のフロンティアたる宇宙は、つねに人間の想像力を掻き立ててきた。わたしたちは、人類が夢を実現し、未知の世界へ飛び出した時代に生きている。無限まであと一ミリ、未来へ向かう途上の時代だ。人間の飽くなき精神は、わたしたちの限界が、天文学者カール・セーガンが「ペール・ブルー・ドット」と呼んだもののなかに留まらないと確信させる（訳注：カール・セーガンは、ボイジャーが撮影した地球の写真を見て、「青白い小さな点」と称した）。

しかしここで、激しい衝撃も覚悟で地球に戻らなければならない。わたしたちはまだ地上の地形を克服していないし、それと張り合おうとする性癖も克服していないからだ。

地形は常にある種の監獄だった。地形はどのような国になるのか、その国には何ができるのかを決定づけ、世界の指導者たちは地形の制約から自由になろうともがいてきた。

もっともわかりやすい例はロシアだろう。小さな平地から自然に拡大し、大部分が山や海に囲まれた広大な土地が国家になるまで、指導者たちがコントロールしてきた。弱点は、北ヨーロッパ平野の攻撃されやすい地点だろう。ロシアの指導者は偉大な国家をつくろうとし、実際つくったわけだが、その弱点に関して選択肢はほとんどなかった。同じようにヨーロッパも、巨大な交易エリアになろうと意識的に決断したわけではない。長く水平な河川のネットワークがあったがために、数千年かけて必然的にそうなったのだ。

二十一世紀が進むにつれて、歴史を決定づけた地形的要素の大半が、未来をも決め続けるとわかるはずだ。今後百年経過しても、ロシアは不安げに平地のままの土地を見渡しているだろう。インドと中国も、変わらずヒマラヤ山脈に隔てられているだろう。両国はいずれ紛争に突入するかもしれないが、そうなるとしたら、地形が戦いの本質を決定しそうだ。どちらも大規模な軍隊が山岳地帯を進むための技術を開発するか、それが不可能なら、核戦争を避けるために海上で対決するかもしれない。フロリダは、メキシコ湾の出口と入口を守り続ける。鍵《かぎ》になるのは湾の位置で、誰がそれを支配するかではない。あり得ないほど極端なシナリオとして、フロリダのマジョリティであるヒスパニック系住民がアメリカを離れ、キューバやメキシコと手を組んだと想像してみてほしい。これで変わったのは誰がメキシコ湾を牛耳《ぎゅうじ》るかという政治力学だけであり、湾がそこにあるがゆえの重要性はなんら変わらないのである。

もちろん地形があらゆる事態のなりゆきを決定するわけではない。歴史の盛衰には、素晴らしいアイデアや偉大な指導者が関与しているものだ。しかし彼らも地形の制約のなかで動く。バングラデシュの指導者はベンガル湾の洪水を防ぐことを夢見るかもしれないが、国土の八〇パーセントが氾濫原《はんらんげん》で、それを移動することはできないと知っている。

十一世紀、スカンジナビアとイングランドの王クヌート一世は、玉座を波打ち際に置いて王でさえも波を押し戻せないことを示し、自然や神はどんな人間よりも力があるということをこびへつらう家臣に教えた。バングラデシュでは、自然の脅威に現実的に対処するしか術がないだろう。防潮堤を増やし、あとは地球温暖化によって起こるとされる海面上昇のコンピュータ・モデルが大袈裟《おおげさ》であることを願うしかない。

気候変動といった新たな地理的問題は、新たなチャンスと挑戦も意味する。地球温暖化は人々の大移動を引き起こすだろう。モルジブをはじめ多くの島々が実際に波に失われる運命だとしたら、その衝撃は、手遅れになる前に避難する人々だけに留まらず、彼らが避難した国々にも及ぶかもしれない。

バングラデシュの洪水が悪化したら、この国の未来とその一億六千万人の国民は悲惨な運命をたどる。海水面がさらに上昇すれば、いずれこの貧困国は水面下に沈むだろう。サヘル地帯直下の砂漠化が進んだら、スーダンのダルフールで起こったような紛争があちこちに広まり、激化するはずだ（ダルフール紛争は、砂漠化により北部の遊牧民が生活圏を追われ、フール人の暮らす南へ押しやられたことが原因のひとつだ）。

もうひとつ懸念されるのが、水をめぐる戦争だ。たとえ今後数十年間で安定した民主主義政府が中東に誕生したとしても、トルコで発生してユーフラテス川に注ぎ込むムラト川の水量が減少しただけで、いとも簡単に戦争のきっかけになり得る。水量が減ればトルコは命の源を守るためにダムを建設しなければならず、それが下流のシリアやイラクとの紛争の種になるのだ。

さらに先を見越して、地形の牢獄を破り広い宇宙へ飛び出してみると、少なくとも予測可能な未来では、政治紛争は宇宙でも続きそうだ。

人類で初めて成層圏を突破したのは、一九六一年、ボストーク一号で宇宙へ行った二十七歳のソ連の宇宙飛行士ユーリ・ガガーリンだった。彼の名前よりも、銃を設計したカラシニコフというロシア人の名前のほうが広く世界で知られているとは、人間とはなんと悲しい存在なのだろう。

ガガーリンやバズ・オルドリンをはじめとする多くの宇宙飛行士は、マルコ・ポーロやクリストファー・コロンブスの末裔だ。限界を押し広げた開拓者であり、かつては想像すらできなかった方法で世界を変えた挑戦者だ。良く変えたか悪く変えたかは問題ではない。彼らは新たなチャンスを発見し、自然がすでに置いたものを獲得するために人々が争う新たな場所をつくった。人類が宇宙で活動するには、この先何世代もかかるだろう。しかし宇宙でも、わたしたちは旗を立て、領地を「征服」し、縄張りを主張し、宇宙が行く手につくる障害を乗り越えるだろう。

現在、宇宙空間には、約千百基の現役の人工衛星と、最低でも二千基の機能を失った人工衛星が飛んでいる。ロシアとアメリカが打ち上げたのがおよそ二千四百基、日本が約百基、中国も約百基で、そこからかなり数は減るが多くの国が続いている。人工衛星の下の宇宙ステーションでは、人類が初めて地球の重力の束縛を逃れて半永久的に生活し、さまざまな実験を続けている。少し遠くに目を向けると、月面には少なくとも五本のアメリカ国旗が立っている。そこからさらに先では、探査船が火星や木星を通り越し、わたしたちが理解しようと努めている星や銀河のはるか彼方を目指している。

こうした宇宙での試みが人類を協調と協力の未来へ運ぶと想像するのは、なんとも魅力的だ。しかし当面は宇宙の支配権をめぐる競争が続くだろう。人工衛星はテレビ電波の送信や天気予報のためにあるわけではなく、さまざまな国を監視しているのだ。誰がどこへ移動したか、何を持って移動したか、すべて筒抜けだ。さらに、アメリカと中国は兵器用のレーザー技術の開発に忙しい。どちらも宇宙で使えるミサイルシステムの保有を目指し、ライバル国のミサイルを迎撃しようと目論んでいる。高度な技術を持つ多くの国が、宇宙での戦闘を見すえて準備を進めている。

わたしたちが星に到達するとき、その先に待ちかまえる困難は、人類が一致団結しなければ乗り越えられないたぐいのものだ。これからはロシア人、アメリカ人、中国人として宇宙を旅するのではなく、人類の代表として旅するのだ。しかしわたしたちは重力の足かせからは自由になっても、いまだに自分自身の精神や記憶に囚われ、「よそ者」への猜疑心に縛られ、天然資源をめぐる競争に巻き込まれたままだ。この先も問題克服の長い道のりが待っている。

謝辞

わたしのために時間を割き、助言と励ましを与えてくれた方に感謝したい。妻のジョアナは、忍耐強く、スペルチェックの天賦の才を発揮してくれた。出版社エリオット・アンド・トンプソンのピッパ・クレーンとジェニー・コンデルは、地図上をさすらうわたしに具体的な方向を指示してくれた。そしてオリー・デウィスは、激励とアイデアを与えてくれた。

本書の各章を経験に裏打ちされた視線ですみずみまで確認してくれたつぎの方々に感謝したい。そして、本書に誤りがある場合、責任はわたし自身にあることを繰り返し強調しておきたい。ジェームズ・リチャーズ（イギリス政府の元中国語通訳、中国協会理事）、ジェームズ・D・ボーイズ（ロンドン、キングズカレッジの客員シニア・リサーチ・フェロー）、デビッド・スリン（元北朝鮮駐在イギリス大使）、ジョエル・リチャーズ文学修士（南米専門家）、ケルビン・オシェイ（ニュース専門局スカイ・ニュース）、ティム・ミラー（スカイ・ニュース）、ヤクサ・シェキチ（ベオグラード、ロイター）、アレクサンダー・バスカ（ベオグラード、ロイター）。

そして、政府関係者と官公庁の方々にも深謝したい。彼らは惜しげなく専門知識を披露し、しかも出所表示なしの資料使用を快く許可してくれた。

【わ行】

【ま行】

【や行】

【ら行】

【は行】

【な行】

【た行】

【さ行】

【か行】

索引

著者略歴
英国のジャーナリスト、ブロードキャスター。スカイ・ニュース（英国ニュース専門局）で中東特派員、国際情報デスクなどを経験したのちに独立。コソボ紛争、アフガニスタン侵攻、アラブの春の反政府騒乱、アメリカ大統領選挙など、ヨーロッパ、アフリカ、アジア、中東、北米などの国際情勢を最前線で取材してきた。その他の著書には、ユーゴスラビア前大統領ミロシェビッチ体制の崩壊を描いた『Shadowplay（影絵）』（未邦訳）などがある。

訳者略歴
翻訳者。北海道大学卒業。おもな訳書に『水の歴史（「食」の図書館）』『図説 世界史を変えた50の動物』（以上、原書房）、『スター・ウォーズ ターキン』（ヴィレッジブックス）、『時の番人』（静山社）などがある。

恐怖《きょうふ》の地《ち》政学《せいがく》
——地図《ちず》と地形《ちけい》でわかる戦争《せんそう》・紛争《ふんそう》の構図《こうず》

二〇一六年一一月 七 日 第 一 刷発行
二〇二二年 五 月二〇日 第一四刷発行

著者 T・マーシャル
訳者 甲斐《かい》理恵子《りえこ》
発行者 古屋信吾
発行所 株式会社さくら舎 http://www.sakurasha.com
東京都千代田区富士見一-二-一一 〒一〇二-〇〇七一
電話 営業 〇三-五二一一-六五三三 FAX 〇三-五二一一-六四八一
編集 〇三-五二一一-六四八〇
振替 〇〇一九〇-八-四〇二〇六〇
装丁 石間 淳
翻訳協力 株式会社トランネット http://www.trannet.co.jp
印刷・製本 中央精版印刷株式会社

ISBN978-4-86581-076-9